Muthers/Haas · Geist schlägt Kapital

Für Herrn Eberhard Böschel

Wiesstein, 1. Febr. 1995

Helmut Muthers/Heidi Haas

Geist schlägt Kapital

Quantensprung
im Bankmanagement

GABLER

Die Deutsche Bibliothek – CIP-Einheitsaufnahme

Muthers, Helmut:
Geist schlägt Kapitel : Quantensprung im Bankmanagement /
Helmut Muthers / Heidi Haas. – Wiesbaden : Gabler, 1994
ISBN 3-409-14827-2
NE: Haas, Heidi:

Der Gabler Verlag ist ein Unternehmen der Verlagsgruppe Bertelsmann International.

© Betriebswirtschaftlicher Verlag Dr. Th. Gabler GmbH, Wiesbaden 1994
Lektorat: Silke Strauß

Das Werk einschließlich aller seiner Teile ist urheberrechtlich geschützt. Jede Verwertung außerhalb der engen Grenzen des Urheberrechtsgesetzes ist ohne Zustimmung des Verlags unzulässig und strafbar. Das gilt insbesondere für Vervielfältigungen, Übersetzungen, Mikroverfilmungen und die Einspeicherung und Verarbeitung in elektronischen Systemen.

Höchste inhaltliche und technische Qualität unserer Produkte ist unser Ziel. Bei der Produktion und Verbreitung unserer Bücher wollen wir die Umwelt schonen: Dieses Buch ist auf säurefreiem und chlorfrei gebleichtem Papier gedruckt. Die Einschweißfolie besteht aus Polyäthylen und damit aus organischen Grundstoffen, die weder bei der Herstellung noch bei der Verbrennung Schadstoffe freisetzen.

Die Wiedergabe von Gebrauchsnamen, Handelsnamen, Warenbezeichnungen usw. in diesem Werk berechtigt auch ohne besondere Kennzeichnung nicht zu der Annahme, daß solche Namen im Sinne der Warenzeichen- und Markenschutz-Gesetzgebung als frei zu betrachten wären und daher von jedermann benutzt werden dürften.

Umschlaggestaltung: Schrimpf und Partner, Wiesbaden
Satz: FROMM Verlagsservice GmbH, Idstein
Druck und Bindung: Wilhelm & Adam, Heusenstamm
Printed in Germany

ISBN 3-409-14827-2

Für unsere Söhne
Christopher
und
Sebastian

Vorwort

Seit Jahrhunderten gilt das Kapital als der für Erfolg und Entwicklung eines Unternehmens wichtigster Faktor. Aber ist das wirklich so? Ist das Kapital der wichtigste Faktor? Sind es wirklich Größe und Organisation des Kapitals, die über Erfolg, Entwicklung und auch Sicherheit eines Unternehmens bestimmen? Es gibt große, kapitalkräftige Unternehmen, die trotz immer größerem Kapitaleinsatz wenig oder nichts verdienen, während andere, mit sehr viel weniger Kapital sehr viel mehr und zudem sicherer verdienen. Groß bedeutet nicht, auch fit zu sein. In den dynamischen Verhältnissen, in denen wir leben, bedeutet es sogar zunehmend das Gegenteil. Die Großbetriebe werden zu Sauriern der modernen Zeit. In der gleichen Zeit, in der viele kapitalstarke Schwerindustrieunternehmen in die roten Zahlen gerieten, sind manche Kleinbetriebe wie Pilze aus dem Boden geschossen und von Garagenbetrieben in wenigen Jahren zu Großunternehmen geworden. Small is beautiful und weltweit, speziell in Japan, den USA und Deutschland, hat ein Umdenken begonnen.

Wichtiger als das Kapital ist der Geist. Mit Geist ist hier die unternehmerische Idee gemeint, die Strategie und die geistige Konzeption, die hinter einem Unternehmen steht. Und vor allem auch das geistige Engagement der Führungskräfte und Mitarbeiter, um immer wieder neue Vorsprünge vor den Wettbewerbern zu erreichen, ihnen in den immer dynamischer werdenden Verhältnissen immer wieder eine Nasenlänge voraus zu sein. Victor Hugo hat gesagt: „Nichts ist mächtiger als eine Idee, deren Zeit gekommen ist."

Warum? Schon die alten Griechen hatten erkannt, was kürzlich eine Reihe von Nobelpreisträgern auf einer Tagung in Lindau bestätigt haben: „Es ist der Geist, der die Materie bewegt." Das bedeutet: Ob und wie sich ein Unternehmen entwickelt, bestimmt nicht die Größe des Kapitals, sondern der Geist, der hinter ihm steht. Es sind die Ideen, die über Entwicklung, Erfolg und Sicherheit eines Unternehmens entscheiden. Unter besseren Ideen entwickelt sich ein kapitalschwaches Unternehmen besser als ein kapitalstarkes unter schlechteren Ideen. Mehr noch: Je besser die Ideen, desto stärker stellt sich das erforderliche Kapital von selbst ein.

Doch bis vor kurzem war der Faktor Geist in Betriebswirtschafts- und Managementlehre ein vergessener Faktor. Obwohl eigentlich jeder weiß, daß Geist, Motivation und Ideen bei Gründung und Entwicklung eines Unternehmens die entscheidende Rolle spielen, ist die Frage, wie man die geistigen Verhältnisse eines Unternehmens analysiert und verbessert, Ideen hervorlockt und erfolgversprechendere Projekte als die Wettbewerber entwickelt, in Betriebswirtschafts- und Managementlehre bisher bestenfalls am Rande behandelt worden.

Die Verfasser dieses Buches zeigen unter Berücksichtigung der von mir bereits Anfang der siebziger Jahre entwickelten Engpaßkonzentrierten-Strategie (EKS) in überzeugender Form, wie sich die Kreditwirtschaft bzw. die einzelne Bank oder Sparkasse aus ihrem ruinösen Verdrängungswettbewerb herausarbeiten und so die langfristig selbständige Existenz sichern kann. Eine Änderung der Denkrichtung, eine Änderung der Strategie macht auch Ihnen den Weg zu konkurrenzlosen Spitzenleistungen für eine bessere Entwicklung der gesamten Wirtschaft und Gesellschaft frei. Nicht Krisenbewältigung, sondern Chancenmanagement ist gefragt.

Ich wünsche dem Buch viel Erfolg.

Frankfurt, im April 1994   Wolfgang Mewes
                                                        Urheber der EKS-Strategie

Einführung und Dank

Liebe Leserin, lieber Leser,

wenn Sie zu denjenigen Führungspersönlichkeiten gehören, die sich um so fester an die alten Strukturen klammern, je deutlicher die Zeichen des globalen Wandels werden, dann sollten Sie dieses Buch gleich wieder beiseite legen. Gehören Sie jedoch zu denen, für die die wachsende Komplexität der Märkte eine höhere Anzahl von Chancen und der Erfolg des Unternehmens und das Wohlfühlen der Mitarbeiter und Kollegen eine persönliche Herausforderung bedeuten, dann ist dieses Buch für Sie geschrieben.

Wir alle erleben, daß sich die Rahmenbedingungen des wirtschaftlichen Handelns immer schneller verändern und sich kaum noch kalkulieren lassen. Neben den tiefgreifenden Veränderungen in der individuellen und sozialen Wertorientierung erschweren eine wachsende Informationsflut, verkürzte Produktinnovationszeiten und -lebenszyklen, tendenziell schwächere Ergebnisse, die Globalisierung der Märkte sowie schärferer Wettbewerb usw. die Bewältigung des scheinbar unberechenbaren Wandels. Zahlreiche Studien haben sich bereits mit Trends und möglichen Entwicklungen beschäftigt. Fast jeder Wirtschaftszweig kämpft mit Problemen. Und selbst das Bankwesen, das trotz einiger Einbrüche seit vielen Jahrzehnten als unumstrittene Wachstumsindustrie galt, erlebt Krisen oder steuert geradewegs auf sie zu. Verschiedenen Studien namhafter Unternehmensberatungsgesellschaften zufolge stehen derzeit mehr als 20 Prozent aller Arbeitsplätze im Kreditgewerbe zur Disposition. Weit über hunderttausend Mitarbeiter der Banken und Sparkassen könnten in den nächsten Jahren ihren Job verlieren. Zu lange hat man sich an die alten Traditionen geklammert und Erfolgsrezepte aus der Vergangenheit in die Zukunft fortgeschrieben. Träge Reaktionen genügten in Zeiten eines stabilen Umfeldes. Dem radikalen Wandel auch im Finanzgewerbe können Sie aber nicht mehr nur mit verbesserter Anpassungsfähigkeit begegnen, sondern Sie müssen aktiv und vorausschauend einen permanenten und systematischen Innovationsprozeß gestalten.

Wir müssen in die Zukunft blicken, um die Gegenwart zu meistern.

Darum möchten wir Sie unterstützen, mit Mut zum Risiko, Lust am Erfolg und sozialer Verantwortung neue Wege zu gehen und die Dynamik unserer Wirtschaft zu steuern statt sich in ihren Wogen treiben zu lassen.

Wir sind gelernte Bankkaufleute und Praktiker und haben das, was wir beschreiben, als Auszubildende, Sachbearbeiter, Abteilungsleiter bis hin zur Vorstandstätigkeit selbst erlebt, initiiert, ausprobiert, umgesetzt und verantwortet.

Sie werden in diesem Buch unkonventionelle Beispiele für Dienstleistungsinnovationen im Finanzbereich, die Neuorientierung von Organisations- und Führungsstrukturen, Kooperationsformen usw. finden. Wir werden deutlich machen, daß es möglich – und erfolgreich – ist, Ungewißheit als Chance anzunehmen, Freude an Veränderungen aufzubauen und zu bewahren, selbst schwache Signale zu berücksichtigen, die die Geschäftspolitik beeinflussen, und in den Informations- und Handlungsrahmen nicht ausschließlich materielle und operative Faktoren – also unmittelbar greifbare – sondern verstärkt immaterielle einzubeziehen. Versetzen Sie Ihr Unternehmen in ständige Lernbereitschaft! Dann ist ein Wechsel zum aktiven Chancenmanagement möglich, bevor ein reaktives Krisenmanagement notwendig wird.

Wir beschreiben in erster Linie Gegebenheiten und Aussichten des Bereiches genossenschaftlicher Kreditinstitute. Eigene Erfahrungen sowie zahlreiche Gespräche mit Vorständen und Mitarbeitern aus anderen Organisationen zeigen jedoch, daß die in der Genossenschaftsorganisation gewonnenen Einsichten auf die Verhältnisse in der Sparkassenorganisation und auf die Zustände im Privatbankensektor durchaus übertragbar sind. Dafür spricht auch der bedauerlicherweise so hohe Anpassungsgrad der Kreditinstitute untereinander.

Wir wollen uns nicht beklagen oder Dritte anklagen; wir wollen kritisieren, bewußt machen und Anstöße geben. Und wir wollen Alternativen anbieten, Wahlmöglichkeiten aufzeigen, wie man es auch machen kann, ohne den Anspruch zu erheben, wir hätten die Wahrheit gefunden, denn Wahrheiten gibt es viele.

Unser Buch ist ein Plädoyer für die Menschlichkeit in Banken und Sparkassen, für Respekt, Achtung und Toleranz als Basis für einen anderen, erfolgreicheren Umgang miteinander.

Wenn wir in diesem Buch die Menschen als Mitarbeiter, Kunden, Führungskräfte, Vorstände usw. bezeichnen, so empfinden wir und meinen wir gleichzeitig beide Geschlechter, Frauen und Männer.

Einladung an die, die wollen.

Es gibt sicher vieles von dem, was wir beschreiben, das vertieft werden könnte oder sollte. Wir würden uns deshalb gerne mit Menschen aus Banken und Sparkassen austauschen, mit ihnen arbeiten und diskutieren. Wer Erfolg als Folge von Menschlichkeit im Unternehmen akzeptiert oder spürt, wer verändern und neue Wege gehen will, ist unser Partner. In Lern-Werkstätten, Strategiegruppen oder einfach zum Erfahrungsaustausch könnten wir uns kennenlernen, ganz wie Sie wollen. Es ist uns wichtig, Ihre kritischen Hinweise, Ihre Probleme und von Ihnen erarbeitete Lösungsvorschläge zu erfahren.

Desweiteren haben wir mehrere Seminare zum Thema „Geist schlägt Kapital – Quantensprung im Bankmanagement" geplant, zu denen wir Sie schon heute herzlich einladen. Bei Interesse informieren wir Sie gerne über Termine und Veranstaltungsorte. Eine Postkarte an untenstehende Adresse genügt.

Ein herzliches Danke wollen wir allen sagen, die uns ermuntert haben, dieses Buch zu schreiben. Eine wirkliche Stütze waren Dipl.-Kfm. Hans Bürkle, Dipl.-Volkswirt Rainer Herzog und Heinrich Vomstein, die viel Zeit aufgebracht haben für Diskussionen, Vorbereitung, kritische Anmerkungen, Lesen ...

April 1994　　　　　Institut für strategisches Chancenmanagement
　　　　　　　　　　　　　Helmut Muthers/Heidi Haas
　　　　　　　　　　　　　　　Dauner Straße 17
　　　　　　　　　　　　　　　D-53539 Kelberg

Inhaltsverzeichnis

Vorwort
Einführung und Dank

1. **Große Tradition – gefährdete Zukunft** 1
1.1 Die konservative Sackgasse 1
1.1.1 Das Image folgt der Realität 2
1.1.2 Wer nur stolz ist auf seine Erfahrungen,
programmiert sich auf Restauration 8
1.1.3 Runter vom hohen Roß 13
1.2 Vom Unterlasser zum Unternehmer 14
1.2.1 Führen heißt verändern – auch gegen
die Betriebsträgheit 15
1.2.2 Man pflegt den Geist von gestern und
blockiert die Zukunft 16
1.3 Mut zum eigenen Profil 18

2. **Wie entwickelt sich der „Verwalter"
zum „Unternehmer"? – Menschen in der Bank** 21
2.1 Barrieren der Veränderung 21
2.1.1 Bremsklötze 22
2.1.2 Es gibt keine schlechten Mitarbeiter, es gibt nur
schlecht geführte Mitarbeiter 24
2.1.3 Bewußtsein heißt, zu sehen was ist,
nicht wie ich es gerne hätte 27
2.2 Erfolgsfaktor Vertrauen 29
2.2.1 Vertrauen – Kernenergie des Menschen 30
2.2.2 Arbeit muß nutzenbringende Zeit sein 31
2.2.3 „Karriere" 38
2.3 Rahmenbedingungen 39
2.3.1 Interne organisatorische Hindernisse 40
2.3.1.1 Organigramm 40
2.3.1.2 Stellenbeschreibungen gehören
zum alten Eisen 43
2.3.1.3 Zielvereinbarungen, -vorgaben, -zwänge 46

2.3.1.4	Kampf den Kosten der Bürokratie	49
2.3.1.5	Der Glaube an Strukturen	50
2.3.1.6	Das Institut – durchkonstruiert wie eine Maschine	50
2.3.1.7	Vorgesetzte, die vorgesetzt werden und dann vorsitzen	51
2.3.1.8	Abteilungen, die sich abteilen und nicht zuständig sind	51
2.3.2	Grundrechte der Mitarbeiter	52
2.3.2.1	Unantastbarkeit der Menschenwürde	52
2.3.2.2	Freie Entfaltung der Persönlichkeit	52
2.3.2.3	Meinungsfreiheit	53
2.3.2.4	Weitere Grundrechte	53
2.3.3	Organisationsgrundsätze für langfristigen Geschäftserfolg	54
2.3.4	Führung	55
2.3.5	Motivation	58
2.3.6	Dimensionen der Leistung	61
2.3.6.1	Leistungsbereitschaft	62
2.3.6.2	Leistungsfähigkeit	65
2.3.6.3	Leistungsmöglichkeit	72
2.3.7	Arbeitskreis „Mitarbeiter"	74
2.3.8	Unternehmensleitbild	74
2.3.9	Selbstorganisation braucht Selbstdisziplin	77
2.3.10	Das effektive Team	79
2.3.11	Von der Dominanz zur Partnerschaft	80
3.	**Wie setzt eine Bank am wirkungsvollsten ihre Kräfte ein?**	**85**
3.1	Strategische Entscheidung	85
3.2	Konzentration der Kräfte statt Allfinanz	86
3.3	Konzentration auf den wirkungsvollsten Punkt	89
3.3.1	Es ist kein menschliches Bedürfnis, Privat- oder Firmenkunde zu sein	89
3.3.2	Motive des Kunden	90
3.4	Durch Spezialisierung zur Spitzenleistung	90
3.4.1	Vom Produkt zum Problem	90
3.4.2	Die Erzeugung von Nachfragesog	92

3.5	Was dem Kunden nichts nützt, schadet der Bank	94
3.6	Nutzen- statt Gewinnmaximierung	96

4. Wie betreibt eine Bank die richtige Spezialisierung? .. 99
- 4.1 Stärkenprofil ... 99
- 4.2 Von der Arbeitsteilung zur sozialen Spezialisierung ... 106

5. Für welche Kunden ist eine Bank der attraktivste Partner? ... 113
- 5.1 „Schuster, bleib' bei deinen Leisten!" ... 113
- 5.2 Jenseits der Produkte ... 116
- 5.3 Grundproblem: zu viele Kunden ... 118
- 5.4 Was ist eine Zielgruppe? ... 119

6. Wie erreicht eine Bank die höchste Anziehungskraft bei ihren Kunden? ... 125
- 6.1 Menschen machen Qualität ... 125
- 6.2 Kundenprobleme sind Marktchancen ... 127
- 6.3 Das brennendste Problem ... 128

7. Wie findet eine Bank neue Geschäftsmöglichkeiten? 133
- 7.1 Strategie ist Herausforderung ... 133
- 7.2 Das Primat des Wandels ... 134
- 7.3 Die zentrale Bedeutung der Lernprozesse ... 136
- 7.4 Innovation kann schon ein Lächeln sein ... 139
- 7.5 Die erfolgreiche Alternative: EKS-Innovationsstrategie ... 141
- 7.5.1 Alles ist optimierbar ... 141
- 7.5.2 Schiefe Schlachtordnung ... 142
- 7.5.3 Innovationsmethodik ... 144
- 7.5.3.1 Genaue Analyse der speziellen Stärken ... 145
- 7.5.3.2 Suche des erfolgversprechendsten Geschäftsfeldes ... 145
- 7.5.3.3 Eingrenzen der erfolgversprechendsten Zielgruppe ... 146
- 7.5.3.4 Wahlloses Sammeln der Zielgruppen-Probleme und wesentlicher Verbesserungen ... 149

7.5.3.5	Vergleichen, Sortieren, Diskutieren und Gewichten der gesammelten Probleme und Ideen	150
7.5.3.6	Herausschälen des von der Zielgruppe am brennendsten empfundenen Problems	150
7.5.3.7	Karteimäßiges Ordnen	152
7.5.3.8	Entwicklung eines groben, schriftlichen Problemlösungskonzeptes	152
7.5.3.9	Frühen Kontakt zur Zielgruppe suchen	153
7.5.3.10	Schneller und gezielter lernen als die anderen	153
7.5.3.11	Das theoretische Konzept erproben	153
7.5.3.12	Öffentlichkeitsarbeit und Werbung	154
7.5.3.13	Hinzuziehen von Kooperationspartnern	154
7.5.3.14	Endziel: Zielgruppenspezialisierte Denk- und Innovationszentrale	155
7.6	Praxisbeispiele	156
7.6.1	„Fachgeschäfte" für Spezialleistungen	156
7.6.1.1	Spezialist für Problemlösungen rund ums Eigenheim	158
7.6.1.2	Spezialist für finanzielle Sicherheit im Alter	162
7.6.1.3	Spezialist für Erbangelegenheiten	165
7.6.1.4	Spezialist für die optimale Absicherung	167
7.6.1.5	Weitere Geschäftsmöglichkeiten	168
7.6.2	Finanzanalyse – „Wir bringen Ordnung in Ihre Finanzen!"	171
7.6.3	„Supermarkt"	174
7.6.4	Konzept oder Kondition – wie Beratungshonorare in Banken eingeführt werden	174
7.6.5	Kundenbetreuung von zu Hause	177

8. Wie erzielt eine Bank durch Kooperation optimale Synergiegewinne? ... 181

8.1	Fusion oder Kooperation	181
8.2	Kooperation statt Konfrontation	185
8.2.1	Erfolgsrezepte der Natur	186
8.2.2	Auf den Synergiegewinn kommt es an	187

8.2.3	Oberstes Kooperationsziel: Kundennutzen steigern!	188
8.2.4	Die dienende Rolle des Verbundes am Beispiel der Genossenschaftsorganisation	189
8.2.5	Im Verbund gibt es keine Befehlsgewalt	190
8.3	Kooperation unter Gleichen	193
8.4	Kooperation der Konkurrenten	194

9. Wie sichert eine Bank langfristig ihren Vorsprung? . 197

9.1	Kernprobleme lösen	197
9.2	Signale der Zukunft	200
9.3	Geist ist wichtiger als Kapital	203
9.4	Die große Chance	204

10. Anhang 211

Literaturhinweise 212

Abbildungsverzeichnis

Abbildung 1: Früher: Engpaßfaktor Kapital

Abbildung 2: Heute: Engpaßfaktor Know-how

Abbildung 3: Schlagzeilen der deutschen Presse

Abbildung 4: Gewinn und Potential als Faktoren zur Existenzsicherung

Abbildung 5: Einflußmatrix: Vernetzung von Nutzenbeziehungen

Abbildung 6: Intensitätseigenschaften

Abbildung 7: Führungsspirale

Abbildung 8: Ausschreibung von Ausbildungsplätzen durch Auszubildende

Abbildung 9: „Organigramm"

Abbildung 10: Die Bank als Beziehungsfeld

Abbildung 11: Mensch und Stellenbeschreibung

Abbildung 12: Ursachen, Symptome und Kennzahlen des Unternehmenserfolges

Abbildung 13: Positives und negatives Menschenbild

Abbildung 14: Persönliche und unternehmerische Werte-Entwicklung

Abbildung 15: Sach- und Beziehungsebene

Abbildung 16: Wirkung von Verzettelung

Abbildung 17: Wirkung von Konzentration

Abbildung 18: Erfolgsspirale

Abbildung 19: DISG-Persönlichkeits-Typen

Abbildung 20: „Gerechtigkeit"

Abbildung 21: Vom Produkt zur Problemlösung

Abbildung 22: Eignungs- und Anforderungsprofil
Abbildung 23: Zielgruppendifferenzierung „Kreditvergabe"
Abbildung 24: Verhaltensgrundsätze gegenüber dem Kunden
Abbildung 25: Kundenprobleme
Abbildung 26: „Schiefe Schlachtordnung"
Abbildung 27: Spiralenförmiges Denken und Handeln
Abbildung 28: Zielgruppendifferenzierung „Altersvorsorge"
Abbildung 29: Bank-Fachgeschäfte und „Supermarkt"
Abbildung 30: Liste der wichtigsten Kreditkosten
Abbildung 31: Aspekte einer Finanzanalyse
Abbildung 32: Das neue Verbundsystem
Abbildung 33: Management des Wandels
Abbildung 34: Zentrales Kernproblem – wirkungsvollster Punkt in vernetzten Systemen

1. Große Tradition – gefährdete Zukunft

1.1 Die konservative Sackgasse

Aktuelle Mißerfolge von Unternehmen und ganzen Branchen gründen nicht selten auf allzu großen Erfolgen in der Vergangenheit. Denn eine einmal erfolgreiche Unternehmenspolitik verleitet leicht dazu, die bewährten „Kochrezepte" weiter anzuwenden. Das Bankwesen ist in diesem Jahrhundert fast zehnmal so schnell gewachsen wie der Rest der Wirtschaft. Über lange Jahre hinweg orientierte sich die Kreditwirtschaft am quantitativen Wachstum – viele Vorstände und Führungskräfte tun das immer noch – und schrieb die Erfolge der Vergangenheit linear in die Zukunft fort in der wirklichkeitsfremden Annahme, die Umweltverhältnisse blieben unverändert und ohne Einfluß auf das eigene Verhalten. Doch jedes Unternehmen unterliegt den Einflüssen seiner Umwelt und wirtschaftlichen Rahmenbedingungen. Sprunghafte Veränderungen und Instabilitäten kennzeichnen die politische und ökonomische Entwicklung der jüngsten Vergangenheit und Gegenwart, und auch in Zukunft liegt die unternehmerische Herausforderung in der Bewältigung des Unerwarteten.

Das quantitative Wachstumspotential ist gefährdet. Die Dienstleistungsoffensive von Non- und Nearbanks, freien Finanzdienstleistern, Beratungsgesellschaften u. ä. haben die Ruhe im erfolgsverwöhnten Bankgewerbe erheblich gestört.

Die Banken haben ihre „Riegelstellung" verloren. Der wichtigste Unternehmensfaktor ist nicht mehr das Kapital, sondern die geistige Energie der Menschen. Die Entwicklung des Unternehmens und sein Erfolg werden vom Denken und dem sich daran anschließenden Verhalten der Menschen bestimmt: von Kunden, Führungskräften, Mitarbeitern, Geldgebern, Partnern und Lieferanten. Die Frage, wie diese Menschen sich entwickeln und für die Entwicklung des Unternehmens direkt oder indirekt ihre bestmögliche Leistung erbringen, ist grundsätzlich zunächst wichtiger als der Einsatz des Kapitals. Für die erfolgreiche Gestaltung der Zukunft eines Unternehmens wird diese Energie in Form von interessierten, kreativen, mutigen, spontanen, engagierten und verantwortungsbewußten Mitarbeitern unbedingt benötigt.

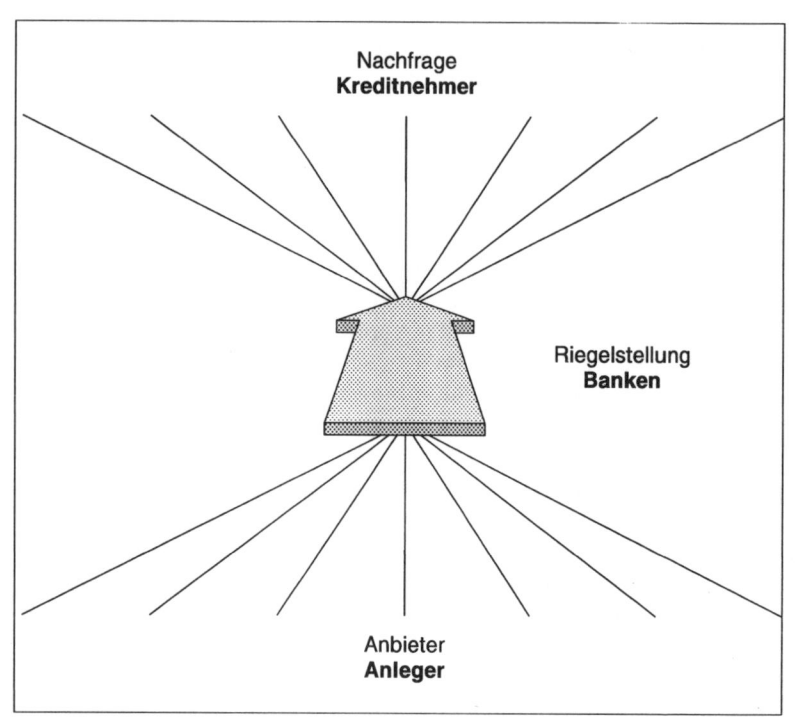

```
        Nachfrage
        Kreditnehmer



                                        Riegelstellung
                                        Banken




   Anbieter
   Anleger
```

Abbildung 1: Früher: Engpaßfaktor Kapital

Die Verantwortlichen auf allen Ebenen haben lange, viel zu lange, die Augen zugemacht. „Blinde" Selbstgefälligkeit trieb sie um und ließ sie auch die Veränderung des Kundenverhaltens übersehen. Der Kunde ist mit Recht kritischer geworden und hat sich weitgehend gegenüber der Angebotsmacht der Geldinstitute emanzipiert.

1.1.1 Das Image folgt der Realität

Banken und Sparkassen umwerben heute ihre Kunden auf der Grundlage einer vermeintlich neuen Kundenorientierung und propagieren eine vertrauensvolle Zusammenarbeit und partnerschaftliche Beziehungen. Veröffentlichungen in Presse, Funk und Fernsehen – aber auch verschiedene jüngst erschienene Bücher – spiegeln jedoch einen ganz

Nachfrage
Anleger, Kreditnehmer

Riegelstellung
**Steuerberater,
freie Finanzdienstleister
etc.**

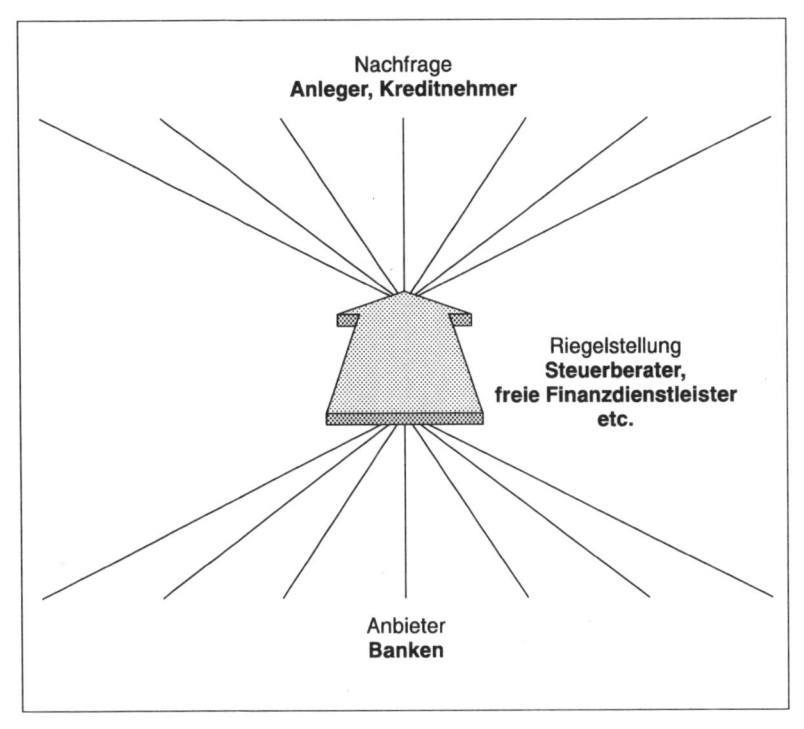

Anbieter
Banken

Abbildung 2: Heute: Engpaßfaktor Know-how

anderen Eindruck der Kunden und der Öffentlichkeit von der Dienstleistungsfähigkeit und vor allem der Dienstleistungs*bereitschaft* der Kreditinstitute wieder. Die mangelhafte Realität wird hier offensichtlich durch Marketingphrasen verklärt. Und was tun viele Banker: Sie schimpfen auf die Medien, oft sogar auf die Kunden, sie verwechseln Opfer und Täter!

Die in Abbildung 3 plakativ dargestellten Schlagzeilen begegnen uns fast täglich. Wo bleibt da die von den Kreditinstituten so gerne bemühte Seriösität? Verschiedene Seminaranbieter haben Schulungen in ihr Angebot aufgenommen, in denen der richtige Umgang mit Banken und Sparkassen vermittelt wird. Und wieviele Kunden lassen inzwischen die von ihrem Kreditinstitut unterbreiteten Finanzierungs- bzw. Vermögensbildungsangebote von ihrem Steuerberater, einem freien Finanzdienstleister oder dem Sachverständigen eines Verbraucherverbandes prüfen? Wenn man die Schlagzeilen liest, wohl mit Recht. Manche „kundenorientierte" Haltung wurde erst durch Urteile des Bundesgerichtshofes erstritten: siehe Wertstellung, Fakultativklausel, Überziehungszinsen, Gebühren für Löschungsbewilligungen. Und denken Sie an das Verbraucherkreditgesetz. Von dem täglich herrschenden Kleinkrieg um Konditionen ganz zu schweigen. Hand aufs Herz! Ist dies Zeugnis einer vertrauensvollen Zusammenarbeit?

Die rüden Methoden der Banken

Der ärgste Feind des Privatkontos ist die eigene Bank: Sie kassiert für jeden Handgriff Gebühren – manchmal am Rande der Legalität. Doch die Gerichte lassen den Bankern nicht mehr jeden Trick durchgehen.

„Banken denken vor allem an Reibach statt Beratung"

Beraten und verkauft

Sparbücher: Die legale Kapitalvernichtung.

Traurige Lektüre.

Feine Tricks, grobe Gebühren

Hohe Gebühren, niedrige Sparzinsen, schlechter Service

Wie die Banken ABKASSIEREN

Banken verprellen Kleinanleger

Abbildung 3: Schlagzeilen der deutschen Presse

Auch wenn die Zahlen noch stimmen, kann die Zukunft einer Bank schon verspielt sein. Meldungen wie

- „Die Autohändler wollen eine Bank gründen."
- „Siemens nimmt die Vermögensverwaltung in die eigenen Hände."
- „Ikea jetzt in Raten."
- „Die traditionelle Hausbank-Beziehung verliert zusehends an Bedeutung."

lassen auf zunehmenden Positions-Verlust der Kreditinstitute schließen; und das ist nur die Spitze des Eisbergs.

Banken und Sparkassen bemühen sich unisono, dieser Probleme mit neuen Vertriebs*konzepten*, neuen Marketing-*Strategien*, verfeinerten Controlling-*Instrumenten* und einem hilfesuchenden Blick nach Japan auf der Suche nach effektiven Management-*Methoden* Herr zu werden. Lean-Banking heißt der vorläufig „letzte" Versuch – für viele aber wohl nur offizielle Legitimation einer unsozialen Personalfreisetzungspolitik:

- „Sparkassen: Personalabbau und neue Vertriebspolitik sollen Rentabilität der Institute verbessern."
- „Die Deutsche Bank schlankt kräftig ab. Insgesamt 3000 Arbeitsplätze sollen abgebaut werden. Die Rezession zwingt zum Kostensenken."
- „Das große Abspecken beginnt."

Wer ist sich eigentlich der Tatsache bewußt, daß solche Meldungen motivationszerstörerische Wirkung für den einzelnen, für alle Mitarbeiter eines Unternehmens, ja einer ganzen Branche haben und damit die Negativ-Entwicklung noch forcieren? Werden die sogenannten Manager ihrer Fürsorgepflicht für die Mitarbeiter gerecht, wenn sie zum Kongreß „Akzeptable Wege zum Personalabbau" ins Hilton nach Berlin fahren? Auch neue Ansätze und Moden wie Change-Management, Total Quality Management, Speed-Management, KAIZEN oder Business Reengineering müssen auf die theoretische Darstellung der Konsequenzen beschränkt bleiben, solange nicht an den zugrunde liegenden Strukturen gerüttelt wird. Die Anwendung der Erkenntnisse scheitert auch hier an den verantwortlichen Menschen, spätestens, wenn es darum geht, die Führung – und damit sich selbst – in Frage zu stellen und dem unausweichlichen Wandel zu unterziehen. Der

Eindruck entsteht, daß mit jeder der genannten Ideologien lediglich versucht werden soll, das alte System noch einmal zu retten. Aber es gibt diese Rettung nicht, weil alle diese Ansätze letztlich strukturorientiert sind und sich nicht von der Berechenbarkeit als Prinzip lösen können. In Strukturen, die überschaubar sind, sollen weiterhin Prozesse gelenkt werden, die den Plänen gehorchen. Am Horizont aber warten komplexe „chaotische" Verhältnisse und Chaos-Management – und das arbeitet mit selbststeuernden (nicht-linearen) Prozessen und nicht mehr mit kontrollierten Strukturen.

Hilf- und Orientierungslosigkeit scheint sich beim Gros des Managements im Bankgewerbe breit zu machen. Denn offensichtlich ist die Verfeinerung von internen Steuerungs- und Kostenreduzierungsmethoden nicht geeignet, die grundsätzlichen Probleme zu lösen. Markt- und kundenorientiertes Verhalten wird damit immer noch eher verhindert; Mitarbeiter werden zum Produktverkauf „gezwungen" und die Kunden werden lediglich mit mehr Präzision „über den Tisch gezogen". Diese Politik wird aber auch weiterhin versagen, solange an den Symptomen herumkuriert wird, anstatt den Ursachen auf den Grund zu gehen. Hier sind unter anderem zu nennen das Unvermögen, „Fehler" der Vergangenheit zu akzeptieren, neue Wege zu initiieren und das Beharren auf der Alleingültigkeit der eigenen Strategie. Die oben geschilderten Schlagzeilen sind nämlich nur die auftretenden Störungen. Die zugrunde liegenden Probleme wurden weit in der Vergangenheit angelegt, als sich die Macht und vielfach auch die Überheblichkeit der Banken und Sparkassen auf dem Besitz des Minimumfaktors „Kapital" gründeten. Im Informationszeitalter ist dieses Verhalten jedoch erst recht nicht mehr angemessen und für die Gestaltung einer erfolgreichen Zukunft ungeeignet.

Warum stehen sich die Bank- und Sparkassenmanager bei ihren Verbesserungsbemühungen meist selbst im Wege?

Die Verantwortlichen in der Branche übersehen vielfach noch immer, daß nicht mehr das Kapital, sondern das Know-how der zentrale Engpaß-Faktor unserer Wirtschaftsgesellschaft ist. Eine Betrachtung der Wirtschaftsfaktoren Boden, Kapital und Menschen in den drei großen volkswirtschaftlichen Epochen macht deutlich:

In der Agrargesellschaft war der Boden das Knappheitsgut und damit der wesentliche Wirtschaftsfaktor, der Besitz von Grund und Boden war gleichbedeutend mit Macht. In der Industriegesellschaft zeigte sich die Wirkung des Engpaßfaktors beim Kapital. Die in dieser Zeit reichlich vorhandenen Ideen und Erfindungen, Rohstoffe und Arbeitskräfte ließen sich immer nur so weit in bedarfsgerechte Produkte verwandeln, wie das Kapital vorhanden war, um Fabriken und Maschinen zu bauen. Der Engpaßfaktor Kapital bestimmte, wie weit sich Unternehmen, die Märkte und die Wirtschaft entwickeln konnten. Der Besitz von Kapital sicherte die Machtposition – das „goldene" Zeitalter der Banken. In der heute sich entwickelnden Dienstleistungs-, Informations- und Kommunikationsgesellschaft läßt die Regelwirkung des Kapitals deutlich nach. Die Ursache dafür ist, daß ihm andere Faktoren – vor allem der Faktor Geist/Innovationen – die Stellung als Engpaßfaktor streitig machen. Bedauerlicherweise wehren sich noch viele, wahrscheinlich aus Angst vor Veränderung, gegen diese Erkenntnis. Der Mensch mit seinem geistigen und innovativen Potential tritt in den Vordergrund. Qualifiziertes Personal mit hervorragendem Wissen und Können, seinem Erfahrungsreichtum und seinen Kommunikationsfähigkeiten ist die eigentliche Quelle der Wertschöpfung geworden. Die Macht von Boden und Kapital wird verdrängt durch die Macht des Know-hows, der schöpferischen Kräfte von Menschen – Menschen mit hoher fachlicher und zunehmend wichtiger werdender persönlicher Kompetenz.

Die Verantwortlichen sind daher aufgerufen, sich am Kreuzweg des Wandels für eine menschenorientierte Entwicklungsalternative zu entscheiden, die der Verdinglichung und Mechanisierung des Lebens entsagt und dem Menschen als lebendigem, interessierten und tätigen Teil des Unternehmens bzw. der Gesellschaft die ihm gebührende Achtung und Wertschätzung erweist.

Noch immer aber werden „neue" Finanz*produkte* kreiert, anstatt Problemlösungen und besseren Service anzubieten, der sich an den Bedürfnissen der Menschen orientiert. Der Autohändler von heute z. B. verkauft nicht nur den Wagen, sondern vermittelt auch die entsprechende Finanzierung und die zugehörige Versicherung, meldet den Wagen an und bringt ihn auf Wunsch zum Kunden nach Hause. Die Chancen für eine dauerhafte Kundenzufriedenheit stehen gut.

Die Banken und Sparkassen verschwenden noch zu viel Energie in eine Kostenreduktion um jeden Preis, anstatt Ideen für umfassende

Lösungen rund um die speziellen Probleme ihrer Kunden zu suchen. Offensichtlich mangelt es dem Kreditgewerbe an Fantasie. Denn Probleme gibt es zu Tausenden. Haben Sie Ihre Kunden schon einmal danach gefragt?

1.1.2 Wer nur stolz ist auf seine Erfahrungen, programmiert sich auf Restauration

Das Führungs- und Marktverhalten unterliegt noch zu sehr den alten Traditionen, und die Änderung der Handlungsweise der betroffenen Menschen erfolgt normalerweise mit einer zu großen zeitlichen Verzögerung auf die Erkenntnisse. Organisationsstrukturen sind noch zu stark vom Bilanzierungsschema (Zuständigkeiten für Kreditgeschäft und Einlagengeschäft) geprägt, Universalbank- und Allfinanzprinzip implementieren Verzettelung, und hinter manch einer so proklamierten Kundenorientierung verbirgt sich doch wieder der reine Produkt-Verkauf. Kundennähe wird oft mit Marketing verwechselt, und trotz aller Optimierungsversuche gelingt es nicht, den Vertrauenssturz bei den Kunden abzufangen. Kritikern ist kaum abzustreiten, daß eigentlich fast alle Banken und Sparkassen die gleiche Verfahrensweise anwenden, ihren Kunden „das Geld aus der Tasche zu ziehen", ohne aus deren Sicht wirkliche Leistungsverbesserung anzubieten. Die Produktpolitik zeichnet sich dadurch aus, daß zu oft alter Wein in neuen Schläuchen verkauft wird.

Die folgenden Beispiele für „wichtige" Sparprodukte machen bei Verwendung des jeweiligen Firmenlogos die absolute Austauschbarkeit deutlich:

- Spareinlagen mit dreimonatiger Kündigungsfrist,
- Spareinlagen mit vereinbarter Kündigungsfrist,
- prämienbegünstigtes Vertragssparen,
- vermögenswirksames Sparen,
- Prämiensparen,
- Zuwachssparen,
- Zins-Zuwachssparen,
- Plus-Sparen,
- Top-Sparen,
- Ziel-Sparen,

- PS-Sparen,
- Zertifikats-Sparen,
- Vermögenssparen,
- Vorsorge-Sparen,
- Versicherungssparen,
- Existenzgründungssparen,
- Heirats-Sparen,
- Junghandwerker-Sparen,
- Schul-Sparen,
- Heim-Sparen,
- Abholsparen,
- Schranksparen,
- Sparbriefe,
- Sparobligationen,
- Gewinnobligationen,
- Inhaber-Schuldverschreibungen,
- Wertpapier-Sparen,
- Investmentsparen,
- aktionsbezogene Sparformen (z. B. Olympia-Sparen, Sparen 2000).

Wo ist hier die Innovation? Im Grunde genommen handelt es sich um Einmalanlagen und Ratensparen. Die Fantasie beschränkt sich auf die Produktbezeichnung. Aber welchen Kunden interessiert dies wirklich, und welcher Mitarbeiter kann einen Sinn darin erkennen?

Die Innovationsfreude der Kreditwirtschaft ist minimal. Welche Institute, Verbände oder Dachorganisationen gehen neue Wege (von dem ansatzweise erfreulichen Beispiel der Citibank abgesehen), berücksichtigen Trends und Signale der Zukunft? Wo werden aktiv Potentiale freigelegt und entwickelt? Stattdessen erstickt das Unternehmen Bank/Sparkasse an seiner Inflexibilität durch starre Arbeitsanweisungen und Stellenbeschreibungen, Regeln und Richtlinien, Organigramme und Statistiken – zugegebenermaßen nicht nur aufgrund eigener Initiativen, denn die gesetzlichen Anforderungen sind streng und deren Interpretationen durch Verbände vergrößern den Umfang sogenannter Sachzwänge. Aber die nicht endenden Initiativen des Gesetzgebers resultieren auch aus dem Verhalten der Banken und Sparkassen – siehe Verbraucherkreditgesetz. Und die Kreditinstitute versuchen – durchaus verständlich – die wachsenden Kosten der Bürokratie und struktureller Fehlentwicklungen, z. B. in Form manchmal abenteuerlicher Gebühren, auf den Kunden umzulegen. Der daraus resultierende Frust führt zu neuen Urteilen des Bundesgerichtshofes und zu gesetzgeberischen Maßnahmen, die meist nur neue Bürokratie produzieren – ein Teufelskreis.

Betriebsvergleiche und Verbandsdurchschnitte haben die Eigenschaften einer Beruhigungspille und führen häufig zur Einschläferung ganzer Branchengruppen. „Wenn es uns allen schlecht geht, ist es ja nicht so schlimm." Und wieder dienen eigentlich aufrüttelnde Marktuntersuchungen als Alibi für das Unterlassen von Änderungen, für das Nicht-Handeln. Die kurzfristige Erfolgsnotwendigkeit (?) bis zum nächsten Jahresabschluß verhindert Kreativität. Diese Behinderung wird verstärkt durch die „reaktionäre" Haltung vieler durch ihre Position einflußreichen Prüfer, die durch ihre berufsbedingte Rückwärtsbetrachtung ein fatales „Management by Rückspiegel" in den Instituten unterstützen. Und dieser Blickwinkel verengt sich noch allzu oft aus Angst vor Repressalien auf ein angepaßtes „Management by Prüfungsbericht". Die durch das Verhalten der Prüfer ausgelöste Verunsicherung der Aufsichtsgremien und deren restriktive Haltung gegenüber Neuerungen im Institut seien in der Kolonne der Behinderungen ergänzend erwähnt. Wobei festgestellt werden muß, daß auch die Prüfer nur *ihre* Arbeit tun. Haben Sie auch schon einmal vergeblich versucht, eine zukunftsträchtige Innovation einzuführen, deren Nutzen für die Bank oder Sparkasse nicht kurzfristig bis zum nächsten Jahresabschluß und detailliert, zahlenmäßig ertragswirksam dargestellt werden konnte?

Die Routine eingefahrener Arbeitsabläufe und enger Handlungsspielräume läßt die Aufmerksamkeit für alternative Verhaltensweisen und neue Geschäftsfelder gar nicht erst entstehen – bei den Geschäftsleitern nicht und erst recht nicht bei den Mitarbeitern. Es wird von Kundenbetreuung und Konzentration auf ertragsstarke Kunden*segmente* gesprochen. Aber das Öffentlichkeitsverhalten entspricht noch immer alter Prägung: Breit gestreut werden Werbegeschenke und Kalender verteilt, Broschüren verschickt, Jugendwettbewerbe und Weltspartage werden veranstaltet. Viel Energie wird auf den Erwerb von Adressmaterial verwendet für Aktionen zur Steigerung des Kundenvolumens, das dann in manchem Werbemittelkellerraum vergammelt, weil diese Kundenmengen nicht einmal verwaltet, geschweige denn betreut werden können. Sind alle diese Dinge außerhalb des originären Bankgeschäftes – wie z. B. Reisevermittlung, Vereinsservice, Sparkästchen oder gar der Verkauf von Schallplatten/CDs und Eintrittskarten – wirklich notwendig, um finanzielle Bedürfnisse der Kunden zu befriedigen? Wie sieht die Kundenbetreuung in den meisten Fällen überhaupt aus?

Da die einzelnen Institute viel zu viele Kunden haben, um diese ordentlich betreuen zu können, wird üblicherweise eine sogenannte ABC-Analyse vorgenommen, in der die Kunden nach materiellen Gesichtspunkten wie Umsatz, Aktiv- und Passivvolumen klassifiziert und einzelnen Kundenberatern zugeteilt werden. Wie Kunde und Kundenberater zusammenpassen (also immaterielle und psychosoziale Aspekte) wird selten, meist erst nach dem Auftreten von Schwierigkeiten, berücksichtigt. Die stimmige Beziehung zum Kunden ist aber entscheidende Grundlage für eine optimale Betreuung und den langfristigen Aufbau von Vertrauen. Interessant ist in diesem Zusammenhang auch das Phänomen einer zunehmenden „verdeckten Illoyalität" der Bank- und Sparkassenmitarbeiter, die ihren Verwandten und Bekannten „hinter vorgehaltener Hand" und „im Vertrauen" Tips im Umgang mit ihrem eigenen Institut geben (z. B. zu Zinsverhandlungen, Zinsfestschreibungen, Stellung von Sicherheiten, Gebühren).

Gerade die Genossenschaftsbanken und Sparkassen werden nicht müde, mit großen Geschäftsstellennetzen zu werben, und das bei vollem Kenntnisstand darüber, daß sie bereits heute nicht mehr bezahlbar sind. Untersuchungen zeigen, daß es gerade bei diesen beiden Gruppen die Angst des Vorstandes vor den Konsequenzen ist, die notwendige Schließungen verhindert. Drohungen von Kunden, Leserbriefe, Initiativen des Aufsichts- oder Verwaltungsrates, Beschwerden der Ortsbürgermeister, „Interessenwahrnehmung" des Landrates usw. sollen als Beispiele ausreichen. Alternativen zur gewohnten Bargeldversorgung könnten hier Lösungen für alle Beteiligten bieten. Was leider oft fehlt, ist die Gesprächsbereitschaft im Vorfeld und der Mut, sich auf etwas Ungewohntes einzulassen.

Bei jedem anderen Dienstleister, der ein spezielles Know-how zur Verfügung stellt – z. B. Steuerberater oder Anwalt – zahlt der Kunde ein Honorar für die Service-/Beratungsleistung; im Bankgeschäft bezahlt er über sogenannte Produkte. Hinzu kommt, daß weit weniger als 10 Prozent der Mitarbeiter einer durchschnittlichen Genossenschaftsbank im ertragswirksamen Beratungs- und Betreuungsgeschäft tätig sind und 100 Prozent der Kosten sowie Rücklagen, Dividenden und Steuern erwirtschaften müssen; im Sparkassenbereich ist das nicht anders. Wer kann sich das auf Dauer leisten? Die Zinsspanne schrumpft, und über die Verschleierung in der Kontoabrechnung sowie alle möglichen Gebührenvariationen versuchen viele Banken noch immer, zinsunabhängige Erträge aufzupolieren und die eigenen Probleme zulasten ihrer Kunden zu lösen. Dabei werden die Gebührenkataloge der Banken und Sparkassen immer umfangreicher, wobei die Mitarbeiter gar nicht mehr in der Lage sind, alle einzelnen Gebühren überhaupt in Rechnung zu stellen. Es hat uns nicht verwundert, daß wir bei der Auswertung der Bilanzen von Instituten aus dem Genossenschaftsbereich zu dem Schluß kamen, daß das reine Kundengeschäft an sich bei unzähligen Banken defizitär ist und aus den Eigenanlagen (unter anderem Depot A) subventioniert wird – und das mit steigender Tendenz. Müßten sich die Kreditinstitute den gleichen Anforderungen unterziehen, die sie an einen Firmenkunden bei der Prüfung seiner Kreditwürdigkeit stellen, würden wohl viele Finanzierungen nicht zustande kommen. Die meisten Banken und Sparkassen arbeiten mit einer Mischkalkulation und sind nicht in der Lage, eine exakte Kundenkalkulation zu erstellen. Es gibt derzeit noch keine Möglichkeit, die Rentabilität eines Kundenbetreuers sauber zu messen. Übrigens werden sich über die Meßbarkeit der Tätigkeit des Controllers, des Marketingleiters oder gar des Vorstandes interessanterweise viel weniger Gedanken gemacht.

Gemischtwirtschaftliche Institute im Genossenschaftsbereich (also Volksbanken und Raiffeisenbanken, die gleichzeitig Warenhandelsgeschäfte betreiben) kämpfen zunehmend mit roten Zahlen im Warengeschäft, das vielerorts bereits seit mehreren Jahren nur durch noch ausreichende Bankerträge gestützt werden kann. Viele reden über die aktuellen Strukturkrisen und die erkennbaren künftigen Erschwernisse. Die wenigsten aber haben den Mut und treffen *rechtzeitig* Entscheidungen.

Wen wundert es da, daß im Zusammenschluß mit einem vermeintlich stärkeren Partner das Heil gesucht wird. Zumal die entsprechenden Verbände Fusionen im Interesse größerer und damit angeblich wirtschaftlicherer Einheiten forciert haben. Glücklicherweise hat die Fusionseuphorie nachgelassen, weil die Akzeptanz dafür gewachsen ist, daß Fusionen keine Probleme beseitigen und keine Arbeitsplätze sichern. Einzelne Verbände beginnen sich wieder auf ihre eigentliche Aufgabe zu besinnen, ihre Mitglieder zu fördern und erfolgreicher zu machen, und – wenn in den eigenen Reihen das Potential für Innovationen fehlt – zumindest „zuzulassen", daß mit Unterstützung „Externer" neue Wege gegangen werden können. Wenn sich die Banken nicht etwas Neues einfallen lassen, dann werden sie in den kommenden Jahrzehnten zu einer schrumpfenden Industrie, der „Stahlindustrie der 90er Jahre", wie Ulrich Cartellieri/Deutsche Bank bereits vor einigen Jahren – damals noch heftig kritisiert – bemerkte.

1.1.3 Runter vom hohen Roß

Die Banker müssen ihre distanzierte Haltung und Selbstgefälligkeit ablegen und wieder Dienst am Kunden leisten. Hier liegt die Krux der Krise: Solange diejenigen, die für die Probleme die Verantwortung tragen, sich selbst als Ursache dafür nicht erkennen und sich selbst und ihr eigenes Denken nicht in Frage stellen, wird sich nichts ändern.

In einem Magazin stand jüngst zu lesen: „Was den persönlichen Kontakt zwischen Kunde und Bank belastet sind junge, dynamische, lässig-überhebliche Angestellte, gerade ausgelernte, hochnäsige Primadonnen und fließend Fachchinesisch sprechende Oberlehrer." Das sind die Symptome, die Ausflüsse dessen, was den Mitarbeitern beigebracht wurde.

Nur eine radikale Änderung im Verhalten und die aktive Gestaltung der eigenen kundennutzenorientierten Strategie führen heraus aus dieser Sackgasse. Die Verantwortlichen in den Organisationen der Kreditwirtschaft müssen es positiv zulassen und unterstützen, wenn „Vordenker" aus den eigenen Reihen das System in Frage stellen. Die Kreativen dürfen nicht länger die Sündenböcke sein. Ausgrenzungen einzelner zur Abschreckung sind nicht geeignet, unbedingt notwendige Lern- und Veränderungsprozesse dauerhaft in Gang zu halten.

Wie intelligent ist ein System, das heute absehbar den Menschen in den Banken und Sparkassen in umfänglichem Maße ihre Arbeitsplätze nimmt?

1.2 Vom Unterlasser zum Unternehmer

Management durch Anpassung an den Wandel alleine reicht schon nicht mehr aus; es ist zu langsam: Wer nur noch reagiert statt zu agieren, stellt die Existenzberechtigung seines Unternehmens bereits in Frage und wird selbst langfristig scheitern. Viele Banken entsprechen in ihrer historisch gewachsenen Form nicht mehr den Anforderungen veränderter Märkte und tragen mehr die Merkmale der bürokratischen Mentalität träger Verwaltungsapparate statt eines kundennutzenorientierten, dynamischen Dienstleistungsunternehmens. Nicht von ungefähr hält sich hartnäckig der Begriff des „Bankbeamten".

Wie sehen die Verhältnisse aus in der Führung eines Kreditinstitutes? Was unterscheidet den Vorstand oder Geschäftsleiter vom „üblichen" Unternehmer? Der Bank- oder Sparkassenvorstand ist – als angestellter Manager – weder Unternehmensgründer noch -eigner. Er hat kein eigenes Kapital in das Unternehmen investiert und erhält an jedem 15. sein vereinbartes Gehalt, fährt meist einen Dienstwagen und erfreut sich einer vom Unternehmen dotierten Altersversorgung – und das alles unabhängig davon, wie das Unternehmen gewirtschaftet hat. Das Gehalt richtet sich in der Regel nicht nach Ertragsgesichtspunkten, sondern nach der Höhe der Bilanzsumme, was der Illusion grenzenlosen Wachstums neue Nahrung gibt. (Sicherlich auch ein Aspekt, der manchem Vorstand die Entscheidung für eine Fusion versüßt hat.) Und auch seine Entscheidungsbefugnisse richten sich ausschließlich auf die Verwendung fremder Gelder. Er muß seine Geschäftspolitik mit einem oder mehreren Kollegen abstimmen, die er sich meistens nicht selbst ausgesucht hat, und die auch nicht zwangsweise oder besser notwendigerweise am gleichen Strang ziehen wie er. Im Gegenteil ist das Konfliktpotential auf der Vorstandsebene erfahrungsgemäß sehr hoch und wirkt sich entsprechend negativ auf das Gesamtbetriebsklima aus. Mißtrauen, Neid, intrigantes Verhalten und Kontrolle der gegenseitigen Abwesenheit sind leider Gottes durchaus „menschlich". Ob dies zur langfristigen Existenzsicherung des gemeinsam zu verantwortenden Unternehmens beiträgt, ist eher fraglich. Fehlende Risikobereitschaft und der Hang zum Festhalten am bereits Erreichten sind das fruchtlose Ergebnis.

Um hier ein erstes Fazit zu ziehen: Bringt ein Vorstand eines Kreditinstitutes nicht viel Mut, Risikobereitschaft, Ideen und vor allem sehr viel Idealismus in seine Aufgabe mit ein, hat er auch nicht annähernd etwas mit dem Begriff des Unternehmers in unserer Wirtschaftsordnung zu tun. Wenn er aber die genannten Kriterien einbringt – und hier beginnt die Fatalität des Systems – hängt seine dadurch bedingte „non-konformistische" Karriere in der Kreditwirtschaft dauerhaft am seidenen Faden. Auf dieser Basis werden Unterlasser produziert.

1.2.1 Führen heißt verändern – auch gegen die Betriebsträgheit

Trotz vieler Besprechungen in der Fachliteratur ist der in Banken und Sparkassen praktizierte Führungsstil noch immer stark autoritär und manipulativ geprägt. Und viele Versuche sogenannten kooperativen oder situativen Führungsstils sind bereits an der Ratlosigkeit der Führenden oder dem Sicherheitsbedürfnis der nicht mehr straff Geführten gescheitert, das oft genug von den Führenden geprägt wurde. Beschleunigte Veränderungen und Wertewandel stellen die Führung aber schon lange vor neue Herausforderungen. „Management by Killerphrasen" nach dem Motto „Das machen wir schon immer so." funktioniert nicht mehr. Ebenso wenig reicht es, innerbetriebliche Abläufe zu optimieren. Marktentwicklungen und Trends können nicht mehr passiv abgewartet werden.

„Führung bedeutet die vorausschauende Gestaltung eines permanenten und systematischen Innovationsprozesses durch optimale Förderung des Innovations- und Kreativitätspotentials *aller* Mitarbeiter. Sie ermöglicht eine fortschrittsfähige, lernende Organisation und berücksichtigt die Interessen und Bedürfnisse aller Beteiligten durch größere Handlungsspielräume und lädt ein zur Gestaltung von Struktur, Kultur und Umwelt des Unternehmens, damit dieses von innen heraus seinen Markt verändern kann." Diesem – einem Seminarangebot entnommenen – Anspruch werden sicher die wenigsten Führungskräfte gerecht.

Je weniger getan wird, desto effektiver ist die Fehlervermeidung. Unmittelbar verbunden mit dieser „Weisheit" ist die Tatsache, daß Kreditinstitute bzw. die Menschen in den Banken und Sparkassen bestrebt sind, keine Fehler zu machen, was durchaus zu begrüßen ist – aber genau das ist auch ein Schwachpunkt. Die überzogen negative Haltung zu Fehlern und die Reaktion der „Vorgesetzten" verhindern ein Lernen nach dem Prinzip von Versuch und Irrtum, und das in hierarchischen Strukturen übliche Schuldzuweisungssystem tut sein übriges zur Abtötung jeglicher Dynamik. Solange der Geschäftsstellenleiter für eine Einzelwertberichtigung über 10 000 DM gemaßregelt wird, während der Vorstand die Einzelwertberichtigung über 1 Million DM als „Steuersparmodell" im Aufsichtsrat begründet, werden sich nur wenige Mitarbeiter aktiv gestaltend an der Unternehmenspolitik beteiligen wollen.

1.2.2 Man pflegt den Geist von gestern und blockiert die Zukunft

Manche Vorstände neigen noch immer dazu, Wissensmonopole zu hüten und Mitarbeiter „dumm" zu halten, statt deren unterschätzte Potentiale zu nutzen. Sie betätigen sich als „Edelsachbearbeiter", die alle Vorgänge noch selbst unter Kontrolle haben müssen, haben keine Zeit, sich um strategische Fragen zu kümmern und versäumen es, die Weichen für eine dauerhafte Existenz ihres Instituts zu stellen. Das Festhalten an alten Privilegien, wie z. B. der Schlüssel für den Aufzug, der den Vorstand non-stop in die oberste Etage bringt, großer Schreibtisch und Stuhl mit Lehne, Telefonberechtigung regional oder gar weltweit, flexible Arbeitszeit nur für Führungskräfte o. ä., zerstört mehr Mitarbeitermotivation als sie wert sind. Wie wirkt sich wohl die Pflege einer Mehrklassengesellschaft auf die Mitarbeiter aus, wie wir sie gerade in größeren Banken und Sparkassen in Form von getrennten Kantinen für Führungskräfte und „normale" Mitarbeiter, gehobener Büroausstattung und dickerem Teppichboden mit zunehmender Leitungsfunktion usw. vorfinden? Es ist sicher auch nicht notwendig, daß Mitarbeitern vorgeschrieben wird, was sie anzuziehen haben. Im folgenden ein Auszug aus der dreiseitigen Kleiderordnung eines Kreditinstituts:

„... Der Herr trägt, dies ist bekannt, zur Tuch- oder Stoffhose stets ein langärmeliges Hemd, welches vom Muster zur Jacke paßt. Die Maße des Hemdes müssen so ausgelegt sein, daß auch der oberste Knopf am Kragen geschlossen werden kann, ohne daß es zu Atemnot kommt oder aber der Kragen den Hals kaum berührt. Bei der Wahl des Hemdes ist zudem darauf zu achten, daß es stets hell ist. Auch wenn uns die oben genannten Modezare heute oft dunkle

Hemden als erstrebenswert anpreisen, so vermitteln sie doch noch immer den Eindruck eines Gangsters in einem Mafia-Film. Schon aus letztgenanntem Grund verbietet sich somit das dunkle Hemd unter einem Sakko. Die obligatorische Krawatte ist dezent gemustert und sollte nicht durch infantiles Design auffallen, denn der aufgedruckte Donald Duck erfreut Sextaner, wirkt aber bei Erwachsenen lächerlich. An dieser Stelle erübrigt sich eigentlich der Hinweis, daß Schuhe aus Leder sind, keinesfalls aber Krawatten. Zu Hemd und Krawatte, dies ist seit alters her bekannt, trägt man ein Sakko. Dieses ist beim Anzug logischerweise aus demselben Tuch wie die Hose geschnitten, ansonsten muß es zur Hose passen. In jedem Fall sollte es aber nicht zu bunt sein. Rote Sakkos tragen Moderatoren von SAT 1 oder aber Zirkusdirektoren. Banker hingegen lieben gedeckte Farben ..."

Bedauerlich und hinderlich ist auch die Vetternwirtschaft im Bankgewerbe. Viele Vorstände machen sich in ihren Entscheidungen abhängig: von der Politik, von Verwandt- und Bekanntschaft, von einflußreichen Kunden – sei es beim Abschluß von Geschäften, der Vereinbarung von Konditionen oder der Einstellung von Angestellten und Auszubildenden. Hier wird eine Schein-Sicherheit nach dem Motto „Eine Hand wäscht die andere" erwartet, die dauerhaft keine Chance hat; von der Frage der eigenen Selbst-Achtung einmal ganz abgesehen. Soziale Vernetzung im wohlverstandenen Sinne ist gut und für alle nutzbringend. Abhängigkeiten, die aufgrund der Hilflosigkeit gegenüber der Macht des „Sollens" entstehen, sind gefährlich und schaden der Glaubwürdigkeit des Instituts und der Menschen, die es repräsentieren.

Gefordert sind Vorstände, die sich sowohl ihrer Autonomie als auch ihrer Interdependenz bewußt sind und aus dieser Haltung heraus verantwortlich handeln. Das heißt, der qualifizierte Führende hat gelernt, sich seiner eigenen Bedürfnisse, Befürchtungen und Wünsche und denen der von ihm zu führenden (bzw. zu betreuenden) Menschen bewußt zu werden, seine Sinne, Gefühle und gedanklichen Fähigkeiten zu nutzen und sich verantwortlich von seiner eigenen Perspektive her zu entscheiden. Emotionales Einbezogensein sichert die Grundlage seiner Entscheidungen. Vorstände, von denen gesagt wird, daß ihr Fell bereits so dick geworden ist, daß sie auch ohne Rückgrat stehen können, mangelt es an der notwendigen zwischenmenschlichen Verbundenheit.

Haben Sie Mut, sich Ihrer eigenen Gefühle und Ihres eigenen Verstandes zu bedienen. Trauen Sie sich selbst, und vertrauen Sie Ihren Mitarbeitern!

1.3 Mut zum eigenen Profil

Ein Blick durch die verschiedenen Bankengruppen, Bausparkassen und Versicherungen zeigt – von erfreulichen Ausnahmen abgesehen – ein relativ uniformes Angebot von Finanzdienstleistungen. Unter dem Allfinanzkonzept bietet jede dieser Gruppen ihren Kunden mehrere hundert Produkte an, die sich – wenn überhaupt – meistens nur durch die Bezeichnung unterscheiden.

Als Beispiel hier die 410 Produkte im genossenschaftlichen Finanzverbund:

- 80 Finanzierungsprodukte,
- 140 Privatkunden-Anlageprodukte (In- und Ausland),
- 40 Produkte der Banktechnik,
- 144 Produkte der R + V-Versicherungs-Gruppe,
- 6 Produkte der Bausparkasse Schwäbisch Hall AG.

Und wenn das Produkt selbst austauschbar geworden ist, wird der Preis zum Verhandlungs- und Druckmittel. Dies macht besonders den kleineren Instituten zu schaffen, denen zudem oft noch verbandsseitig oder durch offizielle Studien und Strukturkonzepte unterlegt, die Existenzberechtigung von vorneherein abgesprochen wird. Nach inoffiziellen Äußerungen soll die Mindestgröße einer Genossenschaftsbank in Zukunft zwischen 500 Millionen DM und 1 Milliarde DM Bilanzsumme liegen. Bei den Sparkassen wird in diesem Zusammenhang sogar von 3 Milliarden DM gesprochen. Die Definition, die Peter F. Drucker zur optimalen Betriebsgröße liefert, erscheint uns angemessener: Die Zukunft gehört dem Unternehmen, das klein genug ist, um flexibel und unbürokratisch zu bleiben, und groß genug, um sich ein gutes Management leisten zu können.

Die meisten Bank- oder Sparkassen-Manager würden ihrem Institut gerne ein individuelles Profil geben und die Uniformität ablegen, die – bewußt oder unbewußt – durch die Verbünde und deren Neigung zur

„Konzernierung" entsteht. Die den Primärinstituten ohne Rücksicht auf deren Größe oder eigene Strategie „verordnete" Unterordnung unter die zentralen Anliegen der Verbundpartner (z. B. in der Informationsverarbeitung, der Markt-„Bearbeitung" usw.) mag an dieser Stelle als Beispiel genügen. Es gehört zu den Kernaufgaben des Vorstandes, dafür Sorge zu tragen, daß sein Institut eine Zukunftschance als selbständiges Unternehmen hat. Vorstände werden nicht mit hohen Gehältern und Vergünstigungen für die Vernichtung selbständiger Unternehmensexistenzen honoriert. Die Geschäftsführung ist für den Erhalt des Unternehmens verantwortlich. Und gerade die Banken und Sparkassen haben sich Verbände und Zentralen gegründet, die sie bei diesem Ziel unterstützen sollen. Resignieren und Fusionieren ist ein falsch verstandener Unternehmerauftrag. Fusion darf kein Mittel der Geschäftspolitik sein, auch wenn die Haltung des Verbundes kurioserweise eher positiv zu Fusionen ist. Fusionen lösen keine Probleme, sondern sie kaschieren und verschleppen oder schaffen sie erst.

Es bedarf allerdings einer gehörigen Portion Ehrgeiz und Idealismus gepaart mit Entschlossenheit und Beharrlichkeit, Veränderungen und neue Wege zu wagen, wenn schon das Bestreben, eine kleine bis mittlere Bank gegen die Verbundmeinung zu erhalten, beachtliche Widerstände erzeugt. Der innovative Bank- oder Sparkassen-Manager hat hier – da er eine andere Strategie als aktuelle Verbundstrategien verfolgt – bereits erhebliche Schwierigkeiten bei der Informationsbeschaffung. Aber auch hier zeigt sich – wie in politischen Systemen – daß sich eine zunehmend erstarkende „außerparlamentarische Opposition" von Vorständen bildet (und das unabhängig von der Organisationszugehörigkeit), die sich über unorthodoxe Lösungsansätze für gemeinsame Probleme solidarisiert. So sind z. B. Zusammenschlüsse „Gleichgesinnter bei der Gestaltung des Versicherungsgeschäftes" an den Verbänden vorbei bereits installiert oder in Vorbereitung. Diejenigen, die sich dazu bekennen, werden oft öffentlich „hingerichtet", liebevoll „Paradiesvogel" genannt oder neidvoll als „Nestbeschmutzer" tituliert. Einzelne andere Vorstände stehen dem gegenüber mit der eindeutigen egoistischen Zielsetzung, möglichst viele scheinbar schwächere Institute zu fusionieren, die eigene Machtposition auszubauen und es so „bis zur Rente zu schaffen". Kooperation und die gerühmte Solidarität im Verbund bleiben dabei auf der Strecke, ebenso wie die offene Frage: „Was hat der Kunde, das Mitglied, der Eigentümer eigentlich davon?" Und – Revolutionen beginnen lange, bevor sie öffentlich ausgerufen werden.

Noch zu wenige Vorstände sind bereit, konstruktiv kritische Fragen an die Verbände zu stellen und die Unterstützung für eine zukunftsorientierte Geschäftspolitik zu fordern statt der traditionellen zu folgen, sich als Vordenker zu betätigen und damit auch Verantwortung für künftige Generationen zu übernehmen. Anders sein ist unbequem. Wer lernen will, geht auch das Risiko ein, Fehler zu machen – das war schon so, als wir laufen lernten. Denn wer etwas Neues versucht, kann nicht auf alte Erfahrungen zurückgreifen. Wer nach vorne will, muß die Widerstände überwinden: zuerst die inneren, d. h. die eigenen, was das Schwierigste ist – und dann die äußeren.

Dazu braucht es *Mut!*

2. Wie entwickelt sich der „Verwalter" zum „Unternehmer"? – Menschen in der Bank

2.1 Barrieren der Veränderung

Entscheidend für die Kultur und die Entwicklung einer Bank oder Sparkasse ist, wie der Vorstand, bzw. die Geschäftsleitung – jeder einzelne und in seiner Gesamtheit – mit sich selbst und den Menschen im Unternehmen und im Umfeld umgeht, wie er der Entstehung von Problemen vorbeugt, bzw. wie er vorhandene Probleme löst. (Und machen wir uns bewußt: Probleme sind Chancen in Arbeitskleidung!)

Vordergründig genannte Probleme sind meistens:

- Eigenkapital und Solvabilität,
- Spareinlagenabfluß,
- Kreditschöpfungsgrenzen,
- steigende Personalkosten,
- schwaches Betriebsergebnis,
- Risiko-Vorsorge-Bedarf u. ä. materielle Punkte,
- die Qualität der Mitarbeiter oder
- Sachzwänge.

Hinter solchen Aussagen stehen oft Führungs- und/oder Steuerungsschwierigkeiten, Überforderung, Orientierungsprobleme und Unsicherheit bis hin zur Zukunftsangst.

Nachstehend lesen Sie das zusammengefaßte Ergebnis einer Umfrage unter Bankvorständen aus dem genossenschaftlichen Bereich in Deutschland und Österreich über die von ihnen als am brennendsten empfundenen Probleme:

- sinkende Zinsspanne,
- sinkendes Betriebsergebnis,
- steigende Personal- und Sachkosten,
- Controlling-Defizit,
- schlechtes Image der Banken,
- Abhängigkeiten, z. B. von Rechenzentralen,
- zu wenig Kooperation zwischen Genossenschaftsbanken,

- Mißbrauch der Primärebene als Vertriebsschiene durch Verbundpartner,
- Kreditrisiken, Abschreibungen,
- Nichtbeachten von Zyklen,
- „der alte Trott",
- Kosten und Nutzen der Rechenzentralen,
- „ob wir die Pension in Ehren erreichen",
- Qualifikationsmängel der Mitarbeiter in fachlicher und persönlicher Hinsicht,
- Führungsunfähigkeit der zweiten und dritten Ebene,
- Abteilungskonflikte Markt-/Betriebsbereich,
- Führungsschwäche
- unzureichendes Personalmanagement,
- zu wenig Selbstverantwortung,
- zu wenig Mitgliederförderung,
- schlechtes Betriebsklima,
- fehlende Unternehmenskultur,
- falsches Wachstumsdenken,
- Mißbrauch des Kapitals usw.

Bei der Analyse zeigt sich, daß die Barrieren, die ein Vorstand bei seiner Tätigkeit zu überwinden hat, zwar sehr vielfältig sind, ergänzende Gespräche letztlich aber drei Grundblockaden erkennen lassen: nämlich Druck, Angst und Abhängigkeit. Das ist menschlich und durchaus verständlich, aber es hat Konsequenzen.

2.1.1 Bremsklötze

Das beginnt bei einer gewissen „Hörigkeit" gegenüber Verbänden und Prüfern. Die Neigung, die eigene Strategie und Geschäftspolitik auch fremdbestimmen zu lassen, gründet in der empfundenen Abhängigkeit von Verband und Bundesaufsichtsamt für das Kreditwesen, Berlin, verbunden mit persönlicher Existenzangst. „Nur nicht negativ auffallen", heißt oft die Parole. Da werden Anforderungen erfüllt, die der einzelne Vorstand eigentlich als wenig geschäftsfördernd betrachtet. Alibi-Seminar-Veranstaltungen, Organisations- und betriebswirtschaftliche Beratungen, Klausuren u. ä. werden durchgeführt und umfangreiche Dokumentationen verfaßt. Es wird kiloweise Papier für statistische Anforderungen produziert, Leitbilder werden abgeschrieben und ebenso wie die bei der Erstellung bereits überholten Stellenbeschreibungen in den Schrank gestellt – und alles nur, damit der Prüfer zufrieden testieren kann. Denn der verlangt die Unmengen von Unterlagen, weil das Bundesaufsichtsamt sie – z. B. aufgrund von Verordnungen aus dem Jahre 1976 – verlangt. Das mag auch damals völlig in Ordnung gewesen sein. Es scheint aufgrund der veränderten Marktverhältnisse und der notwendigerweise zu verändernden Führungsstrukturen und -instrumente aber sinnvoll zu sein, mit dem Bundesaufsichtsamt – in dem übrigens auch Menschen arbeiten – über den aktuellen Sinn der einen oder anderen Anforderung zu reden. Alle wollen – was menschlich durchaus nachvollziehbar ist – auf der sicheren Seite sein: Bank oder Sparkasse, Prüfungsverband, Bundesaufsichtsamt u. a. – und das schon so lange und mit so viel Vehemenz, daß vielleicht niemand der Beteiligten mehr bewußt wahrnimmt, daß er selbst die Inflexibilität und Bürokratie stabilisiert, die er andererseits beklagt. Neues Denken, das von allen gefordert wird, kann sich aber nicht entfalten, wenn die Organisation nur tauglich ist „für das Ausführen von Befehlen".

Vertragliche Abhängigkeiten von Verbundpartnern werden immer größer, je mehr Versicherungsverträge produziert werden und die Erträge aus den Vermittlungsprovisionen in die GuV-Rechnung fest einkalkuliert sind. Dies gilt in erster Linie für die Sachversicherungsbestände. Vordergründig hat natürlich jedes Institut ein Interesse an hohen Abschlußzahlen und -summen, weil diese zu entsprechenden Abschlußprovisionen, mehr aber noch zu laufenden Bestandsprovisionen führen. Je mehr also abgeschlossen wird und je höher dadurch die Bestände werden, umso höher werden auch die Bestandsprovisionen. In Verbindung mit kurzfristigen Kündigungsmöglichkeiten dieser Bestände durch den jeweiligen „Partner" entsteht für das Kreditinstitut eine Position des „Ausgeliefertseins", die wachsende Unmöglichkeit, auf hohe Bestandsprovisionen im Interesse der eigenen Ergebnisrechnung zu verzichten. Dies kann zu einer Umverteilung der Machtverhältnisse innerhalb von Verbünden führen, wenn es z. B. darum geht, andere Vertragsbedingungen zu verhandeln. Das sind Bremsklötze für eine dynamische, zukunftsorientierte Unternehmenspolitik.

2.1.2 Es gibt keine schlechten Mitarbeiter, es gibt nur schlecht geführte Mitarbeiter

„Das größte Problem in unseren Unternehmen sind die Mitarbeiter", äußern sich manche Führungskräfte, die nach der Beförderung gerade erst diesem genannten „Problemkreis" entstiegen sind. Die Probleme beginnen aber in der Regel bei der Führungskraft bzw. dem Vorstand selbst, wobei es schon kurios ist, wenn der Vorstand über die Qualität der Führungskräfte und die Führungskräfte über die Qualität der Mitarbeiter schimpfen.

Woher kommen diese Probleme? Der durchschnittliche Werdegang in der deutschen Kreditwirtschaft vom ersten Tag als Auszubildender bis zur Bestellung als Vorstandsmitglied führt über den Erwerb einer großen Menge Fachwissen. Eine ausreichende Ausbildung in kommunikativem Verhalten und zur Verbesserung der Konfliktlösungsfähigkeit fehlen meistens, bzw. finden nur am Rande statt. Da wir in unserer Gesellschaft zeitlebens auf Fachwissen, Egoismus, Rivalität, Kampf und Verdrängung im Business (und nicht nur dort) getrimmt wurden, sind unsere kommunikativen, zwischenmenschlichen Fähigkeiten stark unterrepräsentiert. So sind häufig Fachgebietsspezialisten an oberster Position, für die Themen wie Führung, also unter anderem Koordination, Moderation, Coaching, Trends und Strategie, von untergeordneter Bedeutung sind. Die Führungskraft traditionellen Zuschnitts hat normalerweise nicht gelernt, die eigenen und die Verhaltensweisen der Mitarbeiter bewußt wahrzunehmen, eine Atmosphäre zu schaffen, in der Veränderung stattfinden kann und positiv Einfluß zu nehmen. Je verantwortungsvoller die Aufgabe einer Führungskraft aber ist, desto weniger nützt ihr das Fachwissen und um so mehr muß sie ihre Arbeitszeit im Gespräch mit anderen („Menschenwissen") verbringen.

Viele Manager haben eine fatale Neigung, sich um heikle Probleme – insbesondere Personalprobleme – entweder herumzudrücken oder sie kraft Autorität im Sinne von Willkür und Überwältigung und dann destruktiv zu lösen, anstatt die Angelegenheit aus dem Verständnis heraus zu vertreten. Viele setzen auf „Entwicklung", auch dort, wo dies angesichts des allgemein beschleunigten Tempos reine Augenwischerei bedeutet, sei dies nun aus Gründen persönlicher Verbundenheit oder ganz einfach aus Mangel an Zivilcourage. Mit einigen wenigen

(Personal-)Entscheidungen könnte sehr oft insgesamt mehr erreicht werden als mit der allenthalben angezettelten, und nicht selten ruinösen, Orgie von Krisensitzungen und Problemlösungs-Workshops, in denen selten bis zur eigentlichen Ursache des Problems vorgedrungen wird. Persönlicher Mut war schon immer und ist heute mehr denn je Mangelware. Und es ist leider so, daß schwache Vorgesetzte schwache Mitarbeiter fördern (so wie starke Vorgesetzte starke Mitarbeiter fördern).

Viele Führungskräfte, die heute an der Spitze stehen, haben nicht gelernt, in turbulenten Zeiten zu führen, Krisensituationen zu bewältigen, junge Mitarbeiter der heutigen Generation zu motivieren und laufend ein „Doppelleben" zwischen operativem Geschäft und strategischen Umstellungen zu führen. Die Tatsache, daß die Akademien der deutschen Kreditwirtschaft vermehrt neue Konzepte für Führungskräfte entwickeln, in denen Persönlichkeitsentwicklung, Umgang mit Menschen und offene Konfliktbewältigung eine stärkere Berücksichtigung finden, ist erfreulich, wenn auch spät.

Über die Einführung des Vier-Augen-Prinzips in den 70er Jahren wurden gerade in den kleineren Banken Vorstände berufen, die eigentlich keine Managementfähigkeiten nachweisen konnten, und sich auch nach ihrer Berufung ausschließlich auf das gewohnte Tagesgeschäft konzentrierten. Strategisches Management war ein Fremdwort und ist es für manche dieser, aber auch anderer Vorstände immer noch. Sie sind sehr oft einfach überfordert. Aber wer hilft ihnen, wenn z. B. auch der Aufsichtsrat überfordert ist? Und wie Verbandsprüfer, die nie ein Unternehmen existenzerhaltend geführt haben, die Geschäftsführung des Vorstandes beurteilen können, bleibt ihr Geheimnis.

Diese Problematik tauchte in den letzten Jahren über die Fusionswelle in ähnlicher Weise wieder auf: die sogenannten Aufsteiger-Vorstände, die über eine oder mehrere Fusionen statt 15 plötzlich 150 Mitarbeiter führen und statt einem Institut mit 50 Millionen DM Bilanzsumme innerhalb weniger Jahre plötzlich ein Haus mit 500 Millionen DM Bilanzsumme managen sollen. Die Führungsfähigkeit wächst aber leider nicht proportional zur Bilanzsumme und aufgrund von Größenveränderungen nach Fusionen. Manche dieser Vorstände, die die Größe fanden, sich ihre eigene „Unfähigkeit" einzugestehen, und die erfahren hatten, daß auch der Verband, der diese Fusion forciert hatte, nicht in der Lage war, eine qualifizierte Unterstützung zu leisten, wagten den Schritt und nahmen die Hilfe externer Berater in Anspruch.

Auseinandersetzungen gibt es auch häufig mit den Aufsichts- bzw. Verwaltungsräten, besonders wenn diese der Zusammensetzung nach notwendiges unternehmerisches Handeln nur schwer nachvollziehen können. So ist es sicherlich für einen Kommunalbeamten oder einen Landwirt (der es gewohnt ist, mit staatlichen Subventionen zu rechnen) manchmal schwierig, zukunftsorientierte, risikobehaftete Unternehmerentscheidungen zu verstehen, zu beurteilen und mitzutragen. Was auch diesen Menschen im Grunde genommen nicht angelastet werden kann, weil sie es nicht anders gelernt haben. Aber auch sie sollten – nein, sie müssen – die Möglichkeit erhalten und nutzen, fachlich und persönlich hinzuzulernen.

Viele Reibungsverluste entstehen, wenn Probleme zwischen den Vorständen ihren Umgang miteinander, und damit den gemeinsamen Einsatz für das Institut erschweren. Unterschiedliche Charaktere, Lebenserfahrungen und Wertesysteme führen zu einer unterschiedlichen Auffassung der „richtigen" Strategie. Kleinigkeiten, wie z. B. der Neid auf die Berufung des Kollegen in ein bestimmtes Gremium, eine höhere Präsenz in der Öffentlichkeit u. ä. Gewinner-Verlierer-Spiele rauben dem Institut Managementenergien. Die beiden folgenden – sicherlich unvollständigen – Übersichten zeigen die Problemvielfalt des einzelnen Vorstandsmitgliedes und innerhalb des Gesamtvorstandes:

Probleme von Vorstandsmitgliedern

- Kollegen verstehen sich nicht,
- Angst vor Ertragsschwäche,
- Angst vor Kreditausfällen,
- fehlende Anerkennung,
- Fusionsangst,
- Meinungsverschiedenheiten mit dem Aufsichtsrat,
- Problemvielfalt,
- zu viel Tagesgeschäft,
- fehlende Delegationsmöglichkeit,
- Doppelbelastung Bank und Ware,
- Repräsentationspflichten trotz fehlender Neigung,
- fehlende EDV-Kenntnisse,

- mangelnde Fähigkeit zur Personalauswahl,
- Erfolgsdruck,
- Angst vor Statusverlust usw.

Probleme innerhalb des Vorstandes

- Antipathie,
- Mißgunst,
- Mißtrauen,
- unterstellte Profilsucht,
- „Ich" statt „Wir",
- Vorstandsvorsitz,
- unterschiedliche Bezüge,
- unterschiedlicher Arbeitsstil,
- Duz-Verhältnis zu Aufsichtsratsmitgliedern,
- unterschiedlicher Führungsstil,
- abweichende strategische Vorstellungen,
- Risikobereitschaft usw.

Im Zuge der wirtschaftlichen Entwicklung haben bereits viele Vorstände aufgrund von Kreditausfällen ihre Positionen verloren, so daß die Risikofreude der verbliebenen zurückgeht. Was durchaus wiederum menschlich und verständlich ist, aber eben auch negative Folgen für die Entwicklung ganzer Regionen haben kann. Ein dynamischer Unternehmer Schumpeterscher Prägung dagegen wagt sich gerade auf unbekannte Territorien.

Wir stellen deswegen eine so ausführliche Betrachtung dieser Probleme an, weil wir es als grundlegend für den zukünftigen Erfolg einer Bank oder Sparkasse – und der gesamten Kreditwirtschaft – halten, wie schnell die Hindernisse im persönlichen Bereich beseitigt werden können. Wir klagen nicht an, wir wollen Aufmerksamkeit wecken. Denn im Rahmen der bisherigen Strukturen ist ein dynamisches Unternehmertum in Zukunft nicht mehr umsetzbar.

2.1.3 Bewußt-Sein heißt zu sehen, was ist, nicht wie ich es gerne hätte

Weiterbildung im Sinne von Bewußtseins- und Persönlichkeitsentwicklung, das Einlassen auf Selbsterfahrungsprozesse und eine differenzierte Einstellung zur Macht (weg von der Befehlsgewalt) könnten das notwendige Selbstvertrauen der Vorstände stärken. Dies ist um so wichtiger, als das vorgelebte Verhalten der Vorstände, ihre Einstellungen und persönlichen Werte das Unternehmen prägen und sich über die Führungsebenen und das Verhalten aller Mitarbeiter schließlich bis zum Kunden fortsetzen. Über die Vernetzung entstehen Abhängigkeiten und Rückkopplungsprozesse, die die Bank oder Sparkasse permanent beeinflussen.

Hierzu gehört auch die Frage, ob und in welcher Form den Mitarbeitern Gelegenheit gegeben wird, sich zu entwickeln. Den Menschen im Unternehmen gebührt heute und in Zukunft mehr Aufmerksamkeit als die klassische Betriebswirtschaftslehre dem „Produktionsfaktor" Arbeit zuteil werden läßt. Die Mitarbeiter wollen als Menschen behandelt, gefordert und einbezogen werden. Jede Investition in das soziale und fachliche Know-how der Mitarbeiter verbessert das Potential des Unternehmens. Potentiale sind schlummernde Fähigkeiten, die ein Unternehmen besser beherrscht als der Wettbewerb – Gewinnchancen der Zukunft. Potentiale stehen unmittelbar noch in keiner Bilanz. Sie reduzieren, wenn wir in sie investieren, heute die rechenbaren Ergebnisse – zugunsten eines künftigen Gewinns.

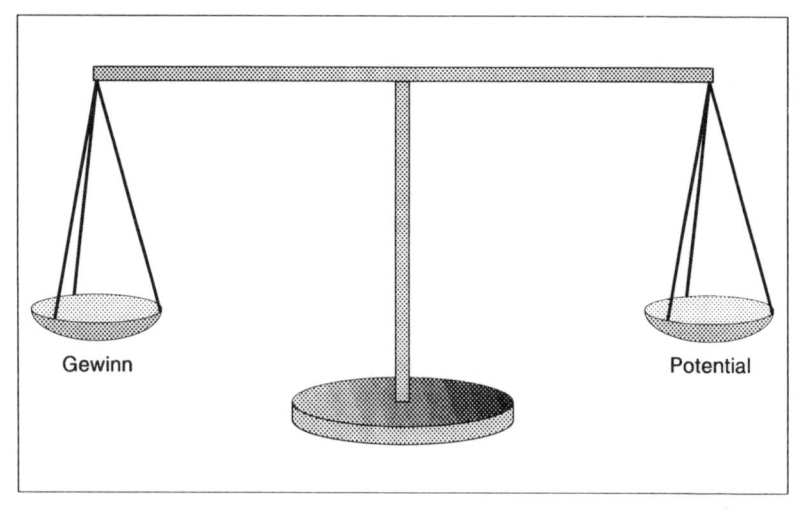

Abbildung 4: Gewinn und Potential als Faktoren zur Existenzsicherung

Bedauerlicherweise sind aber gerade die Aus- und Weiterbildungskosten als Investitionen in Zeiten erwarteter rückläufiger Betriebsergebnisse – wie wir gerade wieder erleben können – die ersten Aufwandsposten, an denen der Rotstift angesetzt wird. Und gerade dieser Aufwandsposten sollte als eine notwendige Investition in den wichtigsten „Erfolgsfaktor", den Menschen, gesehen werden. Ein massiver Einsatz an Investitionen in Vorstände, Führungskräfte und Mitarbeiter ist notwendig. Wenn wir bedenken, daß Maschinen in drei bis zehn Jahren abgeschrieben und durch neue ersetzt werden, dann wird schon deutlich, wie sinnvoll es ist, die Personal-Trainingskosten der Größenordnung nach den Abschreibungen näher zu bringen und sie als notwendige Investition in ein besseres Funktionieren der Organisation aufzufassen. Da der „Menschenpark" eine aktive Einsatzzeit von 30 bis 45 Jahren hat, ist es empfehlenswert, diesen mindestens ebenso intensiv zu pflegen wie den Maschinenpark. Helfen Sie Ihren Mitarbeitern, jemand zu sein, bevor Sie sie bitten, etwas zu tun.

2.2 Erfolgsfaktor Vertrauen

Banken und Sparkassen sind zum Bersten mit Kontrollsystemen ausgestattet. Kontrollsysteme, die anscheinend von der Annahme ausgehen, daß 95 Prozent der Mitarbeiter „faule Taugenichtse" sind, die nur darauf warten, das Unternehmen zu belügen, zu betrügen, zu bestehlen oder sonstwie übers Ohr zu hauen. Sie stoßen 95 Prozent der Mitarbeiter vor den Kopf, die sich wie verantwortungsbewußte Erwachsene verhalten, weil die Verantwortlichen in den Verbänden und Instituten selbst Systeme ersinnen, um sich vor den 5 Prozent zu schützen, die vielleicht wirklich Ärger machen. Eine Menge Ehre für die 5 Prozent. Und Sie wundern sich, daß immer mehr Mitarbeiter in die innere Kündigung gehen. Wo Kontrollsysteme das Miteinander in der Organisation regeln, herrscht Angst, Angst vor Fehlern, vor Entdeckung, vor Repressalien. Angst führt zu geistiger Enge und lähmt positive Gedanken und Kreativität. Und in allen Unternehmen, genauso wie in den Organisationen der Kreditwirtschaft, in denen durch Angst geführt wird, werden Potentiale vernichtet – Potentiale, die über die Wettbewerbsfähigkeit des Unternehmens, einer Institutsgruppe, eines Verbundes im Markt entscheiden.

2.2.1 Vertrauen – Kernenergie des Menschen

„Vertrauen ist gut, Kontrolle ist besser." Dieser immer wieder gerne zitierte Satz ist äußerst heimtückisch, weil er die Kontrolle als oberstes Prinzip über das Vertrauen stellt. Wir haben diesen Satz umgekehrt: Kontrolle ist gut und notwendig, da wir alle schwache Menschen sind und im Lernprozeß Fehler begehen, aber *Vertrauen* muß die Grundlage aller Kommunikation und Kooperation sein. Vertrauen entsteht, wenn jemand wirklich zuhört, anerkennt, akzeptiert, respektiert, achtet, entgegnet, ernst nimmt, weiterführt und nicht recht haben muß. Erst muß der Mensch Vertrauen und „Liebe" erfahren, bevor er lernen kann.

Vertrauen ist die unabdingbare Grundlage jeder langfristigen Beziehung. Für den Kunden erscheint der Mitarbeiter dann als Vertrauensperson, wenn er sowohl als Individuum wie auch als Repräsentant des Unternehmens wahrhaft glaubwürdig, einfühlsam und ehrlich agiert. Daher braucht der Mitarbeiter seitens der Führung konstruktive Unterstützung, um eine Vertrauensbeziehung aufbauen und pflegen zu können. Sie können und werden ihren Kunden nur Vertrauen schenken, wenn sie es von ihren „Vorgesetzten" erfahren. Denn Mitarbeiter sind die Kunden der Führungskräfte, deren wahre Herausforderung darin liegt, sich ihrer dienenden Aufgabe gegenüber ihren Mitarbeitern bewußt zu werden. Vertrauen läßt sich nicht in einer vierteljährlichen Ergebnisvorschaurechnung abbilden; Vertrauen aufbauen ist ein Prozeß, der von der Zeit getrennt werden muß.

Die emotionalen Verhältnisse innerhalb der Bank oder Sparkasse beeinflussen spürbar – und meßbar – die Kundenbeziehung und damit den Unternehmenserfolg. Menschen treffen in den seltensten Fällen rationale Entscheidungen. So kann die Ablehnung einer Gehaltserhöhung zu einer verminderten Aufmerksamkeit des Mitarbeiters gegenüber einem Kunden führen, der sich dadurch minderwertig behandelt fühlt und ein beabsichtigtes Geschäft nicht abschließt. Die spontane Ablehnung der vielleicht berechtigten Gehaltsforderung wäre wahrscheinlich nicht erfolgt, wenn sich das für das Personal zuständige Vorstandsmitglied nicht über die negative Aussage eines Aufsichtsratsmitgliedes zur Führungsphilosophie geärgert hätte usw.

Selbst die Privatsphäre der Mitarbeiter beeinflußt die Beziehung zum Kunden. Krankheit des Partners, die gefährdete Versetzung des Sohnes, drohende Scheidung oder Todesfälle verursachen Emotionsschwankungen, die nicht mit dem Betreten der Bank oder Sparkasse abgeschaltet werden können und in der Tätigkeit durchschlagen. Eine vertrauensvolle Führung kann diese Ereignisse nicht beheben, jedoch kann sie dem Mitarbeiter die gleiche Akzeptanz erweisen, die der Kunde berechtigterweise vom Mitarbeiter erwartet. Ein Kreditinstitut ist ein Dienstleistungsunternehmen, das in hohem Maße auf funktionierende Vertrauensbeziehungen baut, und sollte daher die Wechselwirkungen von Beruf und Familie im kollegialen Umfeld, gegenüber Vorgesetzten, Vorstand und Aufsichtsrat berücksichtigen. Eine Führung, die kommunikative Offenheit fördert, ermöglicht es dem Mitarbeiter, seine persönliche Belastung zugeben zu dürfen, ohne sein Vertrauen in partnerschaftliches Verständnis mißbraucht zu sehen. Ein Mitarbeiter, der sich nicht „geliebt" fühlt, ist nicht in der Lage, seine Kunden zu „lieben".

2.2.2 Arbeit muß nutzenbringende Zeit sein

Für die Führung stellt sich in diesem Zusammenhang die Frage, was für die Mitarbeiter so von Nutzen ist, daß sie bei nachhaltiger Verbesserung dieser Faktoren beginnen, ihre geistige Energie für das Unternehmen und seine Kunden verstärkt positiv einzusetzen. Bei einer Volksbank wurde die Erörterung dieser Frage („Was verstehen Sie persönlich unter Nutzen für den Mitarbeiter?") und die Bewertung von Wirkungszusammenhängen (Einflußmatrix) gemeinsam mit den Mitarbeitern in einer Arbeitsgruppe durchgeführt. Die „Nutzen-Frage" ließ in den Antworten deutlich werden, was für die Mitarbeiter dieser Bank wirklich wichtig ist. Dabei wurde unterschieden zwischen immateriellem und materiellem Nutzen. Hier einige Nennungen:

- Immaterieller Nutzen:
  - Harmonie zwischen beruflichem und privatem Lebensbereich,
  - gutes Arbeitsklima,
  - Freiheit, etwas anders zu tun,
  - Kollegialität,
  - partnerschaftlicher Umgang miteinander,
  - Image des Unternehmens,
  - persönliche Weiterentwicklung,
  - Dinge in positiver Weise zu beeinflussen,
  - flexible Arbeitszeit,

- Vertrauen,
- Selbstbestätigung durch persönliche Erfolge,
- etwas bewegen zu können.
• Materieller Nutzen:
- Existenzsicherung des Mitarbeiters und seiner Familie,
- materielle Unabhängigkeit,
- leistungsgerechte Bezahlung,
- Entgelt.

In einem weiteren Schritt wurden mit Hilfe der sogenannten Einflußmatrix Wirkungsintensitäten ermittelt und unter dem Gesichtspunkt Mitarbeiter-Nutzen Schlüsselfaktoren der Beeinflussung des Mitarbeiter-Verhaltens abgebildet. Als Wirkungsintensitäten wurden unterschieden:

0 = keine oder äußerst geringe Intensität
1 = geringe Intensität
2 = starke Intensität
3 = sehr starke Intensität

Diese Einflußmatrix – oder nach Frederic Vester der „Papiercomputer" – hilft zu erkennen, welche Größen im System eher eine aktive, eine reaktive, eine kritische oder eine träge Rolle spielen. Häufig können wir so sehen, wo z. B. selbstverstärkende Prozessse wirksam werden könnten, oder wo Schwerpunkte für Maßnahmen angesetzt werden sollten.

Entscheidende aktive Schlüsselfaktoren für diese Bank waren:

• Aufstiegsmöglichkeiten,
• Verantwortung,
• Vertrauen,
• Anerkennung,
• Bezahlung.

Viele Vorstände oder Führungskräfte werden diese Faktoren aus Untersuchungen wiedererkennen. Wichtig ist aber, daß für die Mitarbeiter die Erkenntnisse meistens neu sind und die Ermittlung für das eigene Haus unter Einbeziehung der Mitarbeiter bereits Bestandteil eines einsetzenden Vertrauensbildungsprozesses ist. Interessant wurde es in der Arbeitsgruppe bei der Definition der Schlüsselfaktoren. Begriffe wie Verantwortung und Vertrauen gehen uns jeden Tag sehr leicht über

Einfluß von \ auf	Bezahlung	Betriebsklima	Aufstiegs-möglichkeiten	Selbst-verwirklichung	Image des Unternehmens	Vertrauen	Sicherheit des Arbeitsplatzes	Anerkennung	Arbeitszeit-gestaltung	Verantwortung	Sozialprestige	Summe	
Bezahlung	–	2	0	1	2	0	2	2	0	3	3	15	
Betriebsklima	1	–	1	3	3	3	2	2	2	2	0	19	
Aufstiegs-möglichkeiten	3	2	–	3	3	2	0	3	0	3	2	21	
Selbstver-wirklichung	0	3	0	–	3	2	1	1	0	3	1	14	
Image des Unternehmens	1	2	1	1	–	0	2	2	0	0	3	12	Einflußgrößen
Vertrauen	0	3	2	3	1	–	2	1	3	3	0	18	
Sicherheit des Arbeitsplatzes	1	3	1	2	3	0	–	1	0	0	2	13	
Anerkennung	2	3	0	2	2	3	1	–	1	2	1	17	
Arbeitszeit-gestaltung	2	2	0	3	1	3	0	0	–	1	2	14	
Verantwortung	3	1	2	2	2	3	2	2	2	–	3	22	
Sozialprestige	0	1	0	1	2	0	0	0	0	0	–	14	
Summe	13	22	7	21	22	16	12	14	8	17	17		
Beeinflußbarkeit													

Abbildung 5: Einflußmatrix: Vernetzung von Nutzen-Beziehungen

die Lippen, es ist jedoch mit Mühe verbunden, zu beschreiben, was sie ausmacht. Hinzu kommt, daß die persönliche Vorstellung über solche Werte differiert. Die Arbeitsgruppe in dieser Bank verständigte sich z. B. zum Vertrauen auf die folgende Definition:

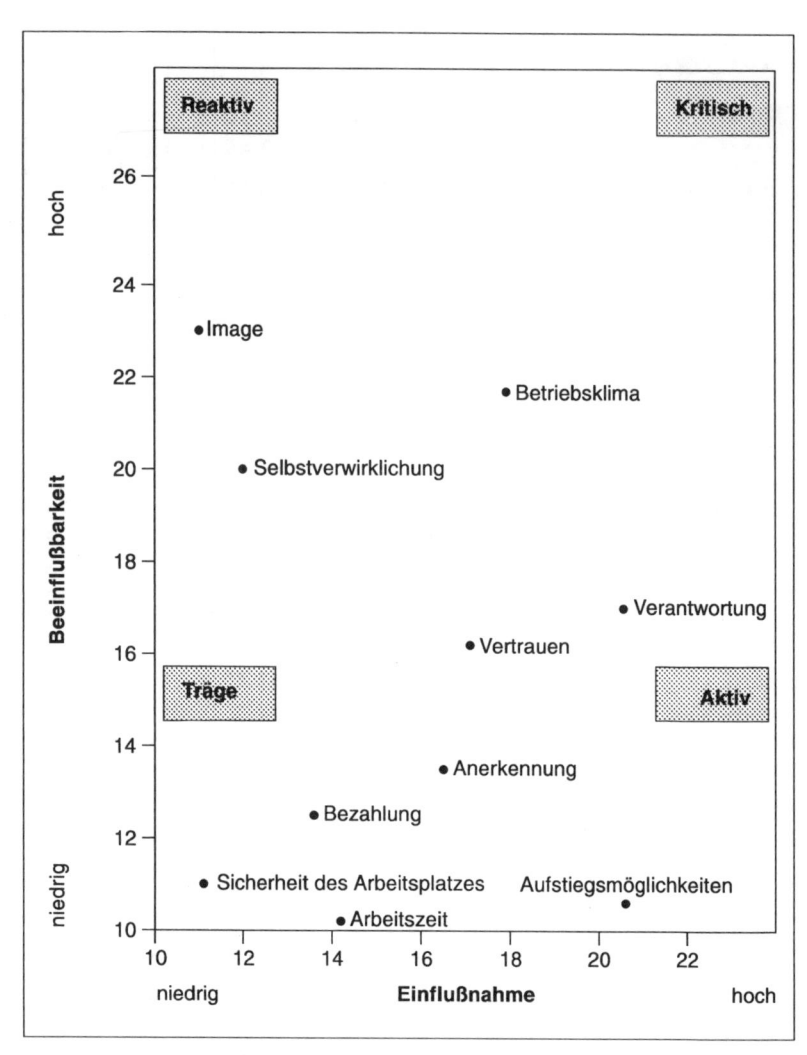

Abbildung 6: Intensitätseigenschaften

"Vertrauen bedeutet, daß man den anderen annimmt, wie er ist und was er auch immer tun wird, daß man ihm zugesteht, alles ganz anders zu machen, als man selbst es gerne hätte, und daß man sich nicht anmaßt, für ihn zu denken und zu entscheiden."

Ein weiterer Schritt war die Ermittlung pessimistischer und optimistischer Entwicklungsalternativen zu den Schlüsselfaktoren, also z. B. die Beantwortung der Frage: „Was passiert bei Maßnahmen, die die Vertrauensbildung behindern, bzw. fördern?"

⇨ Reaktionen auf Maßnahmen, die ...

Mißtrauen fördern	Vertrauen fördern
– Keine Eigenmotivation	– Spaß an der Arbeit
– Absicherung nach allen Seiten	– Bessere Zusammenarbeit
– Hohe Kosten	– Mehr Erfolg
– Zentrale Entscheidungen	– Entscheidungsfreude
– Höhere Fluktuation	– Höhere Risikobereitschaft
– Schlechtes Betriebsklima	– Gutes Betriebsklima
– Bürokratie	– Wachsende Verantwortung
– Krankheit	– Gesundheit
– Unzufriedenheit	– Mehr Lebensqualität
– Existenzgefährdung	– Existenzsicherung
– Schlechte Kundenbeziehungen	– Gute Kundenbeziehungen

Die Diskussionen und die Ergebnisse waren eindeutig. Für verantwortungsbewußte Vorstände gibt es vor diesem Hintergrund keine Alternative zu ehrlichen, Vertrauen fördernden Maßnahmen. Aus diesen Erkenntnissen leitete die Bank auch ihre – auf Vertrauen gründende – „Führungsspirale" ab, die den größeren Nutzen für die Mitarbeiter in den Mittelpunkt stellte.

Darüber hinaus begannen die Verantwortlichen, mit verschiedensten Maßnahmen den eingeleiteten Vertrauensbildungsprozeß zu forcieren. Dazu einige wenige Beispiele für Maßnahmen, die aus der Arbeitsgruppe initiiert wurden:

- alle Mitarbeiter mit Kundenkontakt haben Kreditkompetenz,
- keine quantitativen Zielvereinbarungen, um die Kundenbeziehung nicht durch „Abschlußzwänge" zu belasten,
- ständige Gesprächsbereitschaft des Vorstandes,
- flexible Arbeitszeit ohne elektronische Zeiterfassung,
- keine Gebührenkontrollen bei Telefon und Fotokopien,

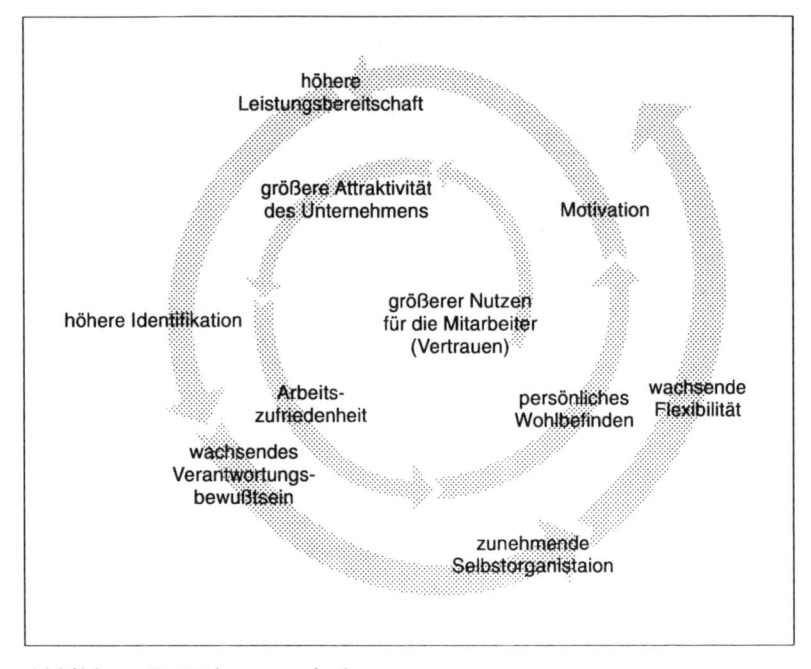

Abbildung 7: Führungsspirale

- hohes Maß an Offenheit, keine Tabus, umfassende Informationen,
- auslernende Auszubildende erhalten Kunden zwecks Betreuung fest zugeordnet,
- regelmäßige Informationsveranstaltungen,
- Einzelvertretungsberechtigung für Mitarbeiter im Kundengeschäft,
- Zukunfts-Workshop für Mitarbeiter der Abteilungen Rechnungswesen und Zahlungsverkehr,
- Auszubildende gestalten selbständig und abschließend verantwortlich Ausschreibungen für neue Auszubildende und vieles andere mehr.

In gleichem Maße wurden auch die übrigen Schlüsselfaktoren „bearbeitet" und umfängliche Maßnahmen verabredet und umgesetzt, die an anderer Stelle beschrieben werden.

Wir machen den Weg frei

...kommen Sie in ein Team!

...dürfen Sie kreativ sein!

Bei uns...

...können Sie flexibel sein!

...hält man Termine ein!

...kommen Sie nicht zum ausruhen!

...bekommen Sie auch Urlaub!

Sind Sie an solch einem Ausbildungsplatz interessiert?
Dann bewerben Sie sich bis zum 4. September 1992.

Abbildung 8: Ausschreibung von Ausbildungsplätzen durch Auszubildende

2.2.3 „Karriere"

Ein interessanter anderer Schlüsselfaktor sind die Aufstiegsmöglichkeiten. Ein Punkt, der in Banken und Sparkassen unter dem Gesichtspunkt traditioneller Karriere immer mehr zum Problem wird. Dazu tragen unter anderem folgende Entwicklungen bei:

- Die Abteilungs- und/oder Bereichsleiter-Stellen sind oft auf Jahre hinaus besetzt. Die Notwendigkeit, solche Positionen neu zu schaffen, ist gering; im Gegenteil, die vielfach vorgesehene Abflachung der Hierarchien reduziert die Aufstiegsmöglichkeiten für ehrgeizige Nachwuchskräfte zusätzlich. Das gilt im Grunde für alle leitenden Positionen und für die Stabsstellen.

- Die Anzahl der Vorstandspositionen wird immer geringer; Fusionen und Kostengesichtspunkte sind die Hauptgründe. Auf der anderen Seite wächst unter anderem aufgrund höherer Qualifizierung an den entsprechenden Akademien die Anzahl derjenigen, die die Voraussetzungen für die Übernahme einer Vorstandstätigkeit erfüllen, und damit aber auch die Anzahl derjenigen, die ernüchtert – manchmal frustriert – feststellen müssen, daß sie auf Jahre hinaus keine Chance haben, in eine Geschäftsleitungsfunktion aufzusteigen.

Das bedeutet schließlich, daß andere Karriereformen notwendig sind, um qualifizierten Mitarbeitern herausfordernde Tätigkeiten anbieten, und sie langfristig im Unternehmen halten zu können. Die Gefahr, daß sie abwandern, ist groß – zu anderen Instituten oder in die innere Kündigung. Eins sollte dabei auch gesehen werden: Über finanzielle Anreize allein sind ehrgeizige Mitarbeiter nicht an das Unternehmen zu binden; die Motivation einer Gehaltserhöhung hält vielleicht 48 Stunden an. Eine Möglichkeit, das Problem zu entschärfen, ist zunächst einmal, sich bank- oder sparkassenintern von der Ausschließlichkeit der traditionellen Karriereleiter zu trennen, also offiziell zu verkünden, daß es künftig mehrere Karrieremöglichkeiten gibt, die gleichrangig nebeneinanderstehen – also neben der vertikalen jetzt auch die horizontale Karriere, z. B. über wachsende Kundenverantwortung, einzuführen.

Um der Aussage Glaubwürdigkeit zu geben, bedarf es konkreter Beispiele und konkreter Maßnahmen. Demonstrieren Sie dies z. B. in einer Betriebsversammlung, anhand einer Leiter, die Sie sowohl vertikal als auch horizontal zweckmäßig einsetzen können. Übertragen Sie auslernenden Auszubildenden sofort Betreuungsverantwortung für junge Kunden mit der Möglichkeit, diese auch als vermögende Kunden langfristig weiterzubetreuen. In einem zehnjährigen persönlichen Entwicklungsprogramm können Seminare und Gehaltsfragen vorläufig fixiert und für die jungen Mitarbeiter veröffentlicht werden. Eine zusätzliche Bekräftigung dieser Maßnahme wäre die direkte Vorstandsunterstellung der Mitarbeiter – natürlich abhängig von der Größenordnung des Instituts. Eine solche o. ä. Demonstration der Ernsthaftigkeit ist jedoch notwendig, um den Beteiligten das Verlassen der eingefahrenen Denkgleise zu erleichtern. Eine weitere Möglichkeit, die wir an anderer Stelle ausführlich beschreiben werden, ist die Entwicklung von hochqualifizierten Spezialisten für bestimmte Kundenprobleme. Die Alternative des Outsourcing, also die Verselbständigung bestimmter Betriebsbereiche, sollte in diesem Zusammenhang auch nicht außer acht gelassen werden; Geschäftsführer einer Tochtergesellschaft zu sein ist emotional etwas anderes als Abteilungsleiter einer noch so großen Abteilung.

Entscheidend ist bei all diesen Überlegungen, daß Mitarbeitern, die den horizontalen „Aufstieg" wählen, die Anerkennung des Vorstandes und ihrer Kollegen sicher ist. Hierzu zählen beispielsweise die Spezialisten, die gerade in der Anfangsphase mehr Beachtung seitens des Vorstandes brauchen; sie müssen gleichen „Rang" mit Abteilungs- und Bereichsleitern bekommen, und finanziell dürfen sie hinter diesen nicht zurückstehen. Diese Mitarbeiter müssen selbst das Gefühl entwickeln können, mit der horizontalen Alternative die richtige Wahl getroffen zu haben.

2.3 Rahmenbedingungen

„Wir arbeiten in Strukturen von gestern mit Methoden von heute an Problemen von morgen vorwiegend mit Menschen, die die Strukturen von gestern gebaut haben und das Morgen innerhalb der Organisation nicht mehr erleben werden." (Prof. Knut Bleicher)

Jenseits aller jeweils aktuellen Führungstheorien, -methoden und -rezepte gilt die schlichte Wahrheit, daß ein Unternehmen unentwegt lern-

und veränderungsfähig sein muß, wenn es dauerhaft Erfolg haben will. Und um eine wirklich kundenorientierte Bank oder Sparkasse zu werden, sind in den meisten Instituten erhebliche Organisationsänderungen erforderlich. Betrachten wir vor diesem Hintergrund einige Hindernisse, die noch immer die Organisationsstrukturen in der Kreditwirtschaft bestimmen und das heutige Weltbild vieler Banken und Sparkassen. Daran anschließend haben wir verschiedene Thesen zur künftigen Organisation erfolgreicher Kreditinstitute zusammengestellt.

2.3.1 Interne organisatorische Hindernisse

2.3.1.1 Organigramm

Fast alle Banken und Sparkassen verfügen über ein Organigramm. Die meisten dieser Organigramme sehen in verblüffender Weise Familienstammbäumen ähnlich. Die entscheidende Frage ist, ob mit dem Organigramm irgendetwas Wesentliches über das Funktionieren eines Kreditinstitutes zum Ausdruck gebracht werden kann, oder anders: Funktionieren Unternehmen der Kreditwirtschaft wegen oder trotz ihrer Organigramme?

Die meisten Praktiker werden sicher spontan zustimmen, daß die Institute glücklicherweise trotz dieser eigentümlichen Gebilde funktionsfähig sind. Wenn das so ist, stellt sich sofort die zweite Frage: Warum werden grafische Darstellungen in die Welt gesetzt, die eigentlich niemandem wirklich helfen? Etwa so, wie in der folgenden Abbildung scherzhaft dargestellt ist.

Was hier zunächst zum Lächeln reizt, ist harte Realität und soll zum Nachdenken anregen. Denn die Menschen, die im Organigramm ganz unten stehen – mit ihrem Namen dokumentiert – sind sehr oft diejenigen, die in der Firma das schlechteste Image haben: Mitarbeiter im Zahlungsverkehr, in der Verwaltung, in der Druckerei, Hausmeister, Boten, Personalreserve usw. Und diese Mitarbeiter wissen und spüren das und letzlich verhalten sie sich auch meistens imagegerecht (selffulfilling prophecy). Dies gilt aber im Grunde genommen für alle anderen ,,unterstellten`` Mitarbeiter auch – und zwar so lange, wie das Organisationsprinzip der ,,kleinen Könige``, sprich Vorgesetzte gilt, die für sich das Weisheits-, Entscheidungs-, Wahrheits- und Machtmono-

Abbildung 9: „Organigramm"

pol beanspruchen. Die Organisationsexperten, Vorstände, Verbandsprüfer weisen spontan darauf hin, daß sich das Hinterfragen des Organigramms eigentlich verbietet, weil diese Einrichtung eine Forderung des Bundesaufsichtsamtes für das Kreditwesen aus dem Jahre 1976 sei. Machen sich damit nicht alle Beteiligten die Sache wieder zu einfach?

Die formale Organisation zwingt doch die Führungskräfte geradezu, sich realitätsfremd zu verhalten. Sie „dürfen" – zumindest offiziell – gar nicht über ihre Bereichsgrenzen hinausdenken, denn dafür sind ja andere zuständig. Das Handeln der Führungskräfte kann sich jedoch längst nicht mehr im Rahmen ihrer direkten Abteilungsgrenzen bewegen, wenn sie wirklich Resultate erzielen wollen. Manager müssen in der Lage sein, innerhalb recht komplexer Netzwerke zu agieren und diese zu steuern, unabhängig davon, ob ihnen in diesem Zusammenhang unmittelbare Kompetenzen zukommen, ob sie Anordnungs- oder Befehlsgewalt haben. Praktisch zwangsläufig entwickelt sich deshalb die sogenannte informelle Organisation, im Rahmen derer in der Praxis die Abteilungs- und Bereichsgrenzen überwunden werden; ein erster Schritt in Richtung Selbstorganisation. Ohne diesen „kleinen Dienstweg" liefe doch in den Unternehmen so gut wie nichts mehr.

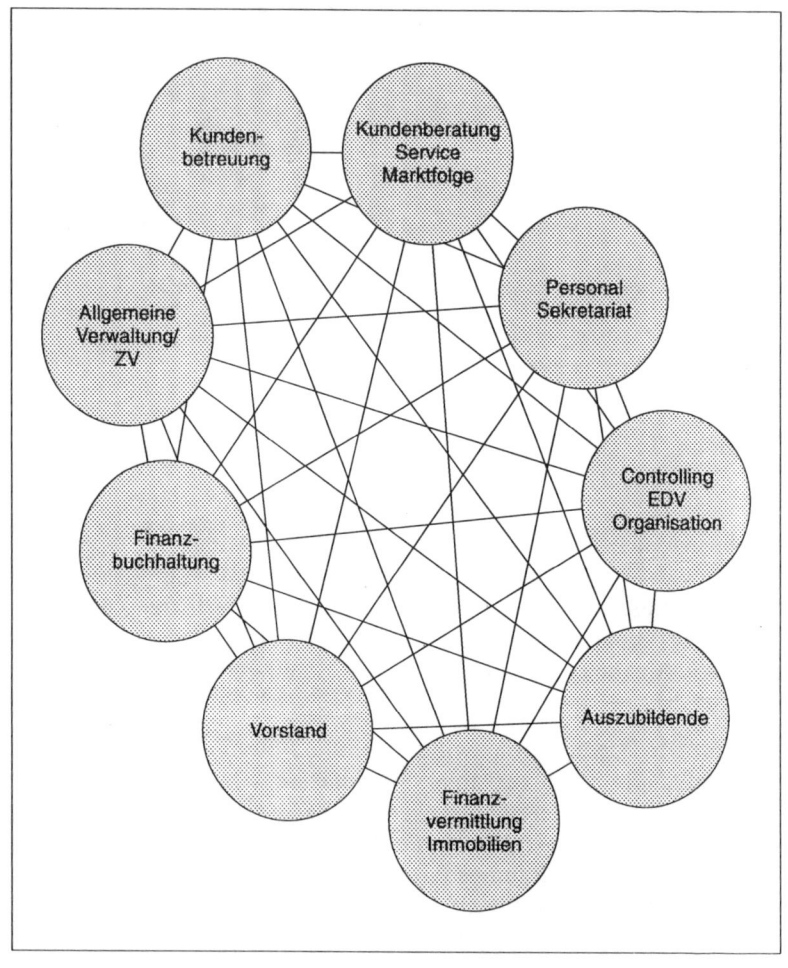

Abbildung 10: Die Bank als Beziehungsfeld

Das Organigramm ist ein Status Quo, nicht mehr und nicht weniger. Es bildet eine Organisationsform ab, nach der keine Bank oder Sparkasse wirklich funktioniert. Das ist, als machten die Menschen ständig „Dienst nach Vorschrift". Außerdem fördern die Abstufungen die Mehrklassengesellschaft im Unternehmen.

Stellen wir das Unternehmen als Netzwerk, Beziehungsfeld oder Kreis dar, eröffnen sich plötzlich ganz neue Aspekte. Die Frage nach der Notwendigkeit des Geschäftsstellenleiters wird relevant. Formale Machtgesichtspunkte verlieren an Bedeutung, Kompetenzen werden an der Person orientiert und nicht an der Position. Die informelle, in der Regel sehr viel schnellere Organisation wird „legalisiert".

Machen wir uns eines bewußt: Die Anforderungen der Kunden an Flexibilität, Qualität, Individualität, Termintreue und Service lassen sich nicht mehr durch starre Strukturen und Organigramme lösen, nicht durch Zuständigkeiten, sondern durch Verantwortlichkeiten, nicht durch Ab-teilen, sondern durch Mit-teilen, nicht durch Informationsmonopole, sondern durch Informationsflüsse, nicht durch starre Regeln, sondern durch Regelkreise.

2.3.1.2 Stellenbeschreibungen gehören zum alten Eisen

Die besten und intelligentesten Mitarbeiter werden sich in Zukunft immer stärker zu den Unternehmen hingezogen fühlen, in denen sie ihre persönlichen Ziele verwirklichen können. Es muß deshalb künftig darum gehen, der Intelligenz, Kreativität und Begeisterung jedes einzelnen Mitarbeiters Spielraum zu geben. Stellenbeschreibungen engen den Denk- und Verhaltensspielraum der Mitarbeiter ein, was auf Dauer tendenziell dazu führen kann, daß sie so werden, wie die Stellenbeschreibung es vorsieht. Wer aber nicht die Fähigkeiten und Potentiale des Menschen berücksichtigt, sondern sie im Gegenteil in hohem Maße durch die abschließende Beschreibung seiner Tätigkeit einschränkt, darf sich nicht darüber wundern, wenn diese Potentiale in anderer Form eingesetzt werden. Wir müssen endlich begreifen, daß jeder Mensch sich im Leben immer wieder Aufgaben sucht, die ihn persönlich weiterbringen – in der Bank/Sparkasse oder in der Freizeit. Wenn ein Mitarbeiter es nicht mehr als erstrebenswert ansieht, noch etwas dazuzulernen, hat er schon den ersten Schritt in die innere Kündigung vollzogen.

Mensch
Psyche, Geist,
Charakter, Potentiale

Stellenbeschreibung

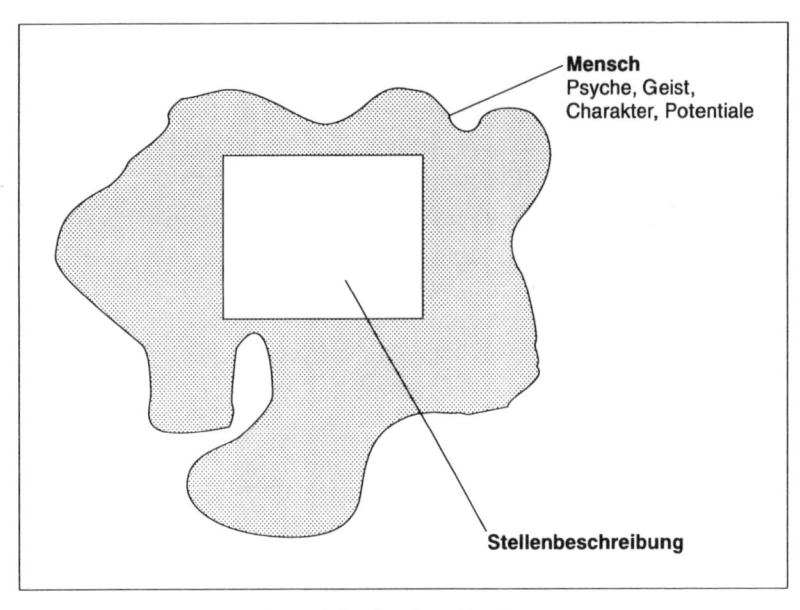

Abbildung 11: Mensch und Stellenbeschreibung

Haben Sie – wir unterstellen, daß unsere Leser erfolgreich waren und sind – jemals nach Ihrer Stellenbeschreibung gearbeitet? Wenn sie ehrlich sind, werden die meisten zugeben, daß sie dies nicht getan haben. Für den Fall, daß sie nicht hart an ihrer Stellenbeschreibung gearbeitet, sie womöglich seit Jahren nicht mehr gelesen haben, aber dennoch eine erfolgreiche Karriere als Vorstand oder Führungskraft, als Kundenbetreuer oder Stabsmitarbeiter oder in einer anderen Position gemacht haben, welche Rolle spielt dann die Stellenbeschreibung? Das Versäumnis, die Stellenbeschreibung zu lesen, hat sich nach unserer Kenntnis nie als Handicap erwiesen. Im Gegenteil, zweifellos kommt den meisten diese Unterlassung zustatten, weil sie nie mit der genauen Kenntnis darüber belastet waren, wozu sie offiziell nur Kompetenzen besaßen.

Stellenbeschreibungen sind einfach nicht mehr zeitgemäß. Von Vorständen, Führungskräften und Mitarbeitern wird erwartet, daß sie Tag für Tag „unüberwindbare" Grenzen überschreiten. Wer vor dem Hintergrund solcher Anforderungen auf formalen Stellenbeschreibungen (als Entschuldigung für unterlassenes Handeln oder als Grund für ständige Rückdelegation) beharrt, läuft auf direktem Weg ins Unglück. Wo ist der Sinn, wenn ein Kundenberater oder der Leiter der Kreditabteilung eine Stellenbeschreibung braucht, um zu wissen, was sie zu tun haben. Wer danach ruft, ist entweder um seine Macht besorgt, oder bereitet sich schon auf die Rente vor, oder beides. Die Erfahrung zeigt auch, daß die Führungskräfte, die auf Stellenbeschreibungen bauen, in der Regel jene sind, die im allgemeinen den „Papierkram" dem Umgang mit Menschen vorziehen. Die qualifizierte Führungskraft dagegen investiert viel Zeit darin, über Werte zu diskutieren und die Mitarbeiter zu lehren, wie sie konstruktiv mit Fehlern umgehen und sich weiterentwickeln können und führt sie zu Flexibilität statt zu Starrheit. Es zeugt von Anmaßung, wenn die Organisationsexperten einem Ein-Mann-Geschäftsstellenleiter eine dreiseitige Beschreibung seiner Aufgaben bereitstellen – Selbstverständlichkeiten und Zwangsläufigkeiten. Hier ein Auszug:

Allgemeine Aufgaben:
Maßnahmen zur Vertriebsaktivierung erarbeiten, abstimmen und durchführen; optischen Eindruck der Kundenräume überwachen; Funktionstüchtigkeit der technischen Einrichtungen überwachen; Aktualität von Kundeninformationen und Aushängen überwachen ...

Beratung und Betreuung:
Kundenkontakte suchen und pflegen; Verkaufschancen nutzen; Dienstleistungen mit Unterstützung der Verbundpartner anbieten; Vermittlung von Bauspar- und Versicherungsverträgen; Konten eröffnen, Vollmachten hereinnehmen, Wertformulare und Karten ausgeben; Annahme, formale Prüfung und Disposition von Zahlungsaufträgen; Kündigung von Sparguthaben entgegennehmen; Mitglieder gewinnen ...

Marktfolge-Aufgaben:
Schlüsselblätter bei Eröffnung, Änderung und Löschung von Kundenkonten anfertigen und weiterleiten; Kontoauszüge bearbeiten; Kundenkonten, Rechtsverhältnisse und Vollmachten überwachen; Provisionen und Gebühren abrechnen ...

Diese Form der Stellenbeschreibung ist tot; sie kommt einer Abwertung des Mitarbeiters gleich, seine Unmündigkeit wird ihm schriftlich bestätigt.

Wäre es nicht sinnvoller, dem Mitarbeiter zunächst einmal die Möglichkeit zu geben, sich seiner Stärken bewußt zu werden und festzustellen, ob er an seinem Arbeitsplatz seine Potentiale optimal einsetzen kann? Die wenigsten Menschen wissen genau, wo sie stark sind. Die Feststellung und Beschreibung der eigenen Stärken schafft Selbstbewußtsein und die Möglichkeit, sich entsprechend auf bestimmte Aufgaben zu konzentrieren und weiterzuentwickeln. *Stärken stärken.* Denn wer das tut, was er besonders gut kann und was ihm Spaß macht, hat fast zwangsläufig Erfolg und dient damit dem Unternehmen am besten. Formulieren Sie gegebenenfalls gemeinsam mit den Mitarbeitern ihre Stellenziele. Geben Sie ihnen Gelegenheit, sich zu dem zu entwickeln, was sie wirklich möchten. Lassen Sie die Mitarbeiter ihre persönliche Hauptaufgabenliste schreiben. Die Liste sollte mit der Hand geschrieben werden – das ist energiereicher – und geben Sie nichts vor. Ist irgendetwas aufgeführt, was dem Mitarbeiter keinen Spaß macht, lassen Sie ihn damit im Unternehmen hausieren gehen. Es gibt kaum Aufgaben, für die sich nicht jemand findet.

2.3.1.3 Zielvereinbarungen, -vorgaben, -zwänge

Neben Stellenbeschreibungen gehören auch Zielvorgaben (in der Unternehmenssprache heißt das ,,Vereinbarungen") zum Instrumentarium der Management-,,Kontrolle". Alle, obwohl ihnen möglicherweise sogar gutgemeinte Absichten zugrunde liegen, entwickeln sich zu bürokratischen Verfahren. In Banken und Sparkassen laufen in diesem Zusammenhang höchst interessante, für den Erfolg eher schädliche Phänomene ab:

- Sobald die vorgegebenen, vereinbarten oder ,,erzwungenen" Ziele erreicht sind, wird ,,gebunkert". Durchaus noch mögliche Abschlüsse, Erfolge, Leistungen werden auf das neue Jahr verschoben, um einer Erhöhung der neuen Zahlen vorzubeugen, und sich ein wohltuendes Polster aufzubauen.

- Es wird selten definiert, welches Hauptziel mit den einzelnen Zielen überhaupt erreicht werden soll. Damit sind die Mitarbeiter faktisch gezwungen, sich genau an die Vorgaben zu halten. Kreativität und Eigeninitiative werden so verhindert.

- Der Grad der Zielerreichung wird zu spät bekanntgegeben, Zwischenziele werden nicht gewürdigt.

- Zielsysteme bedingen Bestrafungsmechanismen. Das löst bei vielen schon im Januar die Überlegung aus, wie ein mögliches Nichterreichen der Ziele zu begründen ist; der oft gehörte ,,Rechtfertigungs-Blues" ist die Folge.
- Wichtige Vorsteuergrößen für den Erfolg (Kunden- und Mitarbeiterzufriedenheit, Freundlichkeit, Vertrauen, Geschwindigkeit bei der Bearbeitung von Darlehensanträgen usw.) bleiben bei den herkömmlichen Zielsystemen außen vor, obwohl ihre überragende Bedeutung allenthalben akzeptiert wird.

Was haben Sie eigentlich als Mitarbeiter empfunden – als Sie noch nicht Führungskraft oder im Stab waren – wenn Ihr Vorgesetzter versucht hat, Sie mit Zielvereinbarungen zu motivieren? Vielleicht haben Sie aber auch nie auf der ,,empfangenden" Seite gesessen. Was würden Sie tun, wenn Sie im Oktober feststellen, daß Sie bestimmte Jahresziele nicht erreichen werden? Wie würden Sie sich fühlen, wenn Sie Ihrem Kunden etwas verkaufen, was er nicht braucht, nur um Ihre Ziele zu erreichen? Wie werden eigentlich Vorstand, Marketingleiter, Controller usw. am Nichterreichen von Zielen ,,beteiligt"? Wieso wird Stabsmitarbeitern üblicherweise mehr Leistungsbereitschaft unterstellt als den Mitarbeitern an der Front? Werden damit nicht diejenigen abgewertet, die im Kontakt mit den Kunden die Existenz des Unternehmens sichern sollen?

Hier einige Kommentare von Mitarbeitern:

- ,,Es wird immer schlimmer!"
- ,,Wir bekommen Vorgaben, die von uns nicht akzeptiert wurden."
- ,,Die Zielvereinbarungen wurden nicht vereinbart, sondern ,abgeluchst'!"
- ,,Unsere Argumente werden sowieso nicht gewürdigt."
- ,,Hier herrschen Methoden wie im Mittelalter nach dem Motto: Ihr bleibt solange hier, bis die Zahlen verabredet sind."
- ,,Wir werden behandelt wie unmündige Kinder."

Daß wir Ziele brauchen, wenn wir erfolgreich sein wollen, ist unbestritten. Ziele aber, die unter Druck und Zwang gesetzt werden, geraten zur gutgetarnten Erpressungsschlacht. Wirksame Ziele müssen Sog erzeugen. Was alle brauchen, sind attraktive Visionen: Vorstellungsbilder darüber, wo die Bank oder Sparkasse in zehn Jahren sein soll, welches Image, welcher Grad an Kundenzufriedenheit erreicht sein soll, der beste Problemlöser für bestimmte Zielgruppen zu sein, Kundennutzen als Herzstück der Unternehmensstrategie zu installieren. Attraktive, überzeugende Visionen in den Köpfen, die glaubhaft sind, erzeugen Sog. Und diese Visionen liegen immer in einer weiteren Entfernung als Jahresziele. Ist die Vision klar, ordnen sich die Jahresziele – von den Mitarbeitern selbst formuliert – als Meilensteine automatisch ein.

Visionäre Zielsetzungen aus anderen Branchen sind z. B.:

- ,,Licht statt Leuchten" (ERCO)
- ,,Eine Uhr wie keine andere" (Swatch)
- ,,Freude am Fahren" (BMW)
- ,,Vorsprung durch Technik" (Audi)
- ,,Hochwertiges Design für Alltagsporzellan" (Rosenthal)
- ,,Wir wollen für den vielfliegenden Geschäftsreisenden zur attraktivsten Fluglinie der Welt werden." (SAS)
- ,,Wir werden hier gute Schiffe bauen. Mit Gewinn – wenn wir können. Mit Verlust – wenn wir müssen. Aber immer gute Schiffe." (Newport News Shipbuilding and Dry Dock Company).

Beginnen Sie alternativ einmal mit ,,anderen" Zielen:

- 80 Prozent aller Mitarbeiter arbeiten als Kundenberater oder Spezialisten.
- Die Hauptstelle ist reines Beratungszentrum.
- Die Bank hat das Image als bester Problemlöser für bestimmte Zielgruppen.
- Die Bank ist als ehrlicher Partner bei ihren Kunden akzeptiert.
- Die Mitarbeiter organisieren sich weitestgehend selbst.
- Die Umwelt-Bank.
- Aus Tradition anders.
- Kundenbetreuer gratulieren ihren Kunden schriftlich und/oder mündlich zum Geburtstag.
- Einmal pro Jahr findet eine umfassende Finanzanalyse mit den zugeordneten Kunden statt.

Wie gut eine Vision ist, wie gut Ziele sind, läßt sich an den Gesichtern der beteiligten Menschen ablesen. Begeisterung statt Zwang – Kür statt Pflicht.

2.3.1.4 Kampf den Kosten der Bürokratie

Das schlichte Denken in „Kosten sparen" und „Personal entlassen", wie es sich auch im Bankgewerbe breitzumachen beginnt (wenn auch noch weitestgehend und verschämt hinter vorgehaltener Hand), ist keine zukunftsorientierte Lösung. Was bringt es, daß zum x-tenmal die Literatur-, Bewirtungs- und Weiterbildungskosten auf Einsparmöglichkeiten untersucht werden – verbunden mit viel Frust bei den Betroffenen – wenn gleichzeitig höhere Verbandsumlagen, steigende Beiträge für den Sicherungsfonds und erheblich höhere EDV-Kosten eine grundlegende Kostenreduzierung genauso verhindern wie steigende Preise, eine Mehrwertsteuer-Erhöhung, Portoerhöhungen und vieles andere mehr. Solche Belastungen können auch bei ausgeprägtestem Kostenbewußtsein nicht mehr intern ausgeglichen werden, zumal zwei Drittel aller Kosten mittlerweile so gut wie nicht mehr beeinflußbar sind.

Dabei wird zu wenig berücksichtigt, daß die eigentlichen Kosten – nämlich die Komplexitätskosten – durch die Bürokratie und nicht durch die Mitarbeiter entstehen: Alles dauert zu lange, keiner weiß genau Bescheid und jeder bremst jeden. Mißtrauenskultur, die Anzahl der internen Akten- und Gesprächsvermerke, mangelnde Delegationsbereitschaft, das Zulassen von Rückdelegation sind Belege für ein Höchstmaß an Bürokratie. Die hieraus entstehenden Kosten sind nicht konkret meßbar – bzw. die wenigsten versuchen, sie meßbar zu machen – und werden deshalb weitgehend ignoriert. Kreditbeschlüsse, die sechs Handzeichen und Unterschriften tragen, dreiwöchige Bearbeitungszeiten für Baudarlehen, zehn Kundenunterschriften für eine Pkw-Finanzierung, fünf verschiedenartig gestaltete Statistiken zum gleichen Thema, all das und vieles andere mehr erzeugt in höchstem Maße bürokratische Kosten.

Es ist schon bemerkenswert, wie plötzlich das gesamte Kreditgewerbe in den Kostensenkungschor einstimmt, anstatt sich darum zu kümmern, wie durch qualifizierte Leistungsverbesserungen und/oder mehr Beratungskapazität bessere Erträge erzielt werden können. Ein einfaches Beispiel: Wenn 20 Kundenbetreuer durch herausragende Leistungen für ihre Kunden pro Tag 100,– DM mehr Ertrag erzielen, erhöht sich der Gesamtertrag für ein Jahr um knapp eine halbe Million DM.

Die üblichen Killerphrasen wie „Das haben wir schon immer so gemacht", überzogenes Sicherheitsdenken, das jeden Kreditnehmer zum potentiellen „Betrüger" macht, fehlende Vorstellungskraft für alternative Gestaltungsmöglichkeiten und Mutlosigkeit verhindern hier eine neue Flexibilität auf Vertrauensbasis, die ohne Arbeitsanweisungen zu Themen wie „Aktenvernichtung" oder „Postverteilung" auskommt. Der heimliche Kostentreiber ist die Starrheit des Geistes, das Denken im Tunnel verbunden mit der Starrheit der Organisationsstrukturen. Und die sind eine Frage des Welt- und Menschenbildes, des Glaubens, der Werte und der (Vor-)Urteile der Verantwortlichen in den Unternehmen.

2.3.1.5 Der Glaube an Strukturen

Hier herrscht die Vorstellung, daß es mit Hilfe der sogenannten Aufbau- und Ablauforganisation (z. B. Organigramm, Stellenbeschreibungen, Arbeitsablaufbeschreibungen) möglich sei, einen zentralen Willen bei vielen Menschen durchzusetzen und große Organisationen zentral zu steuern. Verbunden mit der Vorstellung, Mitarbeiter gäben ihre eigene Persönlichkeit morgens an der Garderobe ab, um sich voll und ganz auf die ihnen zugewiesene Arbeit zu konzentrieren, gefangen in einer künstlichen Struktur. Strukturen aber sind wie die Äste eines Baumes im Sturm: die starren, vertrockneten, die sich nicht mehr biegen können, werden brechen.

2.3.1.6 Das Institut – durchkonstruiert wie eine Maschine

Die Annahme, daß Menschen wie Räder in einer Maschine behandelt werden können, ist eine gefährliche Illusion. Zu oft wird „totes" Arbeiten praktiziert, als ob die Menschen datenverarbeitende Maschinen mit Input-, Integrations- und Output-Mechanismen wären; als ob sie gefüttert und mit kleinen Reparaturen anhand von Belohnung und Strafe dazu gebracht werden könnten, reibungslos zu funktionieren. Der Mensch als lebendiges und geistiges Wesen wird vernachlässigt. Resultat sind Mitarbeiter, die nach Dienstende in eine andere Haut schlüpfen und ihre kreativen Potentiale im Verein, bei der Leitung eines Kinderchores, beim Heimwerken oder anderen Hobbies mit Erfolg einsetzen und dort ihre Anerkennung finden.

2.3.1.7 Vorgesetzte, die vorgesetzt werden und dann vorsitzen

Das Lebensziel innerhalb der Bank oder Sparkasse: auf der Leiter nach oben, aus dem Käfig der Unterdrückung und des Mißtrauens hinaus. Endlich Karriere machen, Aufstieg, Macht haben, Befehle geben. Die Anzahl der Untergebenen (die unten sind), die Größe des Büros und des Schreibtisches, Dienstwagen und den Kaffee nie mehr selbst holen müssen sowie das Aufrücken in elitäre Führungskreise, die Teilnahme an Klausuren in schicken Hotels und mehr Nähe zur Geschäftsleitung sind die äußeren Zeichen für den neuen Status. ,,Man" gehört dazu, das Ansehen in der Familie, bei Freunden und Bekannten wächst (aus Sicht des Aufsteigers), obgleich alle wissen, daß mit den zunehmenden Verpflichtungen auch weniger Zeit für diese Menschen verbleibt. Soweit so gut, aber da gibt es ja auch noch diejenigen unter dem Vorgesetzten, aus deren Riege er gerade entstiegen ist. Jede Beförderung führt zunächst dazu, daß der Beförderte glaubt, seine Position gegenüber den neuen Untergebenen finden und definieren zu müssen. Die meist vorübergehende Abgrenzung verursacht teure Reibungsverluste, wobei die Höhe dieser ,,unsichtbaren" Kosten von der Frage abhängig ist, wie schnell der ,,Machthaber" erkennt, daß er und sein Erfolg von seinen Untergebenen abhängig sind.

2.3.1.8 Abteilungen, die sich ab-teilen und nicht zuständig sind

Die Schar der Mitarbeiter und Kunden, die jeden Tag an der Zuständigkeitsfrage verzweifeln, ist unübersehbar groß. Die Aussage ,,Dafür bin ich nicht zuständig" gehört in die Kategorie dessen, was schon Auszubildende in den ersten Wochen ihrer Ausbildung als nachhaltig prägendes Rüstzeug mitbekommen. Das geht soweit, daß Kunden am Telefon aus ,,Nicht-Zuständigkeits-Gründen" so lange weiterverbunden werden, bis sie entnervt aufgeben. Hierhin gehört auch der oft mit Leidenschaft zelebrierte Konflikt zwischen den Geschäftsstellen und der Kreditabteilung über das, was die Geschwindigkeit der Bearbeitung von Kreditanträgen oder den Umfang der bereitzustellenden Unterlagen angeht. Natürlich hat jeder der Kontrahenten aus seiner Sicht recht, aber der Eindruck läßt sich nicht vermeiden, daß mit großem Engagement an den Interessen des Kunden vorbeigearbeitet wird. Dies ist wohl auch der Fall, wenn ein Kunde im Rahmen einer Finanzierung unter Inanspruchnahme öffentlicher Fördermittel 98 (in Worten: achtundneunzig) Unterschriften leisten muß.

2.3.2 Grundrechte der Mitarbeiter

Schlagen wir den Bogen der Rahmenbedingungen noch ein Stück weiter. Denn es lohnt sich, die innere Struktur von Banken und Sparkassen unter dem Gesichtspunkt des Umgangs miteinander noch tiefer zu beleuchten. Als Maßstab legen wir einige verfassungsmäßig garantierte Grundrechte der Bürger an – und damit auch der Mitarbeiter (einschließlich des Vorstandes) von Kreditinstituten.

2.3.2.1 Unantastbarkeit der Menschenwürde

Es verträgt sich nicht mit diesem Anspruch, wenn Vorgesetzte ihre Mitarbeiter vor Dritten maßregeln, sie beschimpfen und abwerten; wenn Vorstände gegen ihre Kollegen intrigieren, den oder die anderen gegenüber Mitarbeitern und Aufsichtsrat diffamieren; wenn Aufsichtsräte das Privatleben von Vorständen unsachgemäß erörtern, persönliche Terminkalender zwecks Abwesenheitskontrollen anfordern und stillos Gehaltsfragen diskutieren. Menschliches Machtstreben, gestützt auf den Glauben an die „kraft Amtes" verliehene eigene Unfehlbarkeit, führt zu zahlreichen Mißachtungen der Menschenwürde im Unternehmen – mit Konsequenzen. Die Mitarbeiter und auch der Vorstand lassen sich für die erfahrene Abwertung und Demütigung ihrer Person „auszahlen": durch „krank feiern", Entnahme von Büromaterial, Dienst nach Vorschrift, Manipulation der Reisekostenabrechnung usw. Die Vorstände und Führungskräfte ebenso wie die Aufsichtsratsmitglieder sind sich ihres destruktiven Verhaltens meist nicht einmal bewußt, geschweige denn, daß sie die Folgen überschauen. Hier liegt die eigentliche Unverantwortlichkeit.

2.3.2.2 Freie Entfaltung der Persönlichkeit

Jeder Mensch hat das Recht, sich seiner eigenen Persönlichkeit bewußt zu werden und sie selbstbestimmt weiterzuentwickeln; er hat das Recht auf einen eigenen Willen. Führungskräfte neigen oftmals dazu, ihre Mitarbeiter zu Befehlsempfängern zu erziehen, zu Ja-Sagern, die widerspruchslos das von ihnen Verlangte erledigen. Unbequeme Mitarbeiter, die das Vorhandene immer wieder auf ihre Gültigkeit überprüfen, Kreative, die laufend neue Vorschläge unterbreiten, werden oft als Störenfriede abgetan und mundtot gemacht. In diesen Zusammenhang gehört auch das sogenannte „Mobbing", das systematische Drangsalieren, Quälen oder Isolieren von Mitarbeitern, Kollegen oder auch Vorgesetzten. Das fängt bei kleinen Sticheleien an und geht über Beleidigungen und Intrigen manchmal sogar bis zu physischer Gewalt. Mobbing kann nur deswegen existieren, weil das System aus Angst, Druck und Rivalität so hervorragend funktioniert.

2.3.2.3 Meinungsfreiheit

Die herrscht – wie dies auch im öffentlichen Leben leider häufig der Fall ist – nur, wenn ... die Meinung des Mitarbeiters mit der des Vorgesetzten, die Meinung des Vorstandes mit der des Aufsichtsratsvorsitzenden, die Meinung des Vorstandsmitgliedes mit der des Verbandspüfers, die Meinung der Primärbank mit der des Verbandes übereinstimmt. Ist das nicht der Fall, wissen sich die Amtsautoritäten schon zu helfen: Da wird ein Mitarbeiter versetzt, eine Gehaltserhöhung wird verschoben, die Tantieme des Vorstandes wird gekürzt, eine Eintragung im Prüfungsbericht wird plötzlich unumgänglich usw. Natürlich wird alles sachlich begründet. Die Folgen aber werden entweder nicht wahr – oder bewußt in Kauf genommen.

2.3.2.4 Weitere Grundrechte

..., die ebenso ihre traurige Entlarvung im Tagesgeschäft erfahren würden, sind:

- Informationsfreiheit,
- Selbstbestimmung,
- Freizügigkeit,
- Redefreiheit.

Jeder mag für sich sein eigenes Denken und Handeln im Unternehmen auch vor diesem Hintergrund einmal kritisch überprüfen. Wann sind Sie selbst bereit, ein optimales Leistungsverhalten zu zeigen, also Ihre Fähigkeiten und Fertigkeiten mit vollem Engagement einzusetzen? Wir behaupten, wenn es Ihnen Spaß macht, wenn Sie sich wohlfühlen, wenn Sie Ihre Arbeit selbst gestalten und organisieren können, wenn Sie Erfolg haben und wenn Sie anerkannt und respektiert werden. Das alles sind emotionale – menschliche – Gesichtspunkte. Sind die genannten Kriterien erfüllt, ist die beste Leistung für das Unternehmen möglich. Schaffen Sie auch Ihren Mitarbeitern die Rahmenbedingungen, die sie zu optimalem Leistungsverhalten veranlassen.

Die meisten Kreditinstitute bzw. die verantwortlichen Menschen versuchen gegenwärtig immer noch, mit Führungsphilosophien, Unternehmensorganisationen und -kulturen, die aus dem Industriezeitalter stammen, Dienstleistungen für heute zu erbringen. Einerseits wird zwar zaghaft begonnen, den Mitarbeiter als Quelle der Wertschöpfung zu entdecken, andererseits aber wird sich mit Macht dagegen gewehrt, die hierarchische Pyramide konsequenterweise mindestens auf den Kopf zu stellen.

Hier nun einige Thesen zur künftigen Organisation von Banken und Sparkassen. Überlegen Sie, welche davon in Ihrem Institut umgesetzt werden können. (Vielleicht haben Sie einige sogar schon realisiert?) Es geht nicht von heute auf morgen; aber anfangen müssen Sie jetzt. Und, verbringen Sie nicht die Zeit mit der Suche nach Hindernissen – vielleicht sind gar keine da.

2.3.3 Organisationsgrundsätze für langfristigen Geschäftserfolg

- Organigramme sind abgeschafft und ersetzt durch den Aufbau von Beziehungsnetzwerken mit Menschen;
- Stellenbeschreibungen und Arbeitsplatzbeschreibungen gehören zum alten Eisen;
- Hierarchiestufen gibt es so wenige wie möglich, so viele wie nötig;
- es gibt keine „Vorgesetzten" mehr, allenfalls Coaches oder Mentoren;
- Karriere ist horizontal angelegt über Kundenverantwortung, Spezialisierung, erfolgreich gelöste Projekte;
- Basis der Zusammenarbeit sind Teams, die sich immer wieder neu formieren;
- Titel sind überholt;
- Controlling, Buchhaltung, Marketing, Rechtsfragen usw. sind ausgegliedert (selbständig oder in Kooperation) oder haben sich überlebt;
- „Heimarbeit", insbesondere für qualifizierte Berater, ist Realität;
- Vertrauen ist Basis der Zusammenarbeit;

- Mitarbeiter arbeiten selbstverantwortlich und selbstorganisiert;
- feste Arbeitszeiten gibt es nicht;
- niemand muß Arbeiten verrichten, die seiner Natur widersprechen;
- Versuch und Irrtum geht vor Planung und System;
- Spezialisten sind als „Satelliten" ausgegliedert;
- absolute Orientierung an Kundenproblemen hat Zielvereinbarungen verdrängt;
- jeder Mitarbeiter ist am Erfolg des Institutes direkt beteiligt;
- Gewinn ist nicht Unternehmensziel, sondern Folge herausragender Leistungen;
- Netzwerke mit Kunden sind Voraussetzung für Erfolg;
- Sekretärinnen und Assistenten gibt es nicht mehr;
- Zukunfts-Werkstätten und Früherkennungssystem sind etabliert;
- jeder hat Zugriff auf alle Informationen;
- die Bank oder Sparkasse macht nur das, was sie am besten kann.

2.3.4 Führung

Betrachten wir evolutionäre Prozesse, so hat schon der Natur- und Verhaltensforscher Konrad Lorenz festgestellt, daß das Leben höchst aktiv ein Unternehmen betreibt, das gleichzeitig auf den Gewinn eines „Kapitals" an Energien und auf den eines Schatzes von Wissen abzielt, wobei jeweils der Besitz des einen den Erwerb des anderen fördert. Analog könnte man die Aufgabe des Managements als Steuerung von erkenntnis- und ertragsgewinnenden Prozessen in Rückkopplung zur Stärkung der Zukunftssicherheit und Überlebensfähigkeit des Systems „Unternehmen" begreifen. Hierbei macht das geballte Know-how des Unternehmens seinen wirklich entscheidenden Besitzstand aus. Es ist die aus den Lerngewinnen erzielte, differenzierte Feinanpassung an die Bedürfnisse der Menschen – Kunden und Mitarbeiter – und weder bloße Mehrproduktion von Gütern noch Rationalisierung unter Kostendiktat, die für ein qualifiziertes Wachstum sorgt.

Die Orientierung an den Bedürfnissen der Menschen ist ein permanenter Prozeß des Entdeckens einerseits, um immer bessere Leistungen und Produkte anbieten zu können, und des Lernens im Inneren andererseits, um immer beweglichere Strukturen und optimalere Rahmenbedingungen zu finden.

Die große Schuld des Menschen ist, daß er jeden Tag zum Umdenken fähig ist – und es nicht tut. Wir müssen radikal umdenken – und mit Menschlichkeit und Selbstorganisation die Grenzen des persönlichen Erfolges durchbrechen. Das Unternehmen braucht eine Kultur, die auf ethischen Grundlagen beruht und Spielregeln, mit denen es gelingt, die Herausforderungen zu organisieren, in denen besonders viel Sinn und Spaß enthalten sind – persönlicher Sinn als Motor der Eigen-Dynamik und Spaß an der Arbeit als Energie für die Selbst-Führung der Menschen im Unternehmen. Eine solche Unternehmenskultur wird durch eine Führung entwickelt, die sich ihrer dienenden Aufgabe bewußt ist. Sie prägt sowohl das Miteinander von Führungskräften und Mitarbeitern als auch die Beziehung zu den Kunden und zeichnet sich durch folgende Merkmale aus:

- Atmosphäre fairer Partnerschaft,
- Vertrauen,
- Ehrlichkeit,
- Glaubwürdigkeit,
- Offenheit,
- Respekt, Achtung, Toleranz,
- Stilgefühl,
- ständige Dialogbereitschaft,
- freier Meinungsaustausch,
- Fehlertoleranz (das Recht, aus Fehlern lernen zu dürfen),
- Geduld und Empathie,
- Transparenz,
- ehrliche Anerkennung,
- Vermeidung von Arroganz (Wissensdefizite drücken sich oft in geistigem Hochmut aus),
- Vermeidung von Unterdrückung des weiblichen Elements,
- Freiheit in Geborgenheit (mehr Energie für Entgrenzung, Wagnis und Autonomie einerseits und für Zugehörigkeit, Wärme und Aufgefangenwerden andererseits),
- Alles ist verhandelbar!,
- Alterozentriertes Handeln (= Mit- und Füreinander).

Alterozentriert drückt eine psychische Grundeinstellung aus, die es einem Menschen ermöglicht, von sich selbst und seinen vordergründigen Interessen abzusehen und sich auf das Ziel, das er verfolgt und auf die Menschen, die dabei eine Rolle spielen, in deren Interesse einzustellen. Oder anders ausgedrückt: Die Führungskraft verfolgt ehrlich und ernsthaft die Interessen ihrer Mitarbeiter, aber nicht aus reinster Nächstenliebe, sondern um die eigenen Ziele auf diesem Wege bestmöglich – weil in Übereinstimmung mit den Zielen der Mitarbeiter – zu erreichen.

Erfolg und Mißerfolg eines Unternehmens hängen entscheidend davon ab, inwieweit es gelingt, die Mitarbeiter, ihre fachlichen und menschlichen Fähigkeiten in ihrer Einzigartigkeit zu entwickeln, die Reibungsverluste in der Zusammenarbeit abzubauen, ihre Kreativität und Erfahrung in Leistung umzusetzen. Führung versteht sich so als ,,Entwicklungshilfe"-Programm für die Selbststeuerungsfaktoren im Menschen: Eigenmotivation, Selbstorganisation und Selbstkontrolle.

Ein Gesichtspunkt von großer Wichtigkeit, der von den eher materiell, in Zahlen denkenden Bank- und Sparkassenführungskräften oft übersehen wird, ist, daß die sichtbaren Zahlen in den Ergebnisrechnungen, Bilanzen und Statistiken immer die Folge menschlichen Verhaltens oder Unterlassens sind. Das Datenmaterial eines Dienstleistungsunternehmens fällt nicht vom Himmel; aus der Vielzahl der Aktivitäten oder Inaktivitäten aller Mitarbeiter im Zusammenspiel mit Kunden, Lieferanten usw. wird es ,,produziert", bzw. materialisiert es sich. Wird dieses Zusammenspiel gestört, wird sich die Störung in den Zahlen zeigen. Sollen Störungen erkannt und erfolgreich beseitigt werden – eine vorrangige Aufgabe der Führungskräfte – muß sich sorgfältig um die Analyse der Ursachen gekümmert werden, und die liegen in der Regel im emotionalen Bereich.

Ursachen (unsichtbar)	
• Fehlbesetzung • Über-/Unterforderung • Mißtrauenskultur • sinnlose Tätigkeit • fehlende Akzeptanz des „Vorgesetzten" • schlechtes Betriebsklima	• hierarchische Strukturen • fehlende Beachtung der Umwelt • Zielvorgaben • mangelhafte Arbeitsbedingungen • Fehler bei Delegation • Menschenbild des Vorstandes

Symptome (sichtbar)	
• hohe Fehlzeiten („krank feiern") • Rückdelegation • hohe Fluktuation • Mangelhafte Kundenbetreuung • keine Risikobereitschaft • keine Entscheidungsfreude	• Dienst nach Vorschrift • wenig Kreativität • geringes Engagement • Fehlervermeidung • Passivität • Ressortegoismus

Kennzahlen des Unternehmenserfolges (sichtbar)	
• Betriebsergebnis • Personalkosten • Sachkosten • Zinsspanne • Provisionsspanne	• Produktivität • Kreditentwicklung • Einlagenentwicklung • Kapital-Entwicklung • Risiko-Entwicklung

Abbildung 12: Ursachen, Symptome und Kennzahlen des Unternehmenserfolges

2.3.5 Motivation

Die folgende Anekdote – die von uns abgewandelt wurde – soll in einem großen deutschen Mineralölkonzern entstanden sein:

Als wir den Sinn nicht mehr sahen, begannen wir über Motivation zu reden ... Die Großbanken „Super" und „Hyper" veranstalten alljährlich nach dem Vorbild der Universitäten Oxford und Cambridge einen Ruderwettkampf im Achter. In den letzten Jahren hat das „Super"-Boot immer verloren. Die Geschäftsleitung von „Super" beschließt daraufhin, die Videoaufzeichnungen des letzten Rennens zu analysieren: Im „Hyper"-Boot erkennt man acht Ruderer und einen Steuermann. Zum allgemeinen Erstaunen sieht man im „Super"-Boot aber acht Steuermänner und nur einen Ruderer. „Was können wir da machen?" fragt der Geschäftsleiter den Personalleiter. Darauf dieser: „Motivieren! Den Mann besser motivieren!"

Unzählige Veröffentlichungen haben sich mit dem Thema Motivation beschäftigt, und immer noch ist es eine der brennendsten Fragen in der Führung: Wie steigere ich die Leistung meiner Mitarbeiter? Reinhard Sprenger mit seinem Buch „Mythos Motivation" sei hier Dank gesagt für seine mitunter satirische Entlarvung einer menschenverachtenden Methodik, die – genau betrachtet – das Gegenteil dessen bewirkt, was sie eigentlich erreichen sollte: die Lähmung menschlichen Kreativitätspotentials.

In den Motivationsbemühungen vieler Führenden gegenüber ihren Mitarbeitern manifestiert sich – meist unbewußt – das Prinzip von Verdacht und Mißtrauen. Führende unterstellen sehr häufig, daß der Mitarbeiter dem Unternehmen grundsätzlich einen Teil seiner Arbeitsleistung vorenthält und erst durch einen „Köder" (Prämien, Incentives, Boni usw.) zur vollen Leistungsbereitschaft veranlaßt werden kann. Hier liegt auch der Grund für die Zielvereinbarungsmodelle oder die anteiligen Prämien für den Verkauf von Versicherungs- und Bausparverträgen in den Banken und Sparkassen. Verbundpartner, Vorstände und Führungskräfte glauben nicht an den Verkaufserfolg ohne die „Bestechung". Daß schlechte Absatzzahlen in der Unternehmenskultur, in der fehlenden Identifizierung mit den Verbundunternehmen oder gar in den Produkten/Leistungen und deren mangelndem Nutzen für viele Kunden – und auch Mitarbeiter sind Kunden der Verbundunternehmen – begründet sein könnten, wird kaum einmal untersucht. Dabei ist es sicher unzweifelhaft, daß sich schlechte Erfahrungen eines Mitarbeiters mit Verbundpartnern, z. B. bei der Abwicklung eines Versicherungsschadens in eigener Sache, auf das Verkaufsverhalten auswirken. Da helfen auf lange Sicht auch keine ausgefeilten Provisionsmodelle mehr.

Die Menschen im Unternehmen erhalten eine Vergütung für die Bereitstellung ihrer Arbeitskraft. Dieses Gehalt sollte eine vereinbarte Entlohnung für eine vereinbarte – beiderseits anerkannte und sinnvolle – Leistung sein und kein Schmerzensgeld für investierte Lebenszeit. Anreiz-, Bonus- und Incentive-Systeme sind menschenunwürdige, rattenfängerähnliche Manipulationen und entwerten das Beschäftigungsverhältnis zur „Arbeitsprostitution". Das Menschenbild, das dieser im Berufsleben leider alltäglichen Praxis zugrunde liegt, verleugnet Autonomie und Einzigartigkeit des Menschen und sein Recht auf eine sinnvolle Arbeit gegen entsprechende Bezahlung. Die nachfolgende Gegenüberstellung macht die grundsätzliche Haltung gegenüber Mitarbeitern deutlich.

Entscheiden Sie selbst, unter welchen Bedingungen Sie arbeiten möchten, wo es mehr Spaß macht. Führungskräfte, die ja selbst auch „Untergebene" sind, mögen entscheiden, in welchem Sinne sie behandelt werden wollen, und wie sie ihre Mitarbeiter behandeln wollen.

Negatives Menschenbild	Positives Menschenbild
Menschen	*Menschen*
• mögen keine Arbeit; sie sind faul und versuchen, sie möglichst zu vermeiden	• lieben die Arbeit und suchen sie
• müssen von anderen kontrolliert und motiviert werden; sie brauchen Belohnungen und Strafen	• motivieren und kontrollieren sich selbst
• mögen keine Verantwortung	• wollen Verantwortung tragen
• mögen keine Leistung	• mögen Leistung
• kann man nicht vertrauen	• kann man vertrauen
• ändern sich nie	• können sich ändern
• sind leicht zu manipulieren und leichtgläubig	• sind aufmerksam und nicht leicht zu manipulieren;
• sind egoistisch und kümmern sich nicht um die Unternehmensziele	• wollen daran mitarbeiten, daß ihr Unternehmen Erfolg hat

Abbildung 13: Positives und negatives Menschenbild

Schlechte Ergebnisse liegen aus Sicht der Führungskräfte meist an den schlechten Mitarbeitern: Sie sind faul, machen keine Überstunden, engagieren sich nur außerhalb des Betriebes und überhaupt ... Auf die Idee, daß das eigene Verhalten Ursache sein könnte, kommen die wenigsten. Da gibt es zwar flexible Arbeitszeit, aber wenn der Mitarbeiter um fünf Minuten nach acht kommt, steht der „Vorgesetzte" mit einem vielsagenden Blick auf die Uhr in der Tür seines Büros und unterstellt anschließend, daß der Mitarbeiter acht Uhr auf seinen Stundenzettel geschrieben hat. Überprüft hat der „Vorgesetzte" das nicht; das „weiß" er aus seiner langjährigen Erfahrung mit dem Mitarbeiter. Unberechtigte (Vor-)Urteile, oder? Und der Mitarbeiter weiß und spürt das. Was der Mitarbeiter denn auf seinen Zettel schreiben soll, wenn er schon um fünf vor acht kommt? Na, acht Uhr! Ausgleichende Gerechtigkeit? Da bleibt nur noch die Frage, wie der „Vorgesetzte" reagiert, wenn mit ihm so verfahren würde. Lust oder Frust?

Aber wie soll es auch anders sein: Die meisten Führungskräfte sind aufgestiegene Sachbearbeiter und haben sich nicht über „Führen" qualifiziert. Das ist normal und an sich nicht schlimm. Aber da viele von ihnen die angestrebte Führungsverantwortung nach jedem „Aufstieg" wieder dem übervollen Schreibtisch, der fehlenden Zeit und dem sogenannten Tagesgeschäft opfern, sind im Grunde genommen auch viele der in den Vorstand aufsteigenden Führungskräfte keine „Profis", sondern „blinde Amateure" in ihrem eigentlichen Job. Und so kommt es dann zu häufig vor, daß der Vorstand und seine Führungskräfte für etwas betitelt und bezahlt werden, was sie nicht tun, nämlich führen.

2.3.6 Dimensionen der Leistung

Arbeit ist eine Chance zur Selbstverwirklichung und sollte als solche erfahren werden können. Die persönliche Sinnfindung des einzelnen verknüpft sich dann mit dem Auftrag des Unternehmens. Durch die Förderung von Selbstvertrauen, Verantwortungsbereitschaft, Selbständigkeit und Eigeninitiative erlebt der Mitarbeiter Freude am eigenen und am Unternehmenserfolg. Diese kann z. B. dadurch zusätzlich materialisiert werden, als stiller Gesellschafter einer Genossenschaftsbank direkt beteiligt zu werden.

Lebensqualität und Identifikation mit dem Unternehmen wachsen, unterstützt durch eine aktive Personalbetreuung, die auch Lebenspartner einbezieht, und eine gezielte „Karriere-Fürsorge".

Die Entwicklung der Mitarbeiter mit ihren verschiedenen Möglichkeiten sollte darauf ausgerichtet werden, Eignungen und Neigungen der Menschen so zu qualifizieren, daß Hierarchie und Fremdorganisation immer weiter reduziert werden. Zu viele Unternehmen haben noch nicht erkannt, daß es nicht darum geht, Mitarbeiter für bestimmte Funktionen zu entwickeln, sondern sie grundsätzlich zu ihren Potentialen zu führen, ihnen ihre Stärken bewußt zu machen und sie sie einsetzen zu lassen. Beginnen Sie, Ihre Mitarbeiter das tun zu lassen, was sie gerne tun; Sie werden wahre Wunder erleben. Wirkliche Personalentwicklung befähigt die Mitarbeiter, über ihre eigenen Grenzen zu gehen, Neues zu probieren, Fehler zu machen und daraus zu lernen, für ihr Unternehmen „alles" zu geben.

Die Leistung der Menschen ist abhängig von ihrer

- ⇨ Bereitschaft (Wille – wollen)
- ⇨ Fähigkeit (Vermögen – können)
- ⇨ Möglichkeit (Umfeld – dürfen)

2.3.6.1 Leistungsbereitschaft

Die Leistungsbereitschaft ist Sache des einzelnen Mitarbeiters und – entgegen der Auffassung vieler Führungskräfte – Menschen sind von ihrer Anlage her grundsätzlich sehr wohl bereit, Leistungen zu erbringen oder ein bestimmtes Leistungsverhalten zu zeigen. Psychologische Forschungsergebnisse bestätigen dies. Jeder Auszubildende bei Beginn seiner Ausbildung, jeder neu eingestellte Mitarbeiter am ersten Arbeitstag ist hochmotiviert, voller Spannung und freut sich auf seine Arbeit in der Bank oder Sparkasse. Wenn Sie sich nach sechs Wochen, nach sechs Monaten oder nach zwei Jahren mit diesen Menschen unterhalten, finden Sie sehr oft frustrierte Mitarbeiter, die sich manchmal schon in der inneren Kündigung befinden, aber nicht, weil sie nicht arbeiten *wollen*, ganz im Gegenteil, sondern weil es Defizite in der Leistungsfähigkeit, meistens aber in der Leistungsmöglichkeit gibt.

Ein Beispiel soll dies verdeutlichen: Ein leitender Mitarbeiter wurde mit Unterstützung eines Personalberaters in erstklassiger Umgebung per Assessment-Center ausgewählt und verpflichtet. Als dieser neue Mitarbeiter am ersten Arbeitstag ins Unternehmen kam, stand für ihn aber weder ein adäquates Büro noch Schreibtisch und Arbeitsmaterial zur Verfügung; er hatte vier Wochen damit zu tun, sich einzurichten. Noch in der Probezeit verließ der Mitarbeiter das Unternehmen wieder.

In Deutschland wird jährlich rund ein Viertel aller bestehenden Arbeitsplätze neu besetzt. Fluktuation ist teuer. Als „Richtgröße" für die

Kosten des Arbeitsplatzwechsels eines Angestellten kann man mit einem Jahresgehalt rechnen, bei Führungskräften betragen die Kosten bis zu drei Jahresgehältern, vorausgesetzt, daß es überhaupt gelingt, gleichwertigen Ersatz zu bekommen. Darin ist die Tatsache, daß mit den ausscheidenden Mitarbeitern wertvolles Know-how verloren geht, noch nicht berücksichtigt.

Menschen sind grundsätzlich motiviert. Menschen wollen sinnvolle Arbeit leisten. Diese Leistungsbereitschaft kann man nur behindern. Es gehört zu den Aufgaben der Führungskräfte, laufend zu prüfen, was die Leistungsbereitschaft ihrer Mitarbeiter behindern könnte und wie sie selbst dazu beitragen, ihre Mitarbeiter zu demotivieren. Es empfiehlt sich daher, mehrmals pro Jahr den oder die Mitarbeiter zu fragen:

⇨ Wie gehen wir miteinander um?
⇨ Gibt es etwas, was Sie demotiviert?
⇨ Was könnte ich tun, um die Situation zu verbessern?

Und noch etwas: Führungskräfte sollten ihren Mitarbeitern lieber öfter in die Augen schauen, als in deren Personalakten. Im Mittelpunkt des Umgangs zwischen Führungskraft und Mitarbeiter steht die Beziehungsebene; die ,,Chemie" muß stimmen, Vertrauen muß herrschen. Dabei geht es nicht darum, den Mitarbeiter zu ,,verwöhnen". Leistung ist zu fordern, zu verhandeln und zu vereinbaren, aber in einer Form, die keine Verlierer produziert, sondern beiden Seiten das sichere Gefühl von Konsens vermittelt. Entscheidend sind auch hier wieder der Respekt und die Achtung vor der Persönlichkeit des jeweils anderen. Die Leistungsbereitschaft hängt auch davon ab, wie sehr sich die Mitarbeiter mit den Leitbildern, der Vision, den Zielen und Strategien des Unternehmens identifizieren können und wie sie sich im Leistungsverhalten danach ausrichten. Hier stoßen wir wieder an die Strukturen und Denkweisen, die in vielen Banken und Sparkassen nicht mehr zeitgemäß sind. Der Wandel von den Pflicht- und Akzeptanzwerten (Disziplin, Gehorsam, Leistung, Pflichterfüllung, Ordnung, Pünktlichkeit usw.) hin zu den Selbstentfaltungswerten (Autonomie, Genuß, Spontaneität, Partizipation, Gleichheit, Ungebundenheit, Kreativität usw.) wurde nicht oder nur unzureichend vollzogen. Die Mißachtung der Tatsache, daß sich unter Umständen die Wertvorstellungen der Unternehmensführung und der Mitarbeiter nicht kongruent entwickeln, kann zum Aufbau erheblichen Frustrationspotentials führen.

Die neuen Werte lassen die Mitarbeiter vor allem nach Sinn und Vertrauen im Unternehmen suchen und stellen andere, erhöhte Anforderungen an die Qualität der Führung. Stimmen die institutsintern postulierten und von den Führungskräften vorgelebten Werte nicht mit denen der Mitarbeiter überein, sind Sinn- und Orientierungskrisen vorprogrammiert, die dazu führen, daß Mitarbeiter und Führungskräfte mit innerer Kündigung, Fehlzeiten, geringem Engagement usw. im Unternehmen reagieren. Interessanterweise investieren die meisten Unternehmen viel Geld in alle möglichen Motivierungsmaßnahmen und damit in das, was eigentlich vorhanden ist, nämlich die Leistungsbereitschaft, während die folgenden Gesichtspunkte sträflich vernachlässigt werden.

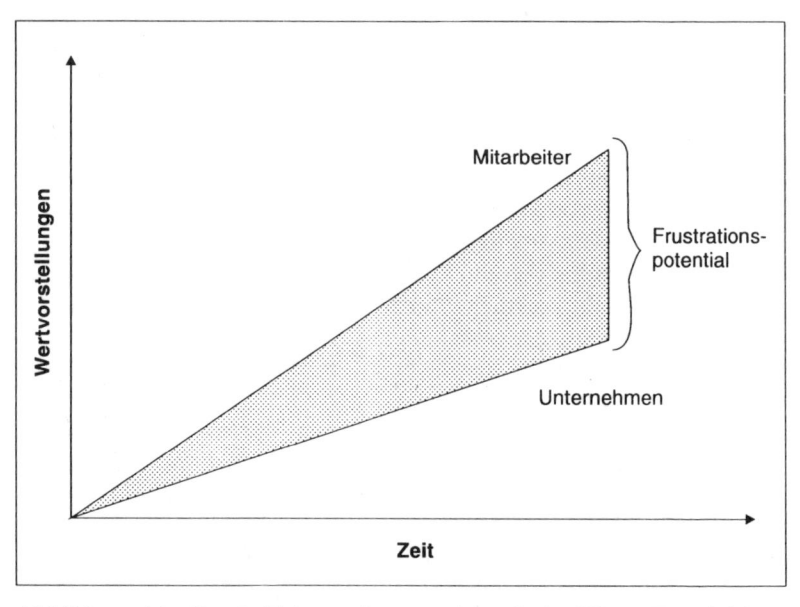

Abbildung 14: Persönliche und unternehmerische Werte-Entwicklung

2.3.6.2 Leistungsfähigkeit

Investitionen in die Leistungsfähigkeit eines Mitarbeiters sind Investitionen in die Persönlichkeit des Menschen und in seine fachliche Kompetenz. Dabei steht heute bei den meisten Banken im Aus- und Weiterbildungsplan immer noch die Vermittlung von Fachwissen – intern und extern – deutlich an erster Stelle. Für die Persönlichkeitsentwicklung von Vorstand, Führungskräften und Mitarbeitern stehen oft weniger als 10 Prozent sowieso schon schmaler Budgets zur Verfügung – mittlerweile doch unzweifelhaft zu wenig. Allerdings ist zu berücksichtigen, daß erhöhte Anforderungen der Banken und Sparkassen an ihre jeweiligen Akademien hinsichtlich des Angebotes von Seminaren zur Persönlichkeitsentwicklung schon unter quantitativen Gesichtspunkten (z. B. bei Unterbringung und Verpflegung) Probleme bereiten würden. Noch dominiert – allen Entwicklungen und Notwendigkeiten im Umfeld der Kreditinstitute zum Trotz – die Fachausbildung. Und das selbst dort, wo die künftigen Vorstände und Führungskräfte in wochenlangen Seminaren auf neue Aufgaben vorbereitet werden.

Wie aber sollen Führungskräfte ihren Mitarbeitern eine bewußte geistige Entwicklung (Persönlichkeitsentwicklung) ermöglichen, ihnen helfen, erfolgreich zu sein, wenn sie selbst von seiten des Vorstandes keine entsprechende Förderung – verbunden mit Herausforderungen – erfahren? Viele Unternehmen stehen dieser Tatsache mehr oder weniger hilf- und ideenlos gegenüber. Persönlichkeit, Bewußtsein, Geist u. ä. sind Begriffe, mit denen Aufsichtsräte, Vorstände und Führungskräfte in der von Zahlen beherrschten Bankszenerie oft wenig anfangen können, und bei denjenigen, die hier etwas tun wollen, eher „Schamgefühle" erzeugen.

Wir möchten alle, die noch zögern – beginnend bei Vorstand und Führungskräften – darin bestärken, die eigene Persönlichkeits- und Bewußtseinsentwicklung und die ihrer Mitarbeiter ernst, wichtig und in Angriff zu nehmen. Es reicht nicht, Persönlichkeit, Bedeutung und Macht am hierarchischen Habitus festzumachen; dies führt zu geringer Achtung sich selbst und anderen gegenüber und hat für das Unternehmen und die dort wirkenden Menschen langfristig schädigende Wirkung. Nehmen Sie das Beispiel eines Prokuristen und Abteilungsleiters, der dem Vorstand einer Bank immer wieder den Vorwurf macht, nicht genug dazu beizutragen, daß die Mitarbeiter des Institutes ihn respektieren und ernst nehmen. Hier wird Führungsunfähigkeit in exponierter Position zur mittleren Katastrophe für alle Beteiligten.

Ein erster Schritt kann beispielsweise sein, alltäglich ablaufende Gespräche mit erhöhter Aufmerksamkeit zu verfolgen und sich so der Wirkung bestimmten Verhaltens erst bewußt zu werden. Der verbale Umgang der Führenden mit ihren Mitarbeitern ist oft geprägt von barschen Anweisungen oder herben Formulierungen, ohne daß Absender und Empfänger sich der negativen Wirkung überhaupt bewußt sind, denn man ist es so voneinander gewohnt, man kennt es nicht anders. Ein freundliches ,,Danke" oder ,,Bitte" könnte sicherlich schon manche Situation entschärfen. Daran müßten alle Beteiligten einmal denken; denn auch die ,,kriechenden" Mitarbeiter können zur Vermenschlichung des Umgangs miteinander beitragen, wenn sie nicht widerspruchslos alles hinnehmen und ihr Gegenüber auf unerwünschtes Verhalten aufmerksam machen.

Der Vorstand sollte permanente Arbeit an der eigenen Persönlichkeit, die untrennbar mit Bewußtseinsentwicklung verbunden ist, als einen wichtigen Teil seiner beruflichen Aufgabe akzeptieren. Wie aber wird er auf diese Notwendigkeit aufmerksam, wenn er sich bisher vielleicht höchstens am Rande mit diesem Thema beschäftigt hat? Wer sagt ihm wahrheitsgemäß, wie er auf andere wirkt, welche Gefühle er durch seine Äußerungen bei seinen Mitarbeitern auslöst, wieviel Frust er eventuell mit seinem Vorstandsgehabe ins Unternehmen hineinträgt? Vorständen fehlt in dieser Beziehung zu oft ein Korrektiv, jemand, der ihnen den Spiegel vorhält. Dies kann im Grunde genommen nur auf ,,privater" Basis stattfinden, weil es – immer von Ausnahmen abgesehen – im Beruf gilt, sich keine Blöße zu geben, keine Gefühle zu zeigen, ,,hart" zu sein. Das und weil es unbequem ist verhindert auch das ,,Sich-in-Frage-stellen"; das Versäumnis wird dann mit der fehlenden Zeit und dem berühmten, schon öfter erwähnten ,,Tagesgeschäft" begründet. Ein Weiterkommen gibt es deshalb nur für diejenigen, die Eigeninitiative entwickeln und die die Bereitschaft aufbringen, sich ihres eigenen Denkens und Handelns bewußt zu werden und an *sich* zu arbeiten.

Versuchen Sie z. B. einmal, sich einen Arbeitstag lang zu beobachten und sich Motive, Gewohnheiten usw. bewußt zu machen. Beginnen Sie beim Wachwerden:

- Mit welchen Gefühlen wachen Sie heute morgen auf? Freuen Sie sich auf den neuen Tag oder frustriert Sie bereits der Gedanke an Ihren Tagesablauf?
- Beobachten Sie sich beim Aufstehen, im Bad: Ist es immer der gleiche Ablauf? Sehen Sie sich *bewußt* im Spiegel, und freuen Sie sich darüber?
- Wie läuft das Frühstück ab, mit oder ohne Fernsehen und Tageszeitung?
- Wie nehmen Sie den Abschied vom Partner wahr, ein flüchtiger Kuß wie immer oder anders?
- Wie erleben Sie den Weg zur Bank, immer die gleiche Strecke, immer die gleichen Autos, die entgegenkommen?
- Wie betreten Sie die Bank? Begrüßen Sie Ihre Mitarbeiter gutgelaunt oder mürrisch?
- Schließen Sie Schreibtisch und Schränke immer in der gleichen Reihenfolge auf?

So könnte Ihr Tag weiter analysiert werden.

Wie aber entwickeln Sie nun ein höheres, ein weiteres Bewußtsein? Es würde den Rahmen dieses Buches sprengen, wollten wir hier allen philosophischen und psychologischen Betrachtungen eine Darstellung einräumen. Für die Umsetzung strategischer Prozesse ist es jedoch unerläßlich, bestimmte Zusammenhänge zu verdeutlichen, die entscheidend für eine erfolgreiche Zukunft der Bank oder Sparkasse sind.

Vieles haben wir seit unserer Kindheit gelernt und übernommen, ohne daß es uns heute noch bewußt ist. Mit Sicherheit haben sich die Umstände und Situationen, unter denen das Gelernte sinnvoll und hilfreich war, jedoch verändert. Reduzieren wir unser Handeln heute auf ein reines Reagieren, indem wir uns einer Situation nur noch anpassen, hindert uns das daran, die Steuerung unseres Verhaltens selbst zu übernehmen. Wer der unbewußten Reaktion Vorrang gibt vor dem bewußten Umgang mit einer Situation, verspielt eine Vielzahl von Verhaltensalternativen und damit die größeren Erfolgsaussichten. Aus vielen scheinbaren Sackgassen in der Entwicklung unserer Wirtschaft, unserer Gesellschaft, ja unserer Umwelt lassen sich Auswege finden, wenn wir unser Bewußtsein um neue Handlungsalternativen erweitern. Und auch für die strategische Erneuerung eines Kreditinstitutes bedarf es zunächst der Erweiterung des Horizonts an der Spitze.

Was wir in der Vergangenheit gelernt haben, untermauert durch unser Wertesystem, Denkmuster, Normen, Vorurteile, Erwartungen usw., bildet den Schatz unserer Erfahrungen. Das, was wir heute mit unseren unterschiedlichen Sinnen wahrnehmen und was unser Handeln prägt, gehört zur Gegenwart. Sollen nun unsere heutigen Maßnahmen und unser Handeln wirkungsvoll sein, müssen sie sich an den gegenwärtigen Gegebenheiten orientieren. Oft geschieht es aber, daß wir auf eine gegenwärtige Situation mit einem Handlungsmuster aus der Vergangenheit reagieren, anstatt durch bewußtes Hinsehen, Hinhören und Begreifen neue Handlungsalternativen zu entwerfen und auszuprobieren. Bedienen wir uns also weiterhin vergangenheitsorientierter „alter Kochrezepte", können wir der jetzigen Lage nicht entsprechen und werden unangemessen – und wenig erfolgreich – handeln.

Nehmen Sie als Beispiel den Kreditantrag eines Kunden, der vor zehn Jahren bei der Bank oder Sparkasse negativ aufgefallen war, zwischenzeitlich allerdings einen guten Ruf genießt. In solchen Fällen ist es sehr oft so, daß die Gedanken an frühere Vorkommnisse und die gemachten Erfahrungen eine neue Kreditierung verhindern. So machen wir uns meist unbewußt zu Gefangenen unserer eigenen Normen, der Umstände, der Sachzwänge usw., und verhindern das notwendige Maß an Gegenwartsklarheit.

Voraussetzung dafür, uns selbst steuern und Verantwortung für unser Handeln übernehmen zu können, ist, uns selbst zu erkennen und solche Muster bewußt zu machen, unsere Partner (Kunden, Mitarbeiter, Lebenspartner, Kinder usw.) in ihrer Verfassung und mit ihren Zielen sowie unser Umfeld präziser und damit vielleicht vorurteilsfreier wahrzunehmen. Damit erweitern wir den Umfang der aktuellen Informationen um ein Vielfaches, sind weniger auf alte Erfahrungen angewiesen und erhalten eine realistischere, der Gegenwart am ehesten entsprechende Entscheidungsgrundlage.

> *„Wer einmal sich selbst gefunden,*
> *kann nichts auf dieser Welt mehr verlieren.*
> *Wer einmal den Menschen in sich begriffen,*
> *der begreift alle Menschen."*
> (Stefan Zweig)

Da unser Gehirn unsere Wahrnehmungen selektiert und die Kriterien dafür von Mensch zu Mensch variieren, ist es nicht erstaunlich, daß unsere eigenen Wahrnehmungen nicht zwangsläufig mit denen anderer Menschen übereinstimmen müssen, und jeder sein individuelles Modell von der Welt und damit eine subjektive Vorstellung der Wirklichkeit im Kopf hat. Dies wird bei Meinungsverschiedenheiten klar, bei denen aus seiner persönlichen Sicht jeder der Beteiligten Recht hat. Deutlich wird es auch, wenn Sie sich z. B. ein Auto einer bestimmten Marke kaufen wollen; es wird Ihnen wesentlich häufiger im Straßenverkehr, in Werbeanzeigen o. ä. auffallen als Ihren Bekannten oder Kollegen. Oder lassen Sie sich einmal unabhängig voneinander von zwei Teilnehmern einen Bericht zum gleichen Seminar geben. Die Schilderungen werden die Präferenzen der Teilnehmer deutlich widerspiegeln.

Akzeptieren wir Objektivität als Illusion und erkennen wir die vielfältigen subjektiven Wahrnehmungen als *gleich gültig* an, kann das zur Toleranz führen, andere Menschen in ihrem Anderssein zu respektieren, neue Modelle als denkbar anzunehmen und unser Weltbild zu erweitern.

Wenn wir z. B. feststellen, daß unser Verhalten im Kontakt mit anderen Menschen nicht mehr die gewünschte Wirkung auslöst, ist es sinnvoll zu untersuchen, inwieweit sich das Umfeld verändert hat und wir eine alternative Handlungsweise ausprobieren müßten, um erfolgreicher zu sein; es ist zumeist keine Lösung, lediglich den Energieeinsatz zu erhöhen nach dem Motto „Mehr vom Gleichen". Wenn wir mit dem Kopf gegen die Wand laufen, hat es keinen Sinn, den Anlauf zu verlängern. Dann sind neue Strategien erforderlich; um im Bild zu bleiben: die Suche nach einer Tür oder die Benutzung eines Preßlufthammers oder einer Leiter, um über die Wand zu steigen. Viele kreative Ideen werden jedoch zur Seite geschoben, weil sie nicht übereinstimmen mit dem, was wir bereits kennen. Wirkliche Kreativität besteht aber gerade in der Originalität des Neuen, uns bisher Unbekannten. Funktioniert unser Verhalten nicht zufriedenstellend, so stärkt das Wissen darum, daß Alternativen zur Verfügung stehen, das Selbstvertrauen. Wir können so lange neue Wahlmöglichkeiten ausprobieren und Entscheidungen treffen, bis das gewünschte Ergebnis erreicht ist.

Wie bereits beschrieben, gilt sowohl für die Kommunikation zwischen Führungskraft und Mitarbeiter als auch zwischen Mitarbeiter und

Kunde, daß eine Basis aufgebaut werden muß, auf der Vertrauen entstehen kann. Üblicherweise sind wir Lösungen gewöhnt, die Gewinner und Verlierer schaffen. Denken Sie an die vordergründig gegensätzlichen Bank- und Kundeninteressen, z. B. bei der langfristigen Zinsfestschreibung im Darlehensgeschäft. Zumeist sind diese Lösungen unbefriedigend, weil der „Besiegte" langfristig als Partner verloren geht und oft sogar auf „Rache" sinnt. Weitere Beispiele finden wir hinreichend in Konditionsverhandlungen mit Kunden, Gehaltsverhandlungen und in sämtlichen internen Konflikten. Ein Gesprächs- oder Interaktionsverlauf, aus dem beide als Gewinner hervorgehen können, braucht zunächst die vertrauensvolle gegenseitige Akzeptanz und bildet so die Beziehungsebene. Ist diese Basis vorhanden, können darauf aufbauend sehr leicht gemeinsame Ziele und Lösungen entwikkelt werden (Sachebene). Wir können uns die Beziehungsebene als Brücke zwischen uns und dem Partner vorstellen, die Sachebene als Lkw beladen mit Themen oder Problemen, die wir darüber schicken. Zuerst einmal muß – im Prozeß – die Brücke überhaupt gebaut werden, bevor auch nur ein Auto hinübergelangen kann, und je schwerer die Lasten, desto tragfähiger muß sie konstruiert sein. Erst die Schaffung einer konstruktiven Beziehungsebene ermöglicht es, Gemeinsamkeiten zu sehen, gemeinsame Lösungen zu finden und Maßnahmen zu vereinbaren.

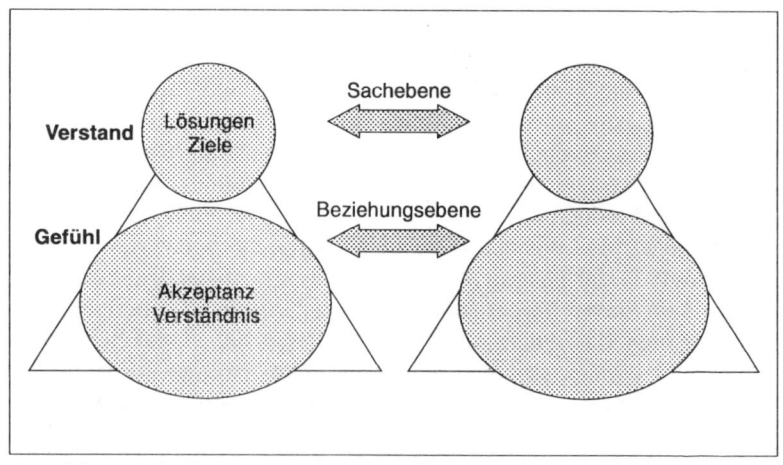

Abbildung 15: Sach- und Beziehungsebene

Bei der Umsetzung neuer Strategien ist zu berücksichtigen, daß es in der Regel nicht funktioniert, von den beteiligten Menschen einseitig eine Verhaltensänderung zu fordern. Diese Vorgehensweise verursacht bei den Betroffenen Gefühle von Bedrohung und Angst, die vielfach zu Blockaden führen. ,,Wieso soll ich mich ändern, soll der andere sich doch zuerst ändern!". Kooperative und konstruktiv denkende Partner sind so nicht zu gewinnen. Mit Vertrauen, guten Absichten, Einfühlungsvermögen und Interesse am anderen können wir jedoch durch unser Verhalten auf sein Umfeld einwirken und indirekt auch bei ihm eine Verhaltensänderung auslösen, die eben nicht unter Druck herbeigeführt wurde. Kein Mensch kann einen anderen Menschen verändern; das kann nur jeder selbst. Möglich ist es, einen Anstoß zu geben.

Zu den Führungsaufgaben zeitgemäßen Managements gehört es, Mitarbeiter in ihrer Persönlichkeits- und Bewußtseinsentwicklung zu unterstützen, ihnen aber auch mehr Kompetenz, interessante Aufgaben und Verantwortung zu übertragen. Verantwortung kann nur tragen, wer über eine gefestigte Persönlichkeitsstruktur verfügt, wer sich seines Selbst bewußt ist, wer sich selbst achtet und vertraut. Für diese Entwicklung – nicht deren Behinderung – ist das Unternehmen, sind die jeweiligen Führungskräfte verantwortlich. Das sind Bringschulden in Richtung Mitarbeiter. Um künftig ausgezeichnete Mitarbeiter zu haben, zu gewinnen und zu halten, bedarf es nicht nur eines qualitätsvollen Arbeitsumfeldes, sondern auch eines geläuterten Managements, das starke Menschen – Persönlichkeiten – an seiner Seite nicht als Konkurrenz, sondern als Ergänzung zu einem größeren Ganzen versteht. Aber auch das muß bewußt und aus alten Gewohnheiten herausgelöst werden.

Was der einzelne – Vorstand, Führungskraft, Mitarbeiter – von den vielen Möglichkeiten, an sich zu arbeiten, praktisch betreibt und welche Schlüsse er für sich zieht, ist zweitrangig. Entscheidend ist anzufangen. Um den inneren Dialog der Bewußtwerdung zu fördern bieten sich Möglichkeiten an vom Autogenen Training bis zum Hatha-Yoga, vom Neurolinguistischen Programmieren (NLP) bis zum Mentaltraining, vom Gruppengespräch bis zur Meditation. Einige Angebote machen auch die regionalen und zentralen Akademien der Kreditwirtschaft. Wer eher unter fremden Menschen als in reinen Bank- oder Sparkassenseminaren sein möchte – was sich aus Gründen des eigenen Gefühls von Vertraulichkeit gerade am Anfang anbietet –

kann Seminare bei externen spezialisierten Anbietern besuchen, wo er mit Menschen aus anderen Branchen und Lebensbereichen zusammentrifft; übrigens eine interessante Möglichkeit, Motivationen potentieller Kunden detailliert kennenzulernen. Qualifizierte Bücher und Zeitschriften zu diesem Thema sowie diverse Analyse-Möglichkeiten zur Persönlichkeitsstruktur können hier ebenfalls Unterstützung leisten. Als hilfreich erweisen sich auch Gespräche mit Menschen, die bereits Zugang zu diesen Themen haben. Das können Freunde und Bekannte, aber auch professionelle Gesprächspartner wie Personalberater, Coaches u. a. sein. Im Anhang finden Sie einige Adressen von seriösen Instituten, die Seminare zur persönlichen Weiterentwicklung anbieten. Jede Investition in die eigene Bewußtseinsbildung verbessert langfristig die persönliche Leistungsfähigkeit. Und sie erhöht Ihre persönliche Lebensqualität, Ihre Zufriedenheit mit sich selbst und hat entscheidenen Einfluß auf Ihre Gesundheit. Lassen Sie es für sich selbst nicht zu, daß Schlafprobleme, Kreislaufbeschwerden, Magengeschwüre oder Herzinfarkte zu den von Ihnen tolerierten Belastungen Ihres gutbezahlten Managerdaseins gehören – das muß nicht sein und ist vermeidbar.

2.3.6.3 Leistungsmöglichkeit

Sie beinhaltet das, was den Freiraum der Menschen in der Bank oder Sparkasse ausmacht, um ihren – von ihnen gewollten – Beitrag zum Unternehmenserfolg leisten zu können. Postuliert wird der Freiraum in allen Unternehmen – und insbesondere dort, wo er nicht vorhanden ist. Die Auffassung dessen, was darunter zu verstehen ist, differiert dann meist sehr deutlich zwischen Vorstand, Führungskräften und Mitarbeitern, wie schon folgendes Beispiel zeigt: Es gibt einen sehr starken Trend zurück in die eigenen vier Wände, zu schönem Wohnen, zu Behaglichkeit. Wie reagieren die Unternehmen auf diesen Trend bei der Gestaltung der Arbeitsplätze? Welcher Mitarbeiter darf sich ohne Einschränkung sein Büro so einrichten, daß er sich dort wirklich wohlfühlt? Wer kauft die Bilder, wer die Blumen, wenn es überhaupt welche gibt? Wird beim Kauf von Stühlen auf die individuellen Gesundheitsprobleme geachtet? Sind Besprechungstisch, PC, Diktiergerät und Tischlampe Statussymbole, oder erhält der Mitarbeiter diese Dinge, weil er sie braucht? Und warum glauben viele Führungskräfte eigentlich, die Mitarbeiter würden aus Willkür all diese Dinge haben wollen, um das Unternehmen zu ruinieren?

Wieso wird aus der Übertragung von Kompetenzen ein Zeremoniell gemacht? Warum müssen sich Mitarbeiter beim Vorgesetzten abmelden, wenn sie für ein halbe Stunde außer Haus sind? Sie sollen Aufgaben erledigen und Top-Ergebnisse vorlegen, die dazu notwendigen Voraussetzungen werden aber oft nur unter Zähneknirschen und nach vielen unnützen und frustrierenden Diskussionen geschaffen. Da werden große Investitionen in einen neuen LKW für das Warenlager quasi aus der hohlen Hand beschlossen, für die Anschaffung eines Kopiergerätes in einer Zweigstelle aber muß viel Überzeugungsarbeit geleistet und drei Kostenvoranschläge eingeholt werden. Und warum soll nicht der Hausmeister seinen Dienstwagen im Rahmen eines vorgegebenen Budgets selbst aussuchen, er muß ihn doch fahren und sich damit wohlfühlen, nicht der Vorstand oder irgendein Abteilungsleiter. Führen bedeutet auch hier wieder das Überwinden der engen eigenen Selbstbeschränkungen. Schaffen Sie Ihren Mitarbeitern die Freiräume, die sie brauchen. Befreien Sie sie von all den schon beschriebenen internen Bremsklötzen.

Längst leidet die Produktivität der Banken und Sparkassen unter dem Starrsinn, mit dem vielfach am Schema der 40/39/38 ...-Stunden-Woche festgehalten wird. Die Frage nach dem „Warum" hat bisher niemand qualifiziert beantworten können. Nur an den Gewerkschaften liegt es auch nicht, obwohl diese immer wieder gerne als Alibi von den Führungskräften herangezogen werden, welche um ihre Macht über Menschen bangen, ihnen die Fähigkeit absprechen, ihre Zeit sinnvoll zu gestalten und zutiefst davon überzeugt sind, daß der Betrieb ohne sie selbst zusammenbricht. Wie haben sich solche Führungskräfte eigentlich verhalten, als sie noch nicht Führungskräfte waren? Heute und morgen brauchen Banken und Sparkassen keine Mitarbeiter mehr, die ihren Führungskräften oder irgendwelchen Regelungen und Vorschriften im Gehorsam vorauseilen, sondern die dem Institut mit Intelligenz, Kritik- und Risikobereitschaft dienen. Hierfür ist Freiraum vonnöten, der die Energien ungehindert fließen läßt.

2.3.7 Arbeitskreis „Mitarbeiter"

Im Zusammenhang mit den Leistungsdimensionen hat sich in einer Volksbank seit Jahren ein Arbeitskreis „Mitarbeiter" etabliert, der sich vorrangig mit den emotionalen Beziehungen im Unternehmen beschäftigt und Möglichkeiten für eine stetige Verbesserung des Arbeitsumfeldes sucht. In diesem Kreis wurde die Bank hinsichtlich Betriebsklima, dem Umgang miteinander, Vertrauen und Motivation auf den Kopf gestellt. Als Ziel seiner Aufgabe haben die Mitglieder formuliert, daß sich alle Mitarbeiter im Unternehmen wohlfühlen, sich in ihren Einstellungen, Werten und Ansprüchen mit ihm identifizieren können, ja, letztlich den Arbeitsplatz genauso interessant finden wie die Freizeit oder den Tennisplatz. Besetzt war dieser Arbeitskreis mit Mitarbeitern aus allen Bereichen, vom Auszubildenden bis zum Vorstandsmitglied. Ergebnisse waren z. B. die Ergänzung des klassischen Organigramms durch ein Beziehungsfeld und die Darstellung der Vernetzung der Mitarbeiter untereinander durch ein Mobile, die Ermittlung von Schlüsselfaktoren für die Zufriedenheit der Mitarbeiter im Betrieb, das Angebot von Sprachkursen, Ernährungsberatung, Rückenschule und „Benimm"-Seminar, die Bestellung eines Umweltbeauftragten, die Anfertigung von Stellenausschreibungen für neue Auszubildende durch Auszubildende, ein Projekt „Arbeit in der Bank in zehn Jahren", ein Projekt „Selbstorganisation" usw. In diesem Kreis wurden auch Spannungssituationen sowohl zwischen Mitarbeitern und Abteilungen als auch im Kontakt zu Kunden analysiert. Analog dem Modell der Firma Hewlett-Packard wurde ein Jahr lang völlig flexible Arbeitszeit ohne elektronische Zeiterfassung getestet und anschließend unbefristet übernommen.

„Flexible Arbeitszeit ist der Arbeitsstil des selbstverantwortlichen Arbeitnehmers in der Informationsgesellschaft." (John Naisbitt)

2.3.8 Unternehmensleitbild

Neben den strategischen Projektgruppen hat der Arbeitskreis „Mitarbeiter" wesentlich dazu beigetragen, die Organisations- und Führungsphilosophie dieser Bank zu entwickeln. Diese Philosophie findet sich im Leitbild, das von den Führungskräften im Dialog mit allen Mitarbeitern über einen Zeitraum von fast einem Jahr erarbeitet wurde. Das Ergebnis finden Sie auf den folgenden Seiten.

Zukunft gestalten – statt Gegenwart verwalten

Orientierungspunkte für ein vertrauensvolles Miteinander

Wir, die Mitarbeiterinnen und Mitarbeiter der Bank, haben dieses Leitbild erarbeitet, um unseren Mitgliedern, Kunden und der interessierten Öffentlichkeit zu zeigen, nach welchen Grundsätzen wir unser zukünftiges Handeln ausrichten.

- **Wurzeln unserer Existenz**

Unsere Bank ist eine eingetragene Genossenschaft; diese Rechtsform basiert auf der Idee der Förderung (Hilfe zum persönlichen Erfolg) der Mitglieder. Weil es unser Bestreben ist, aus Kunden-Beziehungen Mitglieder-Beziehungen zu machen, bieten wir unsere Leistungen auch Nicht-Mitgliedern an.

Unser Unternehmen ist eine wirtschaftliche und gesellschaftliche Kraft im Geschäftsgebiet. Wir sind stolz darauf und empfinden innere Verpflichtung und natürliches Interesse, an der erfolgreichen Entwicklung der Menschen und Unternehmen in unserer Region mitzuarbeiten.

- **Unserer Erde verpflichtet**

Wir übernehmen ökologische Verantwortung. Umweltschädigendes Handeln wollen wir bewußt vermeiden, Projekte zum Erhalt und zum Schutz unserer Umwelt fördern. So tragen wir dazu bei, die Natur zu schützen und einen lebenswerten Raum für unsere Kinder zu erhalten.

- **Unser Selbstverständnis im Umgang miteinander**

Wir achten jeden Menschen in seiner Individualität und Einzigartigkeit und bringen ihm Vertrauen für eine gleichwertige Partnerschaft entgegen.

Unser Denken und Handeln zielt auf Kooperation und Harmonie statt auf Konkurrenz und das „Sich-durchsetzen" in Konflikten. Es ist bestimmt von Fairness, Toleranz, Gerechtigkeit und Ehrlichkeit und trägt so zur Lebensqualität des einzelnen bei. Infolgedessen ist oberstes Ziel unserer Tätigkeit die Steigerung des Nutzens für unsere Partner. Damit sichern wir ihre und unsere Existenz.

- **Gutes besser machen**

Außerordentliche Lösungsvorschläge und hohe Qualität tragen zum persönlichen Erfolg unserer Gesprächspartner bei. Erfolg ist für uns nicht nur eine Frage von Intelligenz und Begabung, sondern hängt von der richtigen Strategie ab – also der Art und Weise, wie und wo man seine Kräfte konzentriert.

Um dies zu erreichen, werden wir uns laufend intensiv mit der Zukunft beschäftigen, versuchen frühzeitig Trends zu erkennen und Ideen und Lösungsvorschläge zu entwickeln.

- **Unsere Experten helfen Ihnen**
    - auf dem Weg zum eigenen Haus oder zur vermieteten Immobilie,
    - bei der Planung einer qualifizierten Altersvorsorge,
    - bei steuersparenden Kapitalanlagen,
    - bei der wirtschaftlichen und strategischen Unternehmensausrichtung,
    - bei Erbschaftsangelegenheiten,
    - bei der optimalen Gestaltung des individuellen Versicherungsschutzes.

Wir werten es als Erfolg, wenn zufriedene Kunden uns weiterempfehlen.

- **Stolz, dabei zu sein**

Zeit ist Leben; Arbeit nimmt einen wesentlichen Teil der unwiderruflich ablaufenden Lebenszeit jedes Menschen in Anspruch. Deshalb streben wir nach einer Organisation, die uns stimulierende Arbeitsplätze und Möglichkeiten zu persönlichem Wachstum und Entfaltung bietet. Niemand muß gegen seine Natur arbeiten. Lust auf Leistung finden wir durch Spaß an der Arbeit. Kreativität und Ideenreichtum werden gefördert.

Jede Mitarbeiterin und jeder Mitarbeiter ist wichtig für das Unternehmen und leistet seinen Beitrag für den Unternehmenserfolg.

Wir favorisieren einfache Strukturen, Dezentralisierung von Aufgaben und Verantwortung und wenig Hierarchie.

Wir sind davon überzeugt, daß sich Wissen und Qualifikation des gesamten Unternehmens erweitern, wenn Selbstorganisation,

Selbstkontrolle und Selbstkorrektur gefördert werden. Fehlertoleranz und offene Kommunikation bestimmen den Umgang miteinander. Wir wollen Individualisten sein, die Teamgeist entwickeln.

All dies kommt unseren Partnern zugute, die in unserem Unternehmen Menschen vorfinden, die für ihre Probleme Lösungen erarbeiten.

Wir haben den Ehrgeiz, diese Leitlinien zu verwirklichen und bauen bei der Realisierung auf die Mithilfe und die konstruktive Kritik all derer, die mit uns ihre und die Zukunft der Bank gestalten wollen.

Wir werben um Ihr **Vertrauen**.

... unterzeichnet von Vorstand und Führungsmannschaft.

In den kommenden fünf Jahren werden sich die beruflichen Verhältnisse stärker verändern als in den vergangenen dreißig. Die Vorwegnahme, der Vorvollzug zukünftiger Entwicklungen, ist eine nicht delegierbare Aufgabe der Führung. Leitbilder haben Zielcharakter, müssen qualitativ und zeitlich über das Tagesgeschäft hinausgehen und nicht nur gedacht, sondern kommuniziert und umgesetzt werden.

2.3.9. Selbstorganisation braucht Selbstdisziplin

Der Weg zu mehr Selbstorganisation, zu mehr Autonomie ist mit Hindernissen gepflastert, die von allen Beteiligten in unterschiedlichster Form ausgelöst werden und im Zusammenspiel von Vorstand, Führungskräften und Mitarbeitern – gegebenenfalls ergänzt um externe und neutrale – Moderatoren oder Prozeßbegleiter gelöst werden müssen. Selbstorganisation macht es möglich, Anordnungen durch gemeinsam vereinbarte Entscheidungs- und Handlungsspielräume abzulösen, wodurch die Zahl der Kombinationsmöglichkeiten erhöht wird. Komplexität wird so „beherrschbarer".

Selbstorganisation fördert die Selbstverantwortung. Selbstauferlegte Spielregeln für den Prozeß, für den Umgang miteinander können bei fortwährendem Einsatz und immer stärkerer bewußter Berücksichtigung helfen, kritische Phasen zu bewältigen. Nachfolgend haben wir eine Auswahl von Spielregeln zusammengestellt:

- **Über Zahlen wird nicht gestritten.**
  Die Ursachen der Probleme liegen hinter den Zahlen.
- **Tabu und Vertraulichkeit.**
- **Dem anderen gute Absichten unterstellen.**
  Nur Menschen haben Probleme; sie müssen entweder lernen, über Probleme zu reden oder mit ihnen leben. Sie können Probleme nur lösen, wenn sie es gemeinsam wollen.
- **Präzise Aussagen machen und sorgfältig zuhören.**
  Nicht „man", „wir" und „dann", sondern „ich" und „jetzt".
- **Fragen stellen, um Mißverständnisse zu vermeiden.**
  80 Prozent aller Probleme sind Mißverständnisse.
  Sie klären sich durch Fragen:
  Wie war es gemeint?
  Wie hat es gewirkt?
  Was wurde jeweils erwartet?
- **Die Meinung des anderen akzeptieren.**
  Nicht „richtig" oder „falsch", sondern „anders" und „warum".
  Rechthaben ist nur ein Trostpreis;
  Entscheidung muß ein Gewinner-Gewinner-Ergebnis sein.
- **Entscheidung und Revision.**
  Fehler sind Chancen, sich zu verbessern.
  Perfektion ist eine Illusion in einem imperfekten Universum.
- **Fehleranalyse ist Aufgabe des Ergebnisverantwortlichen.**
- **Lob und Kritik stets im Zusammenhang.**
  Lernprozesse bleiben nur in Gang, wenn außer den Fehlern auch das bekannt ist, was gut ist.
- **Störungen haben Vorrang.**
  Mißverständnisse und Unbehagen müssen sofort beseitigt werden, damit der Arbeitsprozeß nicht blockiert wird.

Die Spielregeln sollten in den Arbeitskreisen, Projektgruppen usw., immer wieder neu verabredet werden, damit sie zum bewußten Bestandteil aller Sitzungen in Banken und Sparkassen werden. Dies kann – als ein Baustein – auf Dauer zu einer positiven Veränderung der Zusammenarbeit der beteiligten Teilnehmer führen und sich ebenso positiv auf den täglichen Umgang mit Kunden auswirken. Die wichtigsten Spielregeln könnten auf Plakaten in Sitzungsräumen oder Büros ausgehängt werden.

2.3.10 Das effektive Team

Ein Team ist eine Leistungsgemeinschaft von Kennern und Könnern; sie bringen individuelle Stärken und hervorragende Einzelleistungen komplementär zusammen. Damit die Zusammenarbeit funktioniert, muß die „Chemie" zwischen den Beteiligten stimmen.

Aus den Erkenntnissen der Hirnforschung wurde abgeleitet, daß jeder Mensch ein für ihn typisches Profil bevorzugter Denk-, Verhaltens- und Arbeitsstile hat, das jedoch den wenigsten Menschen bewußt ist. Unter anderen Modellen der Persönlichkeitsanalyse (genannt seien hier noch die Jungsche Typenlehre, das Struktogramm, das Hermann Dominanz Instrument HDI, der Myers-Briggs-Typen-Indikator MBTI) bietet das DISG-Persönlichkeits-Profil Einblick in diese Präferenzen, wie ein Mensch bevorzugt denkt und handelt:

- **D** eher dominant, phantasievoll und risikofreudig,
- **I** eher initiativ, emotional und motivierend,
- **S** eher stetig, organisiert und geduldig,
- **G** eher gewissenhaft, kritisch und analytisch.

Auf die Form der Persönlichkeitsanalyse gehen wir zu einem späteren Zeitpunkt noch einmal ein.

Die Kenntnis darum, wie eine Führungskraft oder ein Mitarbeiter, wie ein Mensch vorzugsweise

- mit anderen umgeht,
- Informationen sammelt und einsetzt,
- Entscheidungen trifft,
- sich selbst und andere organisiert,

erleichtert zum einen die Wahl seines Tätigkeits- und Einsatzbereichs. Zum anderen vereinfacht es die Zusammensetzung einer Arbeitsgruppe, wenn unterschiedliche Denk- und Verhaltensstile der Aufgabenstellung entsprechend berücksichtigt werden. Bei der Zusammenstellung einer Projektgruppe sollte darauf geachtet werden, daß das gemeinsame Potential der Mitglieder möglichst ausgewogen ist, und nicht bestimmte Verhaltens- und Denkstile über- oder unterrepräsentiert sind. Wirkliche Kreativität entsteht aus dem Zusammenspiel aller Komponenten: Analyse und Zielidee, Fakten und Bildhaftem, Struktur und Chaos, Vision und Realität.

Jedes der genannten Instrumente verdeutlicht in eindrücklicher Art die Einmaligkeit jedes einzelnen Menschen. Damit können Selbstachtung ebenso wie Respekt und die Toleranz anderen gegenüber wachsen. Die Kommunikation wird spürbar leichter, wenn Unterschiede in der Persönlichkeitsstruktur deutlich und wertfrei dargestellt werden und erst gar nicht zu Konflikten erwachsen.

2.3.11 Von der Dominanz zur Partnerschaft

Macht und Kontrolle sind zentrale Werte unseres gesellschaftlichen und wirtschaftlichen Lebens. So wird Macht in der Regel als Herrschaft und Dominanz definiert, als kraftvolle Fähigkeit, Gehorsam zu erzwingen, wobei Kontrolle ein straffes, ausgeklügeltes Instrumentarium darstellt, mit dem die errungene Machtposition gesichert werden soll. Ein zentrales Problem auch der Verantwortlichen in der Kreditwirtschaft liegt darin, daß noch immer viele ihre Machtposition und ihre Autorität für absolut halten und ihre „Untergebenen" in unangemessener Weise zu kontrollieren versuchen. Alle Bemühungen, den Wirtschaftsbereich zu einem rationaler Kontrolle unterliegenden System zu machen, haben letztlich nur den Schein einer solchen Kontrollierbarkeit geschaffen, eine mehr oder weniger sorgfältige Inszenierung, in der alle menschlichen Beziehungen auf Machtverhältnisse reduziert wurden. Inzwischen ist aber deutlich geworden, daß auch der Wirtschaftsbereich überwiegend von Emotionen geprägt und keineswegs schlicht logisch und rational ist, und daß die Manager an die faktischen Grenzen ihrer Macht stoßen, wo der Schein rationaler Kontrolle nicht mehr durch unablässige geschickte Manipulation aufrechterhalten werden kann.

Macht in dieser Form verliert bei vielen Menschen der nachwachsenden Generation auch deshalb an Attraktivität, weil sie weder dem einzelnen zur Befriedigung seiner individuellen Bedürfnisse noch der Gemeinschaft zur positiven Veränderung der Gesamtlebenssituation verhilft. Wer nach Macht strebt, muß nahezu seine gesamte Energie und Aufmerksamkeit auf die jeweils nächste Etappe des Aufstiegs richten und vieles opfern, was diesen Weg blockiert. Viele Menschen sind jedoch nicht mehr bereit, für die Jagd nach Macht auf Befriedigungen zu verzichten, die über das Hochgefühl eines kurzfristigen Sieges hinausgehen und meist außerhalb des Arbeitsbereiches gesucht werden.

Probleme können nicht mit Hilfe der gleichen Denk- und Handlungsmuster bewältigt werden, die sie erzeugt haben. Wird Macht in dem Bewußtsein angestrebt, daß sie nur begrenzt vorhanden ist, so liegt der Schluß nahe, daß es ratsam ist, sich so viel wie möglich davon zu ergattern und dann achtzugeben, daß einem nichts davon abgenommen wird. Verhalten in diesem Geiste äußert sich z. B. in der Unterschlagung von Informationen durch den Abteilungsleiter gegenüber seinen Mitarbeitern aus der Angst heraus, jemand könnte genauso viel oder gar mehr wissen als er. Wird Macht jedoch als eine Energie betrachtet, die unbegrenzt vorhanden ist und eher als persönliche Eigenschaft auftritt, so liegt die Einsicht nahe, daß sie umso mehr wird, wenn man sie mit anderen teilt. Dem entspräche der Abteilungsleiter, der alle Informationen und Ideen mit seinen Mitarbeitern teilt in dem Bewußtsein, daß nur im freien Austausch Ideen wachsen und reifen, frisch und lebendig bleiben können. Führungskräfte, die in diesem Geiste handeln, fühlen sich nicht als Anführer oder Herrscher und müssen nicht permanent das Image von Stärke, Macht und Allwissenheit ausstrahlen (eine Anstrengung, die für die meisten auch gesundheitsschädigend ist). Sie überzeugen durch persönliche Fähigkeiten und betrachten es als Aufgabe, andere zu ermächtigen, Verantwortung zu übernehmen, d. h. sie zu ermutigen, ihre eigenen Fähigkeiten zu entdecken und auszubauen und ihnen die Möglichkeit zu geben, diese Fähigkeiten auch einzusetzen. Nachstehend sind Merkmale von Macht in ihrer (leider weitverbreiteten) destruktiven und in ihrer konstruktiven (zu mehr Lebensqualität führenden) Form aufgeführt:

⇨ **Macht als destruktiver Führungsfaktor**
Macht aufgrund Status = Befehlsgewalt/Weisungsbefugnis
– Ausübung von psychischem, sozialem, wirtschaftlichem und physischem Druck;
– Abhängigkeit der Geführten;
– Angst/Kontrolle;

- Einbahnstraße aus Befehl und Gehorsam;
- nur eine Meinung.

⇨ **Macht als konstruktiver Führungsfaktor**
Macht aufgrund Persönlichkeit = Überzeugungskraft und Begeisterungsfähigkeit
- persönliche Kompetenz (Liebe, Achtung, Suggestivkraft) und sachliche Kompetenz (Ideen, Kenntnisse);
- Freiheit/Ermächtigung der Geführten;
- Vertrauen (Sicherheit);
- verzweigtes Straßennetz von Wahlmöglichkeiten;
- Meinungsvielfalt.

Ein Schritt von der Herrschaft zur partnerschaftlichen Grundhaltung im Unternehmen führt über ein gewandeltes Verständnis vom Wert des einzelnen für die Organisation. Die Organisation ist für den Menschen da und nicht umgekehrt. Der Mensch ist Mittelpunkt des Unternehmens, ob als Mitarbeiter oder Kunde. Die Führung hat die Wahl, die schöpferischen Kräfte der Menschen für die Organisation zu mobilisieren. Die folgenden Prinzipien helfen, den Energiefluß zu aktivieren:

Prinzipien:

⇨ Mitarbeiter nach ihren Eignungen und Neigungen so qualifizieren, daß nur noch ein Minimum an Hierarchie und Fremdorganisation nötig ist;

⇨ Selbstorganisation, Selbstmotivation, Selbstcontrolling;

⇨ Dezentralisierung und Verantwortung;

⇨ Abbau der Bürokratie;

⇨ Schaffung von Freiräumen für Kreativität und Eigeninitiative;

⇨ Automatisierung der Routine;

⇨ Trennung von Entscheidungsmacht und Informationsbesitz als Basis für die Auflösung des Kaderprinzips;

⇨ Wohlbefinden und Spaß bei der Arbeit;

⇨ Offenheit in der Informationspolitik;

⇨ Führung dient der Qualifizierung von Selbst-Führung;

➪ Aufbau einer „inneren Evolution"; permanente Auflösung von Strukturen;

➪ Kontrolle ist notwendig und hilfreich; Vertrauen ist besser.

Legen Sie das Schicksal des Unternehmens mehr in die Hände der Mitarbeiter und konzentrieren Sie sich auf die Gestaltung einer Organisation, der das Schwierigste überhaupt gelingt: daß die Menschen am Morgen gerne zur Arbeit gehen.

„Der beste Führer ist derjenige, von dem man am Ende sagt, wozu haben wir ihn eigentlich gebraucht." (Laotse)

3. Wie setzt eine Bank am wirkungsvollsten ihre Kräfte ein?

3.1 Strategische Entscheidung

Unter Berücksichtigung der Tatsache, daß eine strategische Neuorientierung fünf- bis zehnjährige Veränderungsprozesse braucht, wird es für viele Banken und Sparkassen höchste Zeit, sich mit ihrer Zukunft zu beschäftigen und unverzüglich Entscheidungen zu treffen. Denn langfristig erfolgreich sein werden letztlich nur die Kreditinstitute mit der für sie besten Strategie, die es ihnen ermöglicht, sich aus der Austauschbarkeit mit ihren Mitbewerbern herauszuarbeiten und ein einzigartiges Profil zu erreichen.

Eine völlige strategische Neuorientierung sollte bei aller Eile, die geboten ist, trotzdem behutsam angegangen werden. Wer dies mittels Schocktherapie und breit angelegt realisieren will, wird wahrscheinlich scheitern. Leider ist immer noch die „lineare" Vorgehensweise nur allzu verbreitet. Die Geschäftsleitung geht die Reformation der Kräfte im Unternehmen sehr oft dergestalt an, daß zuerst ein möglichst perfektes Konzept entwickelt wird, auch gegen zwangsläufig entstehende Widerstände. Unter dem Druck, einen möglichst großen Konsens zu erlangen, wird vieles abstrakt und theoretisch geregelt, ständig überarbeit und findet irgendwann den Tod in der Schublade, ohne jemals in operative Maßnahmen umgesetzt worden zu sein. Wirkungsvoller ist es, strategische Schwerpunkte grob zu formulieren, erste Ansätze mit den veränderungsbereiten Menschen im Unternehmen in kleinen Schritten einzuführen, die Ergebnisse systematisch zu kontrollieren, schneller daraus zu lernen und sich so ständig an die realen Verhältnisse anpassen zu können. Wichtig ist, sein Bewußtsein für kleinste Veränderungen zu schärfen, z. B. für Äußerungen von Kunden und Mitarbeitern, um gerade zu Beginn der Umorientierungsphase die Hinweise auf notwendige Richtungskorrekturen analysieren und den Prozeß steuern zu können.

Ein treffendes Beispiel – wo gerade diese Sensibilität offensichtlich gefehlt hat – sind Berichte über diverse Automobilhersteller, die jahrelang die Entwicklung eines neuen Wagens perfektionieren, der – wenn er dann endlich auf den Markt kommt – nicht mehr den sich inzwischen geänderten Kundenwünschen entspricht. Statt den Schwerpunkt auf die gründliche Planung zu legen, ist es daher sinnvoller, Maßnahmen aus kleinen Anfängen gemäß den Erfahrungen und Möglichkeiten zu entwickeln, systematisch zu testen und auszuwerten, damit den Lernprozeß zu beschleunigen und so ständig am Kundenbedarf zu bleiben.

3.2 Konzentration der Kräfte statt Allfinanz

Strategie ist nichts anderes als die Lehre vom wirkungsvollsten Kräfteeinsatz. Das ist schnell und leicht gesagt, wirft aber gleich die Frage auf, wie und wofür ein Kreditinstitut seine Kräfte mit der größten Effektivität einsetzen kann.

Die verschiedenen Bankengruppen, Bausparkassen und Versicherungen haben sich fast alle dem Allfinanzkonzept verschrieben mit dem Anspruch, ihre Kunden durch umfassende Beratung und allumfassende Leistungen möglichst lebenslang an das eigene Institut zu binden. Diese Strategie scheint jedoch am Menschen zu scheitern. Denn offensichtlich hat der so beratene Kunde einen völlig anderen Eindruck, wie die eingangs bereits erwähnten Schlagzeilen und Veröffentlichungen in Presse, Funk und Fernsehen zeigen und wie uns die Praxis jeden Tag lehrt. Warum sonst wachsen die Zahl der Kunden mit Mehrfachbankverbindungen und die Bereitschaft, einzelne Geschäfte nicht bei der „Hausbank", sondern bei Spezialanbietern abzuschließen. Wer als Geschäftsleiter diese Entwicklung als Einzelfälle abtut, sabotiert notwendige Veränderungen und setzt die Unternehmenszukunft und die Arbeitsplätze ihm anvertrauter Menschen aufs Spiel. Besonders kleine und mittlere Institute stehen am Scheideweg. Entweder sie reiben sich auch künftig mit austauschbaren Produkten im Preiskampf auf und geben sich mit geringen Überschüssen zufrieden. Oder sie ändern ihre Strategie dergestalt, daß sie die bestehenden Geschäftsfelder zum Teil aufgeben, die verbleibenden absichern und gezielt neue kundennutzenorientierte Leistungen aufbauen. Banken und Sparkassen müssen zunächst aber einmal unbedingt die Vorstellung aufgeben, jeden Kunden rund um die Uhr in allen Finanzfragen beraten zu können. Diese falsch verstandene Kundenorientierung – jedem alles bieten zu müssen – führt bei vielen Kreditinstituten zu einem enormen Aufwand an Energie, die sich vielfach ungenutzt oder unnütz verflüchtigt. Es wird eine breit diversifizierte Dienstleistungspalette bereit gehalten, die neben dem üblichen Einlagen- und Kreditgeschäft die ganze Bandbreite des Effekten- und Depotgeschäfts, des Auslandsgeschäfts und sonstiger damit verbundenen Sonderformen unter Berücksichtigung aller gesetzlichen Vorschriften und Auflagen umfaßt. Hinzu kommen die unzähligen und kaum mehr überschaubaren Produkte der verschiedensten Verbundunternehmen. Gerade kleinere und mittlere Banken sind hier in der Regel bereits personalmäßig völlig überfordert, gehen häufig schwer kalkulierbare Risiken ein, verdienen im Grunde kein Geld dabei und gewinnen zu allem Überfluß nicht einmal ein eindeutiges Profil beim Kunden. Danach befragt, glauben viele Vorstände nicht anders handeln zu können, weil

- das immer schon so war,
- der Verband das so sieht,
- sie Angst vor Nachfrageeinbrüchen haben,
- Verbundvertreter damit argumentieren, daß der Kunde auf Dauer verloren geht, wenn er z. B. seinen Leasingvertrag außerhalb des Verbundes abschließt,
- der Kunde das erwarte,
- sie es so gelernt haben,
- der Aufsichtsrat das verlangt,
- z. B. das Auslandsgeschäft zum Bankgeschäft ganz einfach dazu gehöre,
- damit die Risiken gestreut würden usw.

Ein besonders gravierendes Beispiel sind die Volks- und Raiffeisenbanken mit angeschlossenem Warengeschäft, das sehr oft in hohem Maße defizitär ist. Diese Defizite, die aus den Bankergebnissen subventioniert werden – also die Leistungsfähigkeit der Bank einschränken – werden im Verständnis von Verbänden, Prüfern, den Aufsichtsorganen und oft den Vorständen selbst als traditionelle Verpflichtung toleriert. Nur so ist erklärbar, daß notwendige Entscheidungen nicht oder nicht rechtzeitig getroffen werden. Eine nur annähernd schlechte Entwicklung im Bankgeschäft würde dem Vorstand und dem Aufsichtsrat erhebliche Probleme einbringen. Kaum nachzuvollziehen ist

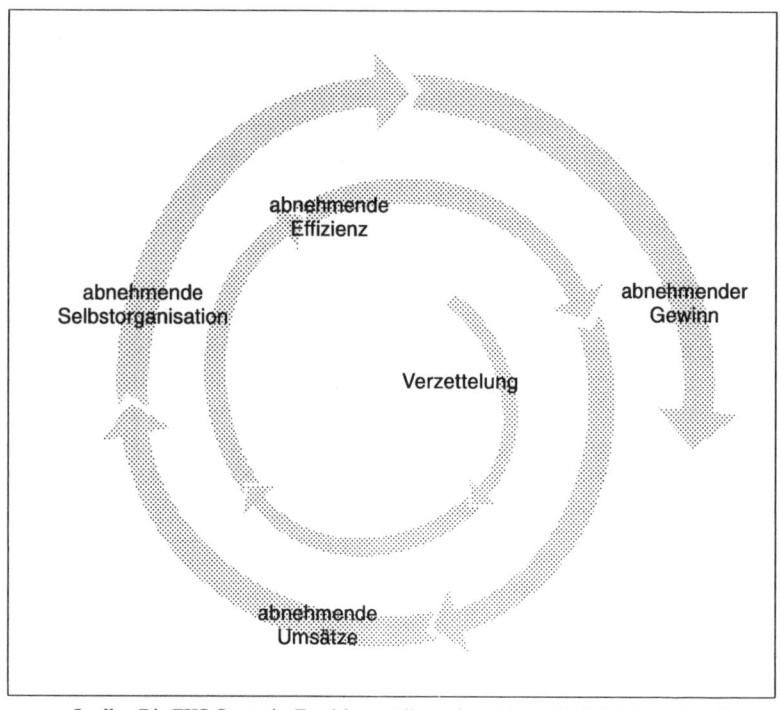

Quelle: Die EKS-Strategie, Frankfurter Allgemeine Zeitung GmbH Informationsdienste

Abbildung 16: Wirkung von Verzettelung

dabei auch, daß Investitionen in die langfristige Existenzerhaltung der Bank sehr oft eher zurückhaltend von den genannten Personen unterstützt werden.

Unberücksichtigt bleibt auch folgender Gesichtspunkt: Wenn man seine Kräfte auf unterschiedliche Aktivitäten, Zielgruppen oder Märkte zersplittert, kann man keiner Aufgabe hundertprozentig gerecht werden und bleibt allenfalls Durchschnitt. Und mit durchschnittlichen Leistungen lassen sich auch in der Kreditwirtschaft nur durchschnittliche Erfolge erzielen.

3.3 Konzentration auf den wirkungsvollsten Punkt

3.3.1 Es ist kein menschliches Bedürfnis, Privat- oder Firmenkunde zu sein

Die meisten Banken machen es sich zu leicht, wenn sie ihre Kunden in „Mengengeschäft" und Individualkunden und letztere vielleicht noch in Firmen- und Privatkunden unterteilen, und diese gegebenenfalls einzelnen Beratern oder Betreuern zuordnen. Nach diesem Konzept arbeiten heute fast alle Banken. Damit sind sie wieder gegeneinander austauschbar.

- Wer ist ein „Firmenkunde"?
  Der Tankstellenpächter, der 50 000,- DM verdient oder der Mittelständler, der über 2,5 Millionen DM Auslandsgeschäft pro Jahr abwickelt?
- Wer ist ein „Privatkunde"?
  Der Lehrer, der 100 000,- DM geerbt hat oder der Manager, der 200 000,- DM jährlich verdient und Steuern sparen will?
- Was ist mit dem Unternehmer, der gleichzeitig Firmenkredite benötigt und seine Altersversorgung verbessern möchte? Firmen- oder Privatkunde? Oder beides?

Die Strategen der Allfinanzberatung haben übersehen, daß die Menschen nicht an Produkten und deren „umfassender" Vielfalt interessiert sind. Menschen haben Bedürfnisse. Und bei den Banken erwarten sie – mit Recht – Lösungen für die Erfüllung ihrer Bedürfnissse, Probleme, Ziele und Wünsche rund ums Geld. Sie suchen bei den Kreditinstituten z. B. keine grafisch perfekt dargestellten Rentenpläne, sie wollen eine kreative Lösung für ihre Altersvorsorge, die ihnen das Gefühl gibt, im Rentenalter den Lebensstandard halten und sich etwas leisten zu können. Banken und Sparkassen sind – wie andere Unternehmen auch – nicht Selbstzweck; sie wurden gegründet, um anderen Menschen Probleme zu lösen, um ihre Bedürfnisse zu befriedigen. Es ist aber sicherlich weder ein menschliches Bedürfnis, Privat- oder Firmenkunde zu sein noch als A-, B- oder C-Kunde tituliert zu werden. Insofern prägt die interne Unterteilung bedauerlicherweise auch eine differenzierte Haltung der Mitarbeiter gegenüber Kunden, die häufig in einer Klassifizierung mündet. Unterschiede in der Behandlung, in Freundlichkeit und Höflichkeit sind dann oft die Folge.

3.3.2 Motive des Kunden

Die Kunden kaufen keinen Versicherungsvertrag, sie wollen Sicherheit in Notsituationen; sie kaufen keine Baufinanzierung, sondern möchten in den eigenen vier Wänden wohnen. Die Menschen haben Motive, Bedürfnisse, Ziele, Wünsche, Probleme, und sie suchen andere Menschen, mit denen sie darüber sprechen können. Deshalb ist es mitentscheidend, wie gut der Berater und sein Kunde – zwei Menschen – zusammenpassen. Auch psychosoziale Differenzen beeinträchtigen die Beratungsatmosphäre. Unternehmer mit Diplom reden nur noch ungern mit ,,einfachen" Bankkaufleuten einer Raiffeisen- oder Volksbank. Akademiker wie Anwälte, Steuerberater und Ärzte wechseln von den Sparkassen zu den Privatbanken, weil sie dort den ihrem sozialen Status entsprechenden ,,richtigen" Gesprächspartner vermuten. Das ist bisher im Rahmen der Berücksichtigung rein materieller Zuordnungskriterien wie Einkommen, Sparguthaben, Kredithöhe usw. häufig übersehen worden. Auf den ersten Anschein mag dies besonders für die kleineren Institute von Nachteil sein. Gerade hier liegt aber eine strategische Chance, besondere Erfolge erzielen zu können: Die vorhandenen Berater suchen sich nur die Kunden aus, mit denen sie sich sozial verbunden fühlen, also solche, mit denen Beratungsgespräche ohne menschliche Reibungsverluste geführt werden können. Und sie konzentrieren sich auf die Probleme und Bedürfnisse dieser Menschen, die sie mit ihren persönlichen Stärken am besten lösen können.

3.4 Durch Spezialisierung zur Spitzenleistung

3.4.1 Vom Produkt zum Problem

Die meisten Banken neigen zur Uniformität, obwohl sie gerne Individualisten wären. Doch da Veränderungen neben der Chance des Erfolgs auch das Risiko des Mißerfolgs in sich bergen, haben nur wenige den Mut, anders zu sein als die anderen. Wer riskiert schon gerne dauernde Auseinandersetzungen im Vorstand, im Aufsichtsrat, mit dem Verband, Eintragungen im Prüfungsbericht, abschätzende Bemerkungen von ,,verbandskonformen" Kollegen und mahnende bis warnende ,,gutgemeinte" Ratschläge der Verbund-,,Partner". Aber gerade durch die Einzigartigkeit und Andersartigkeit der Stärken = Kompetenzen einer Bank und ihrer Mitarbeiter kann ihre Anziehungskraft und damit der Erfolg wachsen.

Erfahrungsgemäß kommen Spitzenleistungen nur dann zustande, wenn man sich seinen Stärken folgend spezialisiert. Denn nur dann ist es möglich, aus der Flut von Informationen diejenigen zu selektieren, die die Leistungsfähigkeit in einem ausgewählten Teilbereich verbessern. Ein gutes Beispiel sind die beliebten Quiz-Sendungen im Fernsehen, in denen Menschen ein enormes Wissen auf bevorzugten Fachgebieten beweisen. Nicht anders ist es in Produktions- und Dienstleistungsbetrieben. Diese Eigenart zum Vorteil des Kunden zu nutzen heißt, sich auf bestimmte Probleme und die entsprechenden Lösungsansätze zu konzentrieren. Wer dies konsequent tut, löst eine Erfolgsspirale aus.

Voraussetzung ist die strategische Umorientierung. Der Schwerpunkt bei dieser Umorientierung von der produkt- zur bedürfnis- und pro-

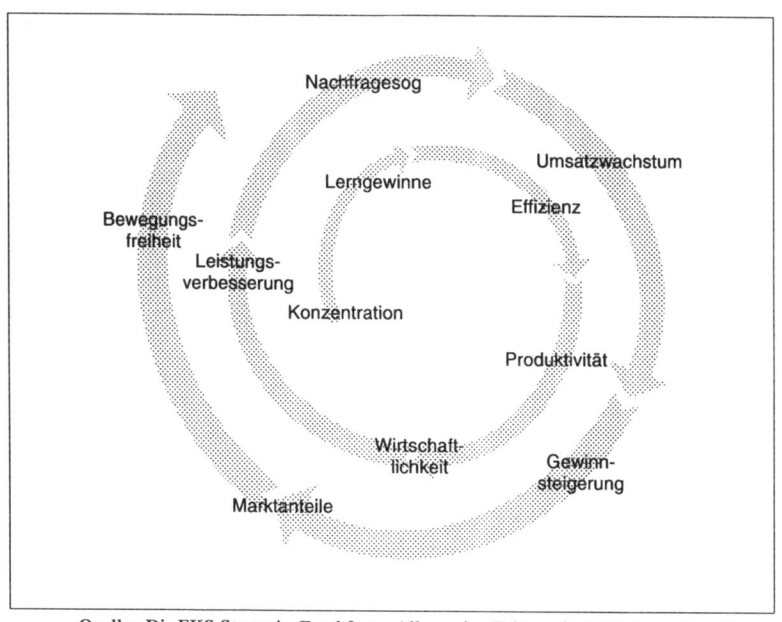

Quelle: Die EKS-Strategie, Frankfurter Allgemeine Zeitung GmbH Informationsdienste

Abbildung 17: Wirkung von Konzentration

blemorientierten Kundenansprache liegt auf der persönlichen Qualifizierung der Mitarbeiter, die sich vom Privatkunden- bzw. Firmenkundenberater zum Problemlösungsspezialisten für spezielle finanzielle Bedürfnisse ihrer Kunden entwickeln müssen:

- „Finanz-Spezialist rund ums Eigenheim",
- „Spezialist für die optimale Gestaltung der privaten Altersvorsorge von leitenden Angestellten" oder
- „Spezialist für die Betreuung in Erbangelegenheiten".

Die Anzahl der so zu betreuenden Kunden wird abnehmen, da es für einen Betreuer unmöglich ist, sich dergestalt gleichzeitig um 250 Firmenkunden bzw. 500 Privatkunden zu kümmern. Je nach Betreuungsumfang 50 bis 100 „Firmenkunden" bzw. 100 bis 150 „Privatkunden" dürften eine Obergrenze darstellen. Die Qualität der Beratungsleistung jedoch wird erheblich verbessert. Der auf ein bestimmtes Bedürfnis spezialisierte Betreuer hat bzw. entwickelt hinter seinen individuellen Problemlösungen für seine Kunden eine überschaubare Angebotspalette, die Auswahl von Hilfsmitteln wie Software wird konkreter, und Weiterbildung und Informationsaufnahme konzentrieren sich auf die Bedürfnisse seiner speziellen Zielgruppe. Überlegen Sie, welcher Rationalisierungseffekt für den Spezialisten in Erbangelegenheiten entsteht, wenn er sich um die gesamte Breite der bank- und sparkassenspezifischen Fachliteratur, der unzähligen Rundschreiben und Informationen nicht mehr kümmern muß, sondern sich auf sein Thema konzentrieren kann. Durch die stetige Beschäftigung mit einem eingegrenzten Problemfeld wächst das Know-how des Betreuers sehr schnell und paßt sich kontinuierlich neuen Anforderungen an. Der Betreuer kann seine Dienstleistung permanent innovieren und dem Kunden dauerhaft ein überdurchschnittliches Beratungsniveau gewährleisten. Eine Aufgabe, die der besonderen Neigung des Betreuers entspricht, wird automatisch Lern- und Verbesserungseffekte hervorrufen, durch die wiederum das Eigeninteresse – die Selbstmotivation – dynamisiert wird.

3.4.2 Die Erzeugung von Nachfragesog

Die Problemlösung für den einzelnen Kunden steht im Vordergrund aller Aktivitäten des Betreuers, d. h., daß er seine Leistung nicht nach den eigenen, sondern nach den Vorstellungen und Wünschen seiner Kunden entwickelt.

Stellen Sie sich folgenden Fall vor:

Als Vorstand eines Kreditinstitutes brauchen Sie – von Ausnahmen abgesehen – ihren Führerschein. Bei einer Kontrolle wird er ihnen aus zweifelhaften Gründen abgenommen. Sie sind geneigt, gegen dieses Vorgehen zu klagen, um den dringend benötigten Führerschein so schnell wie möglich wiederzubekommen. Zwecks entsprechender juristischer Unterstützung benötigen Sie einen Rechtsanwalt. Nun gibt es auf der einen Seite auch unter den Anwälten die Generalisten, die sich in allen Rechtsgebieten zuhause fühlen: Steuerrecht, Arbeitsrecht, Gesellschaftsrecht, Strafrecht, Familienrecht, Erbrecht, Sozialrecht und nebenbei auch im Straßenverkehrsrecht. Von einem Bekannten erfahren Sie, daß es in der nächsten Großstadt einen ,,Spezialisten für Straßenverkehrsrecht" gibt, dem der Ruf vorauseilt, seinen Klienten auch die schwierigsten Probleme lösen zu können. Wo würden Sie sich um einen Termin bemühen? Welche Rolle spielt die Entfernung und welche das Honorar?

Dies ist im Grunde genommen auch die Ausgangssituation für die Banken und Sparkassen. Es stellt sich die Frage, ob sie damit beginnen wollen, Spezialisten für die Lösung bestimmter Kundenprobleme zu entwickeln. Die Spezialisten üblicher Prägung konzentrieren sich auf Produkte oder Kundengruppen, die nach materiellen Kriterien unterteilt wurden, also z. B. Kunden mit Kreditengagements ab 50 000 DM, wobei dies Ärzte, Handwerker, Hotels usw. sein können. Die Konzentration eines geeigneten Kundenbetreuers sollte künftig z. B. in einem ersten Schritt nur auf Ärzte oder nur auf Handwerker oder nur auf Hotels erfolgen, weil die Chance, daß deren jeweilige Probleme ähnlich sind, größer ist als bei den heutigen Lösungen. In einem weiteren Schritt, je nach Umfang der Zielgruppe (hier: Ärzte) kann es weitere Differenzierungen geben, wie Arztpraxen, Krankenhausärzte, Laborärzte und hier wieder Berufsanfänger, Etablierte, große und kleine Praxen usw. Die tiefgreifende Kenntnis über die Problemsituation der Zielgruppe löst unweigerlich – wie beim ,,Spezialisten für Straßenverkehrsrecht" – Sog bei ihr aus.

Viele Geschäftsleiter werden sicher sagen:
- Das geht nicht.
- Bei uns ist das alles anders.
- Das gibt der Markt nicht her.
- Da spielen die Mitarbeiter nicht mit.
- Die Konkurrenz macht das auch nicht.
- Unsere Bank oder Sparkasse ist zu groß, sagen die einen – unsere ist zu klein, sagen die anderen.

Und sie beschäftigen sich damit, an den Schwachstellen ihrer Institute zu laborieren und das eigene Profil immer mehr zu verwischen, anstatt sich der Stärken des Instituts und der Mitarbeiter bewußt zu werden und diese zu entwickeln. Und – soviel sei hier schon gesagt – allein die Zusammenfassung artverwandter Berufe bei einem Kundenbetreuer hat Effekte, wie sie oben beschrieben wurden. Entscheidend ist auch hier nicht die Perfektion, sondern überhaupt einmal in diese Richtung zu denken und zu beginnen.

3.5 Was dem Kunden nichts nützt, schadet der Bank

Zu viele Kunden haben inzwischen die Erfahrung machen müssen, daß klangvoll angepriesene und teuer verkaufte Produkte und Dienstleistungen nicht gehalten haben, was sie versprachen. Wie sonst läßt sich z. B. der Erfolg der Fernsehsendung „Wie bitte?!" erklären, die tadeliges Verhalten von Dienstleistern, Firmen, Institutionen usw. humorvoll anklagt und Wiedergutmachung fordert.

Das Ziel, die grundsätzliche Ausrichtung bestimmt über den Unternehmenserfolg. In allen Unternehmen werden täglich von allen Mitarbeitern, den Führungskräften und dem Vorstand unzählige Entscheidungen getroffen. Wie sich jeder einzelne in einer konkreten Situation entscheidet, hängt in erster Linie von den geltenden Zielen ab. Sie bestimmen, was man für wichtig oder unwichtig hält, worauf man seine Aufmerksamkeit lenkt, was man anstrebt oder ablehnt. Auf die Frage nach dem richtigen Ziel hatte die Betriebswirtschaftslehre auch für die Banken und Sparkassen immer eine scheinbar eindeutige Antwort zur Verfügung: Das wichtigste Ziel der unternehmerischen Tätigkeit sei es, möglichst hohe Gewinne zu realisieren. Je höher der

Gewinn, umso besser könne sich das Unternehmen entwickeln und um so mehr könne es für die Kunden, Mitarbeiter, Mitglieder, Aktionäre, Kreis oder Gemeinde und Umwelt tun. Zweifel an dieser Zielsetzung hat es immer wieder gegeben, doch insgesamt ist das Instrumentarium auch der Bankbetriebslehre eine Methodensammlung, die wie ein Kompaß alle geistige Energie in den Kreditinstituten auf die Maximierung des Gewinns lenkt. Und am Gewinn wird letztlich auch die Kompetenz des Vorstandes gemessen – die Bezahlung erfolgt allerdings meist nach der Höhe der Bilanzsumme.

In Gesprächen wird immer wieder deutlich, daß viele Vorstände sich lieber von menschlichen Gefühlen wie Verständnis, Ehrlichkeit, Fairneß und Vertrauen z. B. gegenüber Kunden leiten ließen. Aber die bekannten Sachzwänge – Konkurrenz- und Gewinnlage – lassen dies angeblich nicht zu. Solche in langen Jahren gewachsenen strukturellen und geistigen Schwerpunktverlagerungen, die Abkehr von der Kundennutzen- und Problemlösungsphilosophie der Gründerväter (wie z. B. Raiffeisen und Schulze-Delitzsch im Genossenschaftsbereich), haben ihre negativen Spuren hinterlassen. Denn die Idee, daß sich ein Unternehmen gewinnmaximierend verhalten soll, ist eine Rechnung ohne den Wirt, nämlich die Umwelt des Unternehmens (Kunden, Mitarbeiter, Lieferanten, Politiker usw.). Sie findet in den bisherigen Modellen der Betriebswirtschaftslehre so gut wie gar keine Beachtung. Aber sie nimmt die Gewinnmaximierung nicht einfach hin. „Wie man in den Wald hineinruft, so schallt es zurück", heißt es im Volksmund. Von Menschen und Unternehmen, die immer zuerst an ihren eigenen Gewinn denken, wendet sich die Umwelt immer stärker ab. Schlimmer noch, sie geraten im Laufe der Zeit mit den Interessen ihrer Umwelt immer stärker in Konflikt. Diejenigen, die darunter leiden, rotten sich gegen sie zusammen. Nicht nur auf wirtschaftlicher, sondern auch auf politischer und juristischer Ebene. Der Widerstand gegen die „Ausbeuter" wächst. Zunächst nur emotional, später geistig und schließlich wirtschaftlich und politisch.

Das Erzielen weiterer Gewinne wird immer schwerer. Je mehr sich eine Bank oder Sparkasse am eigenen Vorteil und Gewinn orientiert, desto mehr reduzieren sich auch die zwischenmenschlichen Beziehungen zwischen Mitarbeitern und Management. Mitarbeiter, die ihren Kunden Produkte verkaufen müssen – qua „Zielvereinbarungsdruck" – und auf Dauer Schwierigkeiten mit diesen Kunden bekommen, fühlen sich zunehmend unwohl. Höhere menschliche Werte wie Moral, Fairneß, Gewissen und Ehre bleiben auf der Strecke. Die Mitarbeiter fühlen sich von Vorständen und Führungskräften mißbraucht und stellen sich immer häufiger Fragen nach Sinn, Vertrauen und Glaubwürdigkeit.

Der emanzipierte Kunde ist zunehmend sensibler geworden gegenüber der „Unmoral des Marktes" und trifft entschieden kritischer die Wahl seiner Geschäftspartner. Er meldet sich zunehmend lautstärker zu Wort. Dabei sind es in der Regel und größtenteils nicht die Fehler, die der Kunde unverzeihlich findet, sondern die Art und Weise, wie die Unternehmen auf aufgedeckte Fehler reagieren. Allzu dreiste Verfehlungen gegenüber der proklamierten Kundenorientierung finden ihre Strafe durch deutliche Urteile des Bundesgerichtshofes; so wurde die Gebühr für eigene Auszahlungen an Schaltern der Deutsche Bank AG – aber auch vieler anderer Banken und Sparkassen – als nicht statthaft erklärt. Eine Gebühr übrigens, die angeblich den moralischen Wert hatte, Kunden zur vermehrten Nutzung des Geldautomaten „umzuerziehen". Findet hier Dienst am Kunden statt?

3.6 Nutzen- statt Gewinnmaximierung

Kreditinstitute brauchen neue Orientierungsgrößen, neue Ziele. Über die Steigerung des Nutzens für ihre Umwelt, über wirkliche – nicht kaschierte – Kundenorientierung führt der Weg indirekt zum Gewinn.

Der Gewinn ist dann zwangsläufige Folge des eigenen umweltorientierten Verhaltens. Der Unterschied scheint zwar gering zu sein, aber er ist entscheidend. Die direkte Gewinnmaximierung über den Versuch, die eigenen Probleme über Verkaufsdruck und zulasten der Kunden zu lösen, führt zu Interessengegensätzen, Konflikten und Spannungen. Die indirekte Gewinnerzielung über die Lösung der Kundenprobleme führt dazu, daß sich die Interessengegensätze verringern und Spannungen gar nicht erst entstehen. Nur wer auf Menschen zugeht, ihnen zuhört, ihre Bedürfnisse wahrnimmt und wirkliche Problemlösungen liefert, wird für diese Menschen immer der attraktivste Partner sein. Und wer für seine Kunden so anziehend ist, daß es praktisch keine Alternative gibt, ist in der Gestaltung des Preises

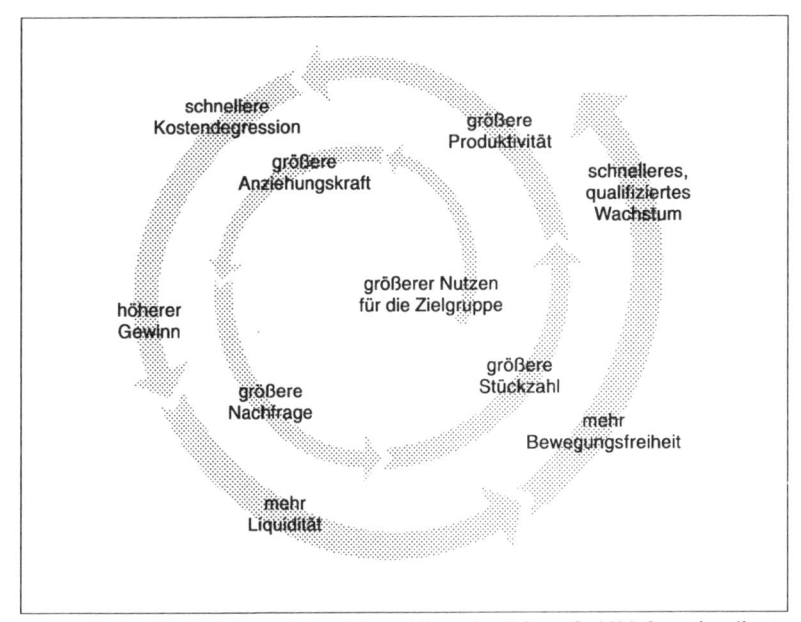

Erfolgsspirale (Diagramm):
- schnellere Kostendegression
- größere Produktivität
- größere Anziehungskraft
- schnelleres, qualifiziertes Wachstum
- höherer Gewinn
- größerer Nutzen für die Zielgruppe
- größere Stückzahl
- größere Nachfrage
- mehr Bewegungsfreiheit
- mehr Liquidität

Quelle: Die EKS-Strategie, Frankfurter Allgemeine Zeitung GmbH Informationsdienste

Abbildung 18: Erfolgsspirale

unabhängig – das aber auch nur solange, wie der Anbieter seine Position nicht mißbraucht. Der Preis wird erst dann zum Verhandlungsmittel, wenn die Produkte und Leistungen selbst austauschbar geworden sind. Kein erstrebenswerter, aber doch so weit verbreiteter Zustand, denn austauschbare Produkte und Leistungen führen bekanntermaßen zu einer Null-Rendite.

Aus dieser Betrachtung heraus ist es unlogisch, wenn Kundeninteresse und Bankinteresse von vielen Vorständen als Konflikt dargestellt werden. Ein solcher Interessenkonflikt zeigt sich z. B. zur Zeit wieder: In der derzeitigen Niedrigzinsphase scheint es geboten, daß ein Darlehenskunde einen Festzinssatz mit möglichst langer Laufzeit von mindestens zehn Jahren vereinbart. Aus Angst vor Zinsbindungsrisiken beschränken jedoch manche Vorstände die Festschreibungsfrist auf maximal fünf Jahre. Anstatt sich z. B. durch entsprechende Refinanzierungen abzusichern, wird gegen das Kundeninteresse verstoßen, um eigene Probleme in den Griff zu bekommen. In dieser Argumentation wird die eigene Unzulänglichkeit des Bankmanagements dem Kunden in die Schuhe geschoben. Die Tatsache, daß Kunden ihre persönlichen Interessen verfolgen – was mit hoher Wahrscheinlichkeit die meisten Vorstände als Kunden auch tun – kann ihnen doch nicht ausgerechnet von denjenigen vorgeworfen werden, deren Gehälter sie durch ihre Geschäftsabschlüsse bezahlen. Und wenn die meisten Banken und Sparkassen ihren Kunden für deren Giroguthaben schon keine Zinsen mehr gutschreiben und die Sparzinsen auf einem permanenten Niedrigniveau angesiedelt haben, aber stattdessen kräftig Gebühren verlangen, können sie den Kunden keine Vorwürfe machen, wenn diese sich nach höherverzinsten und besseren Alternativen umsehen.

Kunden tragen auch keine Schuld, geschweige denn Verantwortung dafür, daß Vorstände von Kreditinstituten strukturelle Fehlentwicklungen zugelassen haben, die bei nachlassender Innovations- und Leistungsfähigkeit immer höhere Kosten verursachen. Wenn es gelingt, die Sicht- und Denkweise von der internen Betrachtung der entstandenen eigenen Probleme auf die Problemsituation des Kunden zu richten und nicht vordergründig neue Produkte zu entwickeln sondern Lösungen anzubieten, steht dem langfristigen Erfolg wenig im Wege.

Banken und Sparkassen, die bedürfnisorientierte Problemlösungen anbieten können, die sich durch die Ausprägung ihrer Einzigartigkeit auffallend von anderen Kreditinstituten unterscheiden, brauchen sich um ihre Zukunft keine Sorgen zu machen. Die Umsetzung neuer – ernst und ehrlich gemeinter – Formen der Kundenbetreuung wird die Anziehungskraft der Bank oder Sparkasse auf ihre Kunden nachhaltig steigern. Ziel dabei muß nicht die Angleichung der Bank oder Sparkasse an die jeweiligen Mitbewerber sein, sondern im Gegenteil die zunehmende Unterscheidung von Ihnen durch Ausprägung der speziellen Stärken der Bank oder Sparkasse bzw. der speziellen Stärken der einzelnen Mitarbeiter – frei nach der Fünf-A-Methode:

⇨ ANGENEHM ANDERS ALS ALLE ANDEREN

4. Wie betreibt eine Bank die richtige Spezialisierung?

4.1 Stärkenprofil

Äußeres Zeichen eines Neubeginns ist eine ehrliche Bestandsaufnahme, die weder dramatisiert noch beschönigt. Jede (Selbst-)Täuschung verhindert oder verzögert mögliche Erfolge.

Eine befreundete Journalistin hat im Rahmen ihrer Recherche zu einem Artikel über Banken und Sparkassen bei verschiedenen Instituten einen persönlichen Antrag auf Kontoeröffnung gestellt und jeweils kurz vor Abschluß die Frage gestellt: ,,Bitte sagen Sie mir, warum sollte ich mein Konto ausgerechnet bei Ihnen eröffnen? Was können Sie eigentlich besser als andere Banken?" Das Ergebnis war beschämend. Ein Angestellter wußte noch auf günstigere Gebühren hinzuweisen, ein anderer ,,glaubte", die Zinsen seien besser, ansonsten herrschte verblüfftes – oder soll man sagen betretenes – Schweigen. Das ist allerdings nichts Ungewöhnliches. Wenn Sie die Fragen für Ihr Institut sofort beantworten können, gehören Sie zu einer kleinen Minderheit. Auffallenderweise beschäftigen sich nur wenige Unternehmen oder Manager mit den Stärken ihres Unternehmens oder ihren eigenen Stärken und so gut wie niemand mit den Stärken der Mitarbeiter – wobei wir nicht die intuitive Einschätzung, sondern eine umfassende Analyse meinen. Die meisten Menschen geraten zunächst in Verlegenheit, wenn sie nach ihren Stärken gefragt werden. Im Verlauf der Analyse bewirkt aber das Bewußtmachen der eigenen Fähigkeiten und Möglichkeiten und des persönlichen Beitrags zum Unternehmenserfolg eine Stärkung des Selbstwertgefühls. Probieren Sie es bei sich selbst, bei Ihren Mitarbeitern oder im Bewerbungsgespräch aus.

Gerade Bewerbungsgespräche sind in dieser Hinsicht interessant, und das unabhängig davon, ob es sich um die Einstellung einer Führungskraft oder eines Auszubildenden handelt. Auf die Frage ,,Was sind Ihre Stärken?" oder ,,Wieso sollen wir ausgerechnet Sie einstellen?" erschöpfen sich die Antworten meistens in Ehrlichkeit, Zuverlässigkeit oder Fachwissen. Auch als Bewerber auf der anderen Seite stellt man immer wieder fest, daß das Interesse für die eigenen Stärken seitens des Gesprächspartners nur sehr gering ist, während das Mitteilungsbedürfnis über die pauschal dargestellten Vorzüge des einstellenden Unternehmens eher ausgeprägt ist.

Üblicherweise kennen wir uns wesentlich besser mit unseren Schwächen aus:

- Unangenehme Aufgaben schiebe ich gerne vor mir her.
- Besprechungen dauern meistens viel zu lange.
- Das Nein-Sagen fällt mir schwer.
- Die Laufzeiten für Kreditbewilligungen sind zu lang.
- Ich kann nicht konstruktiv kritisieren.
- Die Reklamationen haben zugenommen usw.

Schon während der Schulzeit wurden wir dazu erzogen, Schwächen zu bekämpfen, statt Stärken zu fördern. Der Zwei in Biologie wurde wenig weitere Beachtung beigemessen, während die Fünf in Französisch Anlaß für frustrierende Diskussionen und Nachhilfeunterricht war. Alle Kräfte wurden mobilisiert, um die Fünf in Französisch zu verbessern, selbst auf die Gefahr hin, daß die Ergebnisse in Biologie schlechter wurden. Es wurde Konzentration auf die Schwächen praktiziert. Dieses Verfahren war nützlich, um „durchzukommen", führte aber tendenziell auch dazu, daß die Leistungen insgesamt gerade den Durchschnitt erreichten. Heute sollte uns ein anderes Verhalten angemessen sein, eins, das uns zu einem klaren Profil verhilft und uns deutlich von Mitbewerbern unterscheidet. Durchkommen reicht im Wettbewerb nicht. Es muß darum gehen, Spitze zu werden. Nur Zweitbester zu sein reicht nicht, wenn die Kunden den Besten bevorzugen.

So ist es für eine ländliche Sparkasse oder Kreditgenossenschaft sicher nicht unbedingt anstrebenswert, Wettbewerbsnachteile im Auslandsgeschäft gegenüber der nächstgelegenen Großbank aufzuholen. Während es durchaus sinnvoll sein kann, die durch die besondere Neigung und die speziellen Stärken eines Kundenberaters initiierte Beratung zur Altersversorgung von Landwirten oder zur Unternehmensnachfolge im mittelständischen Bereich zu spezialisieren und zur Spitzenleistung weiterzuentwickeln.

Wie gut kennen *Sie* Ihre Stärken, die Stärken Ihrer Mitarbeiter und die Stärken Ihres Institutes? Notieren Sie in den nächsten zehn Minuten auf einem separaten Blatt Papier so viele Stärken, wie Ihnen einfallen. Vielleicht zunächst die ihrer Bank oder Sparkasse, dann die des Menschen, mit dem Sie am engsten zusammen arbeiten (z. B. Sekretärin, Abteilungsleiter, Mitarbeiter) und – nachdem Sie warmgelaufen sind – Ihre persönlichen Stärken. Achten Sie darauf, daß Sie ehrlich sich selbst gegenüber und konkret sind. Als Arbeitshilfen für die Ermittlung der Instituts- und persönlichen Stärken finden Sie im weiteren einen Fragenkatalog und eine Liste mit Persönlichkeitskriterien.

Beispiele:

- Ich habe gute Beziehungen zu meinen Kunden.
- Ich kann gut Konflikte zwischen Mitarbeitern lösen.
- Ich kann gut zuhören.
- Meine Stärke ist die Delegation.
- Meine Stärke ist der konsequente Abbau von Bürokratie.
- Ich vertraue meinen Mitarbeitern.
- Ich kann kritisieren, ohne zu verletzen.
- Ich kann gut Projekte moderieren.
- Ich habe besondere Erfahrungen mit der Schließung von Geschäftsstellen.
- Ich habe umfassende Fusionserfahrungen.
- Ich kann mich gut in die Situation anderer Menschen versetzen.
- Ich habe ausgeprägte rhetorische Fähigkeiten usw.

Fragenkatalog zur Stärken-Analyse

Notieren Sie wahllos, ohne zu bewerten!

- Was kann Ihre Bank oder Sparkasse am besten?
  Z. B. hinsichtlich Service, Konzepte, Kontakte, Kundenbeziehungen, Know-how, Produkte, Problemlösungserfahrungen, Teams, Vertrieb usw.
- Was glauben Sie, trauen die Kunden Ihrer Bank oder Sparkasse vor allem zu?
- Über welche nützliche Beziehungen verfügt Ihr Institut?

- Was können Sie besonders gut?
- Worin haben Sie besondere Erfahrungen gesammelt?
- Worin waren Sie bisher erfolgreich?
- Was tun Sie gerne, was tun Sie am liebsten?
- Was könnten Sie außerdem tun?
- Was würden Sie am liebsten tun?
- Welche persönlichen Kontakte zeichnen Sie aus?
- Welches Image genießen Sie?
- Was schätzen andere an Ihnen?
- Was würden Sie gerne verbessern?
- Wofür halten Sie sich am besten geeignet?
- Welche Wunschbilder haben Sie von Ihrem Leben?
- Welche Visionen haben Sie von Ihrem Institut?
- Welche persönlichen und beruflichen Ziele verfolgen Sie?

Jeder Mensch, jedes Unternehmen als eine Gemeinschaft von Menschen ist in seiner Kombination von Fähigkeiten, Kenntnissen, Erfahrungen, Potentialen, Entwicklungsgeschichte und Zielsetzung einzigartig wie ein Fingerabdruck und damit gleichzeitig anders als alle anderen. Und die Kundenbedürfnisse sind so vielfältig, daß es eigentlich für jedes Stärkenprofil eines Mitarbeiters oder eines Unternehmens ein passendes Geschäftsfeld gibt. Somit gibt es für jeden Menschen oder für jedes Unternehmen einen Aufgabenbereich, in dem er oder es aufgrund der entsprechenden Stärken jedem Konkurrenten überlegen ist. Haben Sie bisher schon einmal konsequent danach gesucht?

Jeder einzelne Mitarbeiter hat das Potential zum Mit-Unternehmer, wenn wir ihm die Gelegenheit geben, seinen Stärken und Neigungen entsprechend tätig zu werden. Jeder Mensch ist kreativ. Schon mit den jeweils jüngsten Auszubildenden ist eine Stärken-Analyse möglich und empfehlenswert, um von vorneherein eine angemessene Richtung für deren bewußte persönliche Entwicklung zu finden. Es ist eine Freude mitzuerleben, mit welchem Engagement bereits die jungen Leute diese Aufgabe wahrnehmen und im Prozeß an Selbstvertrauen und Selbstbewußtsein gewinnen. Natürlich ist diese Vorgehensweise für viele ungewohnt, und wie die Erfahrung zeigt, werden meist mehrere Anläufe gebraucht. Denn wenn Sie die jungen Leute bei einem Gespräch zum ersten Mal bitten, Ihnen bis zu einem weiteren Treffen 20 persönliche Stärken aufzuschreiben und mitzubringen, herrscht zunächst große Ratlosigkeit. „Das schaffe ich nie.", „So viele Stärken habe ich gar nicht.", „Ich bin doch noch so jung." und die Überlegung „Was will der wohl damit?" beherrschen die Szene. Da werden dann im ersten Anlauf Eltern, Großeltern, Freunde und Kollegen befragt, was zwar nicht Sinn der Sache ist, aber bereits einen ersten positiven Effekt mit sich bringt, nämlich die Beschäftigung mit der eigenen Persönlichkeit. Nach ausführlicher Diskussion erhalten die Auszubildenden für das nächste Gespräch die Aufgabe, diesmal nicht andere zu befragen, sondern die Stärken aus der eigenen Anschauung zu formulieren. Und es gelingt allen, sie finden am Ende weit mehr als 20 Stärken – und bei sich selbst gute Gefühle.

Oft genug erfolgt die Ausprägung der persönlichen Stärken außerhalb der beruflichen Tätigkeit als Vorsitzender eines Vereines, bei der Organisation von Straßenfesten, als Karnevalsprinz, in Naturschutzverbänden, durch soziales oder politisches Engagement oder sportlichen Einsatz. In der Bank oder Sparkasse wird dann häufig eine „freizeitorientierte Schonhaltung" geübt, weil der Job keine Entfaltungsmöglichkeit für den Mitarbeiter bietet und weil dort die Anerkennung fehlt, die die außerberuflichen Aktivitäten bieten. Die Ermächtigung, seinen Stärken und Neigungen entsprechend arbeiten und leben zu können, erhöht dagegen die Eigenmotivation und die Identifikation mit dem Institut. Als Beispiel seien hier Mitarbeiter angeführt, die in Umweltschutzorganisationen arbeiten und im Beruf Aufgaben eines Umweltschutzbeauftragten übernehmen könnten; hier haben Banken und Sparkassen noch erheblichen Nachholbedarf. Gerade unter jüngeren Leuten nimmt die Zahl derer zu, die Sinn und Freude am Leben als wesentliche Voraussetzung für eine erfolgreiche Arbeit begreifen und auch dort nicht darauf verzichten wollen. Und daß solche Aktivitäten auch positive Ergebnisse für das Profil eines Kreditinstitutes im Ansehen der Öffentlichkeit haben können, zeigt das Beispiel einer mittelgroßen Volksbank, die aufgrund des Engagements ihres Umweltschutzbeauftragten und der Unterstützung durch die Mitarbeiter bei der Ausschreibung eines Umweltpreises durch den Landkreis hinter zwei Schulen einen hervorragenden dritten Platz belegte.

Die Berücksichtigung der persönlichen Stärken und Fähigkeiten sollte auch bei der Bestellung von Vorständen sowie der Geschäftsverteilung innerhalb des Vorstandes großes Gewicht erhalten. Es reicht nicht aus, aufgrund eines sympathischen und überzeugenden Auftritts beim Aufsichts- oder Verwaltungsrat, politischen Proporzdenkens oder einem Zwei-Stunden-Gespräch mit dem oder den möglichen Kollegen eine so wichtige Entscheidung zu treffen. Vorstände bestimmen die langfristige Existenz einer Bank oder Sparkasse. Von ihrer Haltung, von ihrem Mut, von ihren Stärken und von ihrer Persönlichkeit hängen die Sicherheit der Arbeitsplätze und die Schicksale der Mitarbeiter und ihrer Familien ab.

Im Interesse der Bank oder Sparkasse sollten die Vorstände über komplementäre Stärken verfügen, wobei sie die persönliche Reife besitzen müssen, die Andersartigkeit des (bzw. der) Kollegen, seines Charakters, seiner Lebensauffassung, seines Arbeitsstils zu akzeptieren und die Gleichwertigkeit seiner speziellen Stärken im entsprechenden Geschäftsbereich zu erkennen und anzuerkennen. Die Zuständigkeit eines Vorstandsmitgliedes für den Betriebsbereich muß im Verständnis des Kollegen die gleiche Akzeptanz finden wie die desjenigen, der für den Markt zuständig ist, und umgekehrt. Werden hier Dissonanzen empfunden und bleiben diese zudem unbesprochen und ungeklärt, können sie zu erheblichen Problemen führen.

Die Bestellung eines Vorstandsvorsitzenden vermag die Dinge zwar vordergründig zu regulieren, da die weiteren Kollegen automatisch in eine nachgeordnete Rangfolge gebracht werden, die Probleme als solche werden jedoch hinter der Kulisse eher verschärft. Untersuchungen über Gruppendynamik haben gezeigt, daß die Leiter/Führer einer Gruppe sozusagen Elternfunktion für die Gruppenmitglieder übernehmen. Wie in einer Familie ist es auch in einer Organisation töricht anzunehmen, daß Streitigkeiten der ,,Eltern", seien sie auch noch so gut getarnt, den ,,Kindern" verborgen blieben. Das Verhältnis aller ,,Familienmitglieder" und ihre Wirkung nach außen wird durch die schwelenden Differenzen nachhaltig gestört. Kenntnisse über Neigungen, persönliche Zielsetzungen, Wertesysteme, emotionale Stärken usw. schaffen die Voraussetzung, die passende Tätigkeit für die richtige Frau/den richtigen Mann zu finden – auch bei der Vorstandsbesetzung. Eine hilfreiche Ergänzung zur Feststellung der Stärken sind Persönlichkeits-Analysen, wie sie z. B. das bereits erwähnte DISG-Persönlichkeits-Profil liefert.

Das DISG-Persönlichkeits-Profil ist eine amerikanische Entwicklung und wird bereits in über 30 Ländern eingesetzt. Es gilt mit weltweit

D dominant	**I** initiativ
G gewissenhaft	**S** stetig

Quelle: DISG-Training, Giengen

Abbildung 19: DISG-Persönlichkeits-Typen

über 15 Millionen Anwendungen als eines der weitverbreitesten Instrumente zur Persönlichkeitsanalyse. Die vier ,,Typen" bzw. Persönlichkeits-Profile des DISG werden in vier Quadranten dargestellt, die sich aus den Doppel-Polaritäten ,,Aufgaben- und Sachorientierung" einerseits und ,,Beziehungs- und Mensch-Orientierung" andererseits sowie Extroversion einerseits und Introversion andererseits ergeben und vier grundsätzliche Verhaltensstile kennzeichnen:

⇨ DOMINANT – INITIATIV – STETIG – GEWISSENHAFT

Der Persönlichkeits-Test ist ein Instrument, um sich selbst und andere besser verstehen zu lernen. Mit mehr Verständnis für den eigenen bevorzugten Denk-, Verhaltens- und Arbeitsstil erkennen Sie, unter welchen Voraussetzungen und in welcher Umgebung Sie beruflich und privat das Beste erreichen. Gleichzeitig lernen Sie die unterschiedlichen Verhaltensweisen anderer kennen, können besser auf sie eingehen, ihnen optimale Bedingungen für die Entwicklung ihrer Persön-

»Damit es gerecht zugeht, erhalten Sie alle die gleiche Prüfungsaufgabe: Klettern Sie auf diesen Baum!«

Quelle: DISG-Training, Giengen

Abbildung 20: „Gerechtigkeit"

lichkeit und Leistungsfähigkeit schaffen und potentielle Konfliktbereiche durch Früherkennung auf ein Mindestmaß reduzieren.

So wie es in Abbildung 20 scherzhaft zum Ausdruck gebracht wird, geht es heute meistens zu. Das können Sie ändern.

4.2 Von der Arbeitsteilung zur sozialen Spezialisierung

Die einfachste Form der Spezialisierung, die eine Wirkungssteigerung nach sich zieht, ist die Arbeitsteilung. Sie hat bereits in frühen Zeiten zur Entstehung einzelner Berufe wie Köhler, Töpfer, Schmied, Bürstenbinder usw. geführt, die zum Teil längst schon wieder „ausgestorben" sind, weil ihr Geschäftsfeld dem Wandel zum Opfer fiel. Doch bereits bei den frühen Formen der Spezialisierung wurde ihr Vorteil erkannt: Durch die Differenzierung der Arbeitsabläufe und die ständige Wiederholung der Tätigkeit wird der Arbeitsgang immer besser beherrscht und schließlich wesentlich schneller erledigt. Schon Adam Smith, der Begründer der modernen Nationalökonomie, hatte vor 200 Jahren entdeckt, daß die Leistungs- und Erfolgsmöglichkeiten jedes Menschen und jedes Unternehmens um ein Vielfaches gesteigert werden können, wenn der Produktionsprozeß in Arbeitsgänge zerlegt wird.

Dem Produktivitäts- und Effizienzgewinn steht aber die Gefahr der Einseitigkeit, der Isolation und Abstumpfung gegenüber, wie wir sie bei der extremen Arbeitsteilung in der Fließbandproduktion kennengelernt haben. Die „Fachidiotie" ist ein weiteres Problem dieser Form der Spezialisierung, wie sie z. B. bei vielen hochspezialisierten Wissenschaftlern auftritt, die nur noch sich selbst sehen und verstehen können. Arbeitswissenschaftler und viele Kritiker warnen die Unternehmen bzw. Menschen vor der Spezialisierung, weil nach ihrer Meinung der Spezialist auf seinem Gebiet zwar überzeugend leistungsfähiger wird, er aber nutz- und arbeitslos werde, wenn seine Leistung oder sein Produkt durch den Wandel der Verhältnisse am Markt an Nachfrage verliere. Auch Veränderungen der wirtschaftlichen Rahmenbedingungen (z. B. Verbote bestimmter Stoffe, Alterung von Verfahrens- oder Fertigungskenntnissen und -anlagen, erfolgreiche Nachahmungen oder bahnbrechende Innovationen, konjunkturelle Schwankungen, Krisen jeder Art) können zur Folge haben, daß der Spezialist dauerhaft erhebliche Umsatzeinbrüche hinnehmen muß. Die Warnung ist durchaus berechtigt, wenn ein Mensch oder ein Unternehmen sich auf einen bestimmten Rohstoff (Kohlenhändler, Schmied, Schreiner), eine bestimmte Technik (Setzer, Uhrenmechaniker), ein bestimmtes Produktions-, Organisations-, Marketingverfahren, ein bestimmtes Fachgebiet oder ein bestimmtes Produkt spezialisiert.

Hierbei handelt es sich um sogenannte „variable" Spezialisierungen, weil sie letztlich alle durch eine Innovation überflüssig werden können. Diesen steht die „konstante" Spezialisierung gegenüber, die auf Grundbedürfnisse gerichtet ist wie Ernährung, Kleidung, Information, Kommunikation, Wohnen, Mobilität, Sparen, Sauberkeit usw. Die Variablen werden laufend durch neue bessere Lösungen ersetzt; die letztgenannten konstanten Grundbedürfnisse verändern sich nicht. So bekommen Bücher und Zeitungen immer mehr Konkurrenz durch elektronische Medien – alles Variablen, die das konstante Grundbedürfnis nach Information stillen. Wer sich hier auf die „Information" spezialisiert hatte, hat sich der Änderung der Kundenbedürfnisse rechtzeitig anpassen können und die Risiken vermieden, die in der Spezialisierung auf eine Variable (z. B. Buch) liegen.

Für Banken und Sparkassen gilt im Grunde das gleiche. Die einzelnen Kreditinstitute haben sich in der jüngeren Vergangenheit bis heute nicht mehr um die konstanten Grundbedürfnisse ihrer Kunden und eine permanente Weiterentwicklung von Problemlösungen gekümmert, sondern sich nur noch auf immer mehr neue Produkte (Variable) konzentriert – die zudem von jedem Mitbewerber kurzfristig kopiert werden konnten (und wurden). Verbunden mit dem Ehrgeiz, es jedem recht zu machen, ist damit die heutige ungeheure Verzettelung, Austauschbarkeit und damit die Profillosigkeit der Institute entstanden.

Produktspezialisten fehlt normalerweise die Fähigkeit, auf die eigentlichen Bedürfnisse, Probleme und Wünsche der Kunden überhaupt zu achten; sie wollen und müssen Produkte verkaufen. Die Sprache ihrer Kunden sprechen sie meist schon lange nicht mehr. Diese fühlen sich bei soviel „Fachchinesisch", das ihnen zugemutet wird, zunehmend unwohl und werden mißtrauisch. Die Suche nach einer „neutralen" Vertrauensperson (Steuerberater, freier Finanzdienstleister, Verbraucherschutzverband usw.) oder nach absichernder Information durch Fernsehen und Zeitschriften ist fast zwangsläufig.

Beispiele aus anderen Branchen:
Ein Büromöbelhersteller hat sich auf die optimale Gestaltung von Arbeitsplätzen spezialisiert statt auf den Verkauf von Schreibtischen o. ä. Wichtiger als die Möbelstücke selbst ist die Planungs- und Beratungsleistung geworden, die die „Einrichtungsprobleme von Verwaltungen" komplett löst unter Berücksichtigung von Aspekten wie Klima, Energie, Unterbringung von Kommunikationsmitteln, Beleuchtung, Brandschutz, Ergonomie, Umweltschutz usw. Andere Beispiele zeigt die Abbildung auf der folgenden Seite.

Bausparkassen sind Produktspezialisten, die ein Finanzierungsinstrument zum Erwerb von Wohneigentum anbieten. Das Neugeschäft nach der Wiedervereinigung Deutschlands und der Öffnung der Ost-Märkte hat eine Weile über die Krisenanzeichen der Bausparkassen hinwegtäuschen und den Lebenszyklus des „veralteten" Produkts Bausparver-

Nicht Produkte verkaufen, sondern Probleme lösen	
nicht ...,	sondern ...
– Hersteller eines bestimmten Produkts	– Versorger einer bestimmten Zielgruppe mit einer bestimmten Problemlösung (System)
– Lehrinstitut	– Vermittlung von Wissen – besser: Fähigkeiten – besser: sozialem Erfolg
– Installateur	– Spezialist für Privat-Schwimmbäder
– Bäcker	– Spezialist für Tortenböden/Versorger mit Backwaren
– Arzt	– Spezialist für Magen-Darm-Diagnose
– Kunststoff-Verarbeitung	– Spezialist für Flaschenkästen/Alles fürs Bad
– Kfz-Reparatur	– Spezialist für Auspuff-Erneuerung/ Generalüberholung von Autos
– Büromaschinenhändler	– Spezialist für Vervielfältigungs-Systeme
– Kamerafabrik	– Spezialist für Bildaufzeichnungssysteme
– Lebensmittelhändler	– Spezialist für Party-Bedarf
– Chemische Fabrik	– Spezialist für Schädlingsbekämpfung
– Öllieferant	– Spezialist für Heizungsprobleme
– Gärtnerei	– Spezialist für Rasenprobleme
– Tankstelle	– Kfz-Service-Zentrum

Abbildung 21: Vom Produkt zur Problemlösung

trag künstlich verlängern können. Wie jedoch auch kritische Artikel in der Fachpresse zeigen, ist der Bausparvertrag längst nicht mehr das für jeden ideale und vor allem preiswerte Instrument zur Finanzierung des privaten Eigenheims. Das Produkt wurde von der Entwicklung überholt. Offensichtlich wird dem aber noch zu wenig Rechnung getragen. Das von den Anbietern selbst so dargestellte stabile Image bröckelt; sowohl bei den Kunden als auch bei den Bank- und Sparkassenmitarbeitern, deren Bereitschaft, „überholte" Produkte zu verkaufen, immer mehr schwindet. Zielvereinbarungen bzw. -vorgaben und immer wieder modifizierte Provisionssysteme werden die negative Entwicklung lediglich verzögern.

Das hinter dem Bausparen als Variable stehende konstante Grundbedürfnis ist „Wohnen". Das Motiv für Bausparen ist nicht das Produkt Bausparvertrag, sondern der Wunsch nach den eigenen vier Wänden. Wer sich als Kundenberater auf die Befriedigung dieses Bedürfnisses, bzw. auf die mit der Erfüllung des Grundbedürfnisses verbundenen

Probleme spezialisiert, wird die jeweils optimalen Finanzierungsinstrumente und -modalitäten – von denen Bausparen möglicherweise eines ist – für seine Kunden auswählen. Dabei ist der Preis nur eine Komponente. Die Fähigkeiten und Kenntnisse, die der Berater durch die permanente Beschäftigung mit dem Grundbedürfnis, bzw. den Finanzierungsproblemen erwirbt, werden sich mit der Zeit zu hochspezialisiertem Know-how verdichten und ihn immer stärker mit seinen Kunden und seiner potentiellen Zielgruppe zusammenwachsen lassen.

Als Spezialist für den Vertrieb des Produktes „Bausparvertrag" steigt der Kundenberater mit dem Produkt ab, als Spezialist für die „Optimale Gestaltung und Durchführung der Finanzierung von privatem Wohneigentum" wird er mit Hilfe der immer neuen Erkenntnisse und Möglichkeiten für seine Zielgruppe immer nützlicher, wichtiger und schließlich unersetzlich werden. Bei konsequenter Bedürfnisorientierung ist die Marktposition kaum noch zu gefährden, da sich die Informations- und Lernprozesse ständig in Einklang mit dem sich verändernden Kundenbedarf befinden. Unter dem Ziel, ein Grundbedürfnis immer besser zu befriedigen, bzw. Probleme immer besser zu lösen, laufen diese Prozesse völlig anders ab als unter der Zielsetzung, ein Produkt möglichst oft zu verkaufen. Im Rahmen einer solchen Problem- oder Bedürfnisspezialisierung werden fast automatisch auch neue qualifizierte Kooperationsmöglichkeiten erschlossen. Zunehmend besser werdend, verbunden mit konsequenter Anwendung der Strategie, wird der Spezialist in einem engen Marktsegment auf Dauer Marktführer. Seine damit wachsende Anziehungskraft wirkt auch auf Architekten, Bauträger, Bauämter. Konzentriert sich ein Berater – abhängig vom Potential – z. B. auf die Problemlösung für eine eng umrissene Zielgruppe – „Eigenheim-Finanzierung für junge Familien" oder „… Paare ohne Trauschein mit einem Einkommen über … DM" – so baut sich über die noch engere soziale Vernetzung in kürzester Zeit ein Know-how-Vorsprung auf, den kein „Generalist" in der Lage ist aufzuholen. Er nimmt z. B. bevorzugt die Informationen auf, die für seine Zielgruppe wichtig sind; alles andere ist für ihn von untergeordneter Bedeutung. Gerade in Krisenzeiten sichert diese soziale Spezialisierung die Anziehungskraft auf die Zielgruppe und damit die Nachfrage. Diese Überlegungen sollten in die Neuorientierung eines Kreditinstitutes einfließen. Statt auf Produktbereiche konzentrieren sich die Mitarbeiter künftig auf Zielgruppen. Dabei ist zu beachten, daß die Umstrukturierung nicht von der Sache zur Person verläuft, sondern von der Person (Stärken) zur Leistung (Kundennutzen). Der Erfolg einer Problemlösung hängt zum größten Teil von der sozialen Vernetzung zwischen Zielgruppe und Problemlöser ab, vom Grad der Identifikation und von der emotionalen Verbundenheit.

Deshalb ist zu klären, welche Stärken, Eignungen und Neigungen ein Mitarbeiter hat, um festzustellen, welche Probleme er für welche Kunden optimal lösen kann.

5. Für welche Kunden ist eine Bank der attraktivste Partner?

5.1 „Schuster, bleib' bei deinen Leisten!"

Aufgabe, Sinn und Zweck eines Kreditinstitutes ist in erster Linie die optimale Lösung von Problemen im Geschäftsfeld „Finanzdienstleistungen" (... und zwar nicht der eigenen, sondern der seiner Kunden). Sie findet ihre jeweilige Ausprägung in den verschiedenen gesetzlichen Aufträgen, wie beispielsweise im Sparkassengesetz oder Genossenschaftsgesetz.

Welche Aufgabenstellung, welche Ziele verfolgte F. W. Raiffeisen, als er seine Genossenschaften gründete? Die genossenschaftliche Idee ist in ihrer Urform sicher ein Paradebeispiel für die konsequente Orientierung an den Bedürfnissen der Umwelt. Sie war ein visionäres Konzept zur Lösung drängender Zeitprobleme mit zutiefst menschlichen Prinzipien. Einer ihrer Grundsätze brachte zum Ausdruck, daß Funktionäre und Mitarbeiter ständig darum bemüht sein müssen, das Leistungsangebot den sich ändernden Bedürfnissen der Mitglieder anzupassen. Mitglied konnte nur werden, wer sich mit den Zielen der Genossenschaft identifizierte, nämlich die Förderung des Erwerbs und der Wirtschaft der Mitglieder durch gemeinschaftlichen Geschäftsbetrieb. Der Erfolg Raiffeisens lag in der Motivation, nicht für sich selbst, sondern für andere etwas tun zu wollen. Er wollte wirtschaftliche Probleme der Menschen und gesellschaftspolitische Fragen in Selbsthilfe, Selbstverantwortung und Selbstverwaltung lösen helfen. Dies konnte nur geschehen, indem sich die Genossenschaft konsequent an den Bedürfnissen der Mitglieder orientierte.

Raiffeisen erfüllte instinktiv eine weitere Voraussetzung für ein dauerhaft erfolgreiches Unternehmen: Er konzentrierte sich auf die Problemlösung für eine begrenzte Zielgruppe, nämlich die Menschen, die durch die großen wirtschaftlichen und sozialen Umwälzungen seiner Zeit von Not und Armut bedroht waren. Das waren die Bauern, die nach der Bauernbefreiung zwar von den Verpflichtungen gegenüber ihren Grundherren befreit wurden, aber – da ihnen die Kenntnisse zu wirtschaften und mit Geld umzugehen fehlten – in neue Abhängigkeit von oft skrupellosen Geldhändlern gerieten. Und die Arbeiter, die unter die Räder der fortschreitenden Industrialisierung kamen; viele Berichte schildern die Schinderei in den Fabriken bei Niedrigstlöhnen. Zuletzt gerieten die Handwerker nach der Abschaffung des Zunftzwangs und der Einführung der Gewerbefreiheit zwischen die Mühlsteine der industriellen und der aus den eigenen Reihen erwachsenden Konkurrenz, und der Einsatz der neuen Maschinen in den Manufakturen brachte viele um ihre Existenz. Raiffeisen erwies sich damals als echter Unternehmer, der aktiv auf die Nöte seiner Zeit einging, den betroffenen Menschen mit der Einrichtung der Darlehnskassen-Vereine den Engpaß Geldbeschaffung beseitigte, und mit seiner Problemlösung nachhaltig die materiellen und immateriellen Verhältnisse der Bevölkerung verbesserte. Dem Genossenschaftsinstitut heutiger Prägung ist bedauerlicherweise nicht viel von der klaren und konsequenten Zielsetzung Raiffeisens geblieben. Es unterscheidet sich nicht mehr wesentlich von anderen Banken, die sich dem Allfinanzprinzip verschrieben haben und für alle Kunden alles machen wollen.

Sicherlich wäre es falsch, einfach wieder die Zielgruppenselektion Raiffeisens zu übernehmen. Die Menschen unserer Zeit haben neue Probleme. Aber gerade diese Probleme, dieser Bedarf sind das Differenzierungskriterium, an dem sie ihr Leistungsangebot und ihre dienende Aufgabe orientieren müssen.

Einige Beispiele dazu: Eine der seit langem großen Problembranchen ist die Landwirtschaft. Ende der 50er Jahre mit über vier Millionen Beschäftigten, sank die Zahl mittlerweile auf unter eine Million. Und die Probleme werden weiter wachsen. Statt aber den Landwirten als den traditionell am engsten mit der Genossenschaftsorganisation verbundenen Menschen zu helfen, ihre Probleme zu bewältigen, ziehen sich viele Institute aus Angst vor Ausfällen im Kreditgeschäft zurück. Als Problemlöser würden Kreditinstitute entweder selbst oder mit Hilfe von Kooperationspartnern Landwirten Hilfestellung bei der Entwicklung alternativer Strategien anbieten können. Eine angenehme Überraschung ist in diesem Zusammenhang die Information über eine Sparkasse, die einen Diplom-Agraringenieur beschäftigt, um sich der Zielgruppe „Landwirte" stärker widmen zu können.

Große Probleme treten im Fall von Ehescheidung auf, und jeder, der diese Situation kennt (und das sind viele, denn jede dritte Ehe in Deutschland wird geschieden), kann nachempfinden, wie wichtig es gerade dann ist, in Finanzangelegenheiten einen kompetenten und vertrauenswürdigen Partner zu besitzen. Stattdessen tragen viele Banken und Sparkassen eher zur Verschärfung der Probleme denn zu ihrer Lösung bei, indem sie bei Bekanntwerden einer Trennung – wieder aus Sorge vor Kreditausfällen – „alle Ampeln auf Rot schalten", Warnkennziffern eingeben und Dispositionskredite kürzen. Hilfestellung wäre eher, z. B. mit Hilfe einer Finanzanalyse die einvernehmliche Trennung des gemeinsamen Vermögens zu begleiten, die künftige persönliche Absicherung zu regeln und in Kenntnis der Finanzsituation gegebenenfalls vorhandene Engpässe durch einen Überbrückungskredit abzudecken; Kooperationen mit Anwälten, Steuerberatern und sonstigen in dieser Situation nützlichen Ansprechpartnern könnten mögliche Problemlösungen abrunden.

Immer mehr Menschen geraten – gerade in Rezessionszeiten und aufgrund zunehmender Arbeitslosigkeit – unter erheblichen finanziellen Druck, insbesondere dann, wenn sie sich vorher verschuldet haben. Gerade Genossenschaftsbanken und Sparkassen könnten und sollten aufgrund ihrer gesetzlichen Aufträge – sinnvollerweise zusammen mit Verbraucherschutzverbänden und Schuldnerberatungsstellen – Konzepte zur Lösung dieser Probleme erarbeiten. Die Energie, die in Beitreibungsmaßnahmen gesteckt wird, wäre hier sicher intelligenter und effektiver für alle Beteiligten eingesetzt. Differenzierungsmerkmal für Lösungsansätze könnte auf Seiten der Genossenschaftsbanken beispielsweise die Mitgliedschaft des Schuldners sein.

Bank- und Sparkassenvorstände sollten ihre Bereitschaft, ökologische Verantwortung zu übernehmen, nicht erst dann ausprägen, wenn es alle tun, sondern im Interesse nachfolgender Generationen Vorreiter sein. „Ökologie im Büro" darf keine kostenorientierte hohle Phrase und Titel von Ausstellungen sein, sondern braucht direkte Vorstandsunterstützung. Besonders prädestiniert für dieses Thema sind Genossenschaftsbanken mit angeschlossenem Warengeschäft, die ihren dortigen Kunden – z. B. in Zusammenarbeit mit Umweltschutzverbänden – kompetenter Partner bei der Gestaltung umweltschonender Maßnahmen sein können.

5.2 Jenseits der Produkte

Das Profitstreben der Kreditinstitute und ihre Orientierung am Absatz von Produkten vergiftet die zwischenmenschlichen Verhältnisse und reduziert die Beziehungen weitestgehend auf das rein Materielle. Der „Kampf" um die Konditionen zwischen Kunde und Kreditinstitut ist hier ein vielzitiertes Beispiel. Die Angebotspalette austauschbarer Bank- und Sparkassenprodukte findet ihre Differenzierung nur noch über den Preis; die Orientierung an den Kundenbedürfnissen bleibt dabei auf der Strecke.

Aus dieser Sackgasse der reinen Produkt- und Preisbetrachtung als dem Maß aller Dinge für vermeintlich zu erzielenden Erfolg gibt es nur den Ausweg der Umkehr und Neuorientierung. Voraussetzung dafür ist, sich zunächst einmal einzugestehen, daß sich das einzelne Kreditinstitut, die gesamte Branche in dieser Sackgasse befindet. Solange die Bank oder Sparkasse immer noch daran festhält, daß sie mit Druck und „Gewalt" und gegen die Interessen ihrer Kunden und Mitarbeiter eine langfristige Existenzberechtigung hat, besteht für sie keine Notwendigkeit zur Veränderung.

„Womit machen Sie Ihre Geschäfte?", fragte der Direktor eines Schwergeräteherstellers den Manager, der für das Hochleistungsbohrer-Geschäft des Unternehmens verantwortlich war.

„Mit Bohrern", antwortete der Manager überrascht. „Nein, das stimmt nicht", sagte der Direktor. „Sie machen Ihr Geschäft mit Löchern. Unsere Kunden wollen keine Bohrer, sie wollen Löcher. Sie kaufen nur Bohrer, um Löcher zu machen."

In der vorangegangenen Anekdote wird die ganze Misere offenkundig, wie sie sich in vielen Branchen verfestigt hat. Kein Kunde gibt der Deutschen Bundesbahn Geld, um mit dem Zug zu fahren, sondern um z. B. die Entfernung von Hamburg nach München zu überbrücken. Die Mißachtung dieses vordergründig kleinen Unterschieds hat die heute gravierenden Folgen für die Bahn schon vor zig Jahren angelegt. Denn als sich dem Bahnkunden in Form des Flugverkehrs eine schnellere, bequemere, insgesamt vorteilhaftere Alternative bot, wandten sich viele von der Bahn ab. Bei richtigem Verständnis ihres Geschäftes – Konzentration auf das konstante Grundbedürfnis „schnelle Fortbewegung" – hätte die Bahn viel früher attraktive Leistungen, z. B. für

Geschäftsreisende entwickeln können. Die Konzentration auf das „Bahngeschäft" versperrte auch die Sicht auf die Entwicklung von attraktiven Alternativen zum staugestreßten Autofahren. Nur sehr langsam gelingt es, die früheren Versäumnisse aufzuholen.

Das gleiche gilt für andere Branchen: Die Schweizer Uhrenindustrie war in Sachen Feinmechanik unschlagbar. Aber: Der Kunde kaufte eine Uhr üblicherweise nicht, um ein mechanisches Meisterwerk zu besitzen, sondern um zu wissen, wie spät es ist. Das Grundbedürfnis bei den meisten Menschen hieß Zeitmessung – und Zeit wurde bald billiger und präziser von elektronischen Uhren gemessen. Verschont vom Abstieg blieben die Edeluhren, deren Geschäft nicht die Zeitmessung, sondern Befriedigung der Bedürfnisse Exklusivität, Prestige und Eitelkeit ist; ähnlich der erfolgreichen Uhrenmarke Swatch, die nicht im Geschäftsfeld Zeitmessung, sondern konsequent in der Mode agiert.

Oft wurde viel zu spät erkannt, daß nicht das Produkt, sondern das Bedürfnis Basis des Geschäfts ist. Denken Sie an die Fotofirmen mit ihren Super-8-Filmen und das Videogeschäft. Oder an die Schallplatte, die von der Musikkassette und die wiederum von der CD abgelöst wurde. Und es ist absehbar, daß auch die CD einen Nachfolger findet. Wer sich auf die „Variable" Schallplatte konzentriert hatte, ist schon untergegangen oder wird damit untergehen. Wer sich auf die „Konstante" Wiedergabe von musikalischer Unterhaltung oder Tonträger spezialisiert, wird derartige Entwicklungen aktiv und initiativ mitgestalten.

Wer in den seriösen und traditionsbeladenen Kreditinstituten hätte vor 30 oder 40 Jahren daran gedacht, daß er sich heute mit Automobilherstellern (sprich deren Banken) im Wettbewerb befinden würde? Die Lufthansa erhält in der Telekom einen Konkurrenten, indem durch Videokonferenzen Geschäftsflüge ersetzt werden können. Auch an diesen Beispielen soll verdeutlicht werden, daß Menschen Probleme gelöst haben wollen und bereit sind, demjenigen zu folgen, der das am besten kann.

Auch die Banken und Sparkassen sind auf dem besten Wege, sich aus dem „Bankgeschäft" zu verabschieden, wie die Schweizer ehedem aus dem „Uhrengeschäft". Beginnen Sie jetzt sich konsequent zu fragen, für welche Problemlösung Ihnen der Kunde sein Geld gibt, bzw. er welches ausleihen möchte und achten Sie auf Veränderungen. Vollziehen Sie jetzt den geistigen Schwenk vom Produktanbieter zum Problemlöser. Weg von der Festgeldanlage hin zu vermögensbildenden Leistungen für Kunden, die keine Zeit haben. Werden Sie Spezialist für die Bedürfnisse und Probleme einer eng umrissenen Zielgruppe statt für ein bestimmtes Produkt.

5.3 Grundproblem: zu viele Kunden

In vielen Unternehmen, so auch in Kreditinstituten, herrscht vielfach ein Klima, in dem der Kunde als lästiges Übel angesehen wird, das notwendig ist, damit der Betrieb funktioniert und Geld verdient wird. In der vertrauten linearen Denkweise wird darüber hinaus gerne davon ausgegangen, daß die Bank oder Sparkasse um so erfolgreicher ist, je mehr Kunden sie hat. Das führt zu zum Teil unnützen geschäftspolitischen Maßnahmen, wie beispielsweise den alljährlichen Schulabgänger- bzw. Berufsanfängeraktionen, im Rahmen derer mit großem Aufwand und konkreten zahlenmäßigen Zielvorstellungen der Marketingabteilung neue Kunden angeworben werden sollen, die anschließend mangels ausreichender Beratungs- und Betreuungskapazitäten sowieso nicht vernünftig und nachhaltig betreut werden können.

Leider hat diese Strategie des ,,Mehr vom Gleichen" auf Dauer nicht die gewünschte Wirkung und letztendlich sogar negative Folgen. Denn immer mehr Kunden können immer weniger gut betreut werden. Wenn der Kunde in der Anonymität großer Bestände verschwindet, wenn aktive Ansprachen und an seinen Problemen orientierte Gespräche unterbleiben, wird er unzufrieden. Mit der Beratung, noch mehr aber mit der Sachbearbeitung überforderte Mitarbeiter machen mehr Fehler, die Beschwerden nehmen zu. Das Image leidet, der Kunde ,,trickst" die Banken und Sparkassen aufgrund der Austauschbarkeit gegenseitig aus, und Verhandlungen werden nur noch auf der Grundlage von materiellen Bedingungen geführt. Unsensible Betreuung macht zudem Risiken schwerer erkennbar. Die Abwanderung des ,,guten" Kunden ist häufig zwangsläufige Folge, wobei selbst das oft nicht wahrgenommen wird. Resultat sind viele ,,tote" Verbindungen, Bürokratie und Kosten. Auf der einen Seite führen unter anderen Faktoren die steigenden Personalkosten dazu, daß keine Kundenberater mehr eingestellt werden. Auf der anderen Seite ersticken die vorhandenen Kundenberater aber heute schon im ,,Papierkram" und zu vielen Kunden. Der Teufelskreis beginnt von vorne, wenn die Mitarbeiter – ausgestattet mit neuen quantitativen Zielen – auf neue Kunden ,,gehetzt" werden oder das nächste Schuljahr zu Ende geht.

Viele Vorstände nehmen nicht einmal wahr, wie sehr sie selbst auf Menge getrimmt sind und ihre Mitarbeiter mit dem Ruf nach immer noch mehr Kunden überfordern. Wie sollen bei einer solchen Geschäftspolitik Kundenzufriedenheit und Mitarbeiterzufriedenheit erzeugt werden?

Gehen Sie einen neuen Weg, ändern Sie Ihre Strategie: Hören Sie auf, um Kunden der Konkurrenz mit Super-Sonderkonditionen zu buhlen! Erlassen Sie ein ,,Akquisitions-Verbot", und werben Sie um neue Kunden nur, wenn Sie freie Betreuungskapazitäten haben! Im übrigen, kümmern Sie sich intensiver um die vielen Kunden, die Sie schon haben. Alle beteiligten Menschen werden es Ihnen danken, mit Zufriedenheit und mehr Inanspruchnahme Ihrer Dienstleistungen.

5.4 Was ist eine Zielgruppe?

Die meisten Banken und Sparkassen konzentrieren sich auf abstrakte Geschäftsfelder: Kreditgeschäft, Einlagengeschäft, Auslandsgeschäft, Kundenberatung, Bausparen, Versicherungen usw. Geschäftsfelder sind aber beispielsweise auch: Altersvorsorge, Finanzberatung, sichere Geldanlagen, Eigenheim-Finanzierung, Absicherung usw.

Die Leistungen und Angebote von Banken und Sparkassen werden nämlich – wie die Leistungen jedes Unternehmens – nicht für abstrakte Märkte, sondern für Menschen ,,produziert". Wer kommt in die Bank oder Sparkasse und erteilt einen Auftrag? Wer wird über verschiedenste Geldangelegenheiten beraten? Wer braucht einen Investitionskredit für eine Produktionshalle oder eine neue Maschine? Es sind immer Menschen, die darüber entscheiden, ob eine Leistung akzeptiert oder abgelehnt wird.

Solange Sie sich auf abstrakte Geschäftsfelder fokussieren, bleibt Ihnen der Blick versperrt für Kundenprobleme, für Problemlösungen und wirkliche Kundenorientierung. Orientieren Sie sich um. Definieren Sie Ihre Zielgruppe nicht als Privat- oder Firmenkunden und nicht nach Einkommen, Vermögen oder Umsatz, sondern wie folgt:

⇨ **Eine Zielgruppe sind Menschen mit gleichen Zielen, Wünschen, Bedürfnissen und Problemen.**

In jedem Geschäftsbereich eines Kreditinstitutes gibt es unzählige Zielgruppen. Im Geschäftsbereich „Auslandsgeschäft" beispielsweise folgende: Mittelständische Betriebe, Handwerker, Industrieunternehmen, Urlauber, Dienstleister, Immobilienmakler usw. Jede dieser Zielgruppen läßt sich nun immer wieder mehrfach weiter selektieren. So lassen sich die Mittelständler vielleicht in Bauunternehmen, Autohändler und Teppichgroßhändler unterteilen.

In einem Geschäftsfeld „Altersvorsorge" lassen sich private Kunden in einem ersten Schritt wie folgt spezifizieren:

- Singles mit oder ohne Kinder,
- Verheiratete mit oder ohne Kinder,
- Geschiedene mit oder ohne Kinder.

Jede dieser so formulierten Zielgruppen hat jeweils andere Probleme und Bedürfnisse.

Das gilt gleichermaßen für Unternehmen, z. B. im Geschäftsfeld „Strategische Finanzberatung":

- wachsende Unternehmen,
- stagnierende Unternehmen,
- sanierungsbedürftige Unternehmen.

Ärzte haben andere Probleme als leitende Beamte und Rentner wiederum andere als der Unternehmer mit Nachfolgesorgen. Möglicherweise haben alle aber das Problem extrem hoher Steuerbelastung. Die Probleme des wiederholt vermietete Immobilien kaufenden Industriellen sind sicher andere als die des hochverdienenden Vorstandsvorsitzenden einer Versicherungsgesellschaft. Vielleicht gehören beide aber zu den Leuten, die keine Zeit haben, sich um ihre finanziellen Dinge zu kümmern. Eine sicher große Zielgruppe sind die Menschen, die sich einen anderen Menschen wünschen, dem sie vertrauen, mit dem sie über ihr Geld reden können und von dem sie wissen, daß er sich zu ihrem Nutzen um sichere Anlagen kümmert.

Von einer Genossenschaftsbank wissen wir, daß in ihrem stark ländlich geprägten Geschäftsbereich eine große Kurklinik mit mehreren hundert festangestellten Ärzten und einer Frequentierung von einigen tausend Patienten im Jahr steht. Dies bietet vielfältige Möglichkeiten einer Zielgruppenselektion. Oder, ein anderes Beispiel sind die in Bank- und Sparkassenkreisen ob ihrer Beschwerdebereitschaft „berühmt-berüchtigten" Lehrer. Im Einzugsbereich einer Bank mit 200 Millionen DM Bilanzsumme bei 25 000 Einwohnern konnten über 250 Lehrer gezählt werden. Es wäre mit Sicherheit sinnvoll und lohnenswert, den durchaus ernst zu nehmenden Kritikpunkten vieler Lehrer mehr Aufmerksamkeit zu schenken, hier einen Mitarbeiter mit einer tieferen Differenzierung hinsichtlich Interessengebieten und Problemen zu beschäftigen und die kritischen Anmerkungen als wertvolle Hinweise für die Verbesserung der eigenen Leistung zu verstehen.

⇨ **Wie ermitteln Sie nun eine möglichst erfolgversprechende Zielgruppe?**

Bei der Differenzierung der Zielgruppen ist zu beachten, daß der betreuende Mitarbeiter den in Frage kommenden Kundenkreis Schritt für Schritt eingrenzt und konkretisiert. Sein Eignungsprofil (seine speziellen Stärken) soll dabei optimal mit dem Problem- bzw. Anforderungsprofil der Zielgruppe übereinstimmen.

Bei Beginn der Zielgruppenselektion erscheint es noch unmöglich, aus der Masse der Kunden mit ihren unterschiedlichen Problemen und Bedürfnissen eine Zielgruppe mit gleichen Merkmalen herauszuschälen. Aber genauso wie man lernt, eineiige Zwillinge voneinander zu unterscheiden, wenn man sich lange genug mit ihnen beschäftigt, kann man auch lernen, Zielgruppen zu differenzieren. Aus der (durch das Allfinanzkonzept angesammelten) Gesamtkundschaft, innerhalb derer es unzählige Zielgruppen gibt, werden kleinere Kundensegmente abgegrenzt, die in ihrer Problemstellung weitestgehend homogen sind. Entscheidend ist es, anzufangen und alles schriftlich festzuhalten. Abbildung 23 zeigt ein Beispiel für das Auffächern von Zielgruppen ausgehend vom Geschäftsfeld „Kreditvergabe".

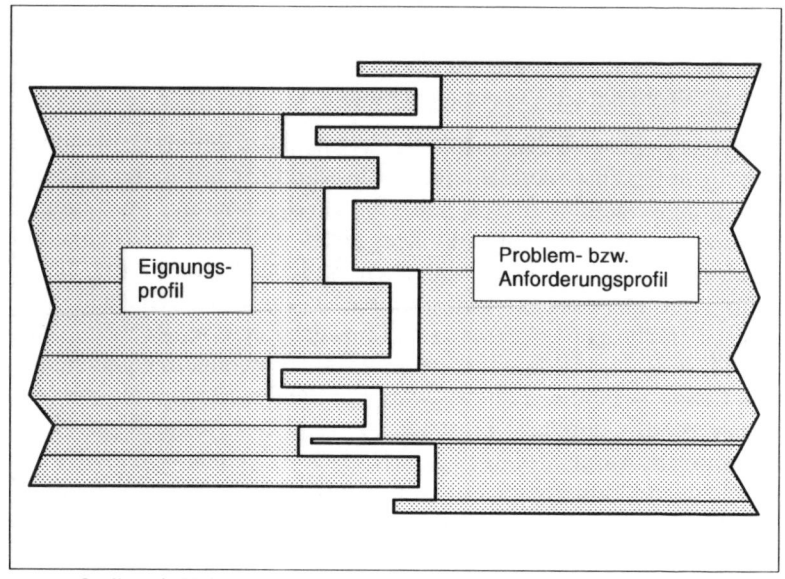

Quelle: Die EKS-Strategie, Frankfurter Allgemeine Zeitung GmbH Informationsdienste

Abbildung 22: Eignungs- und Anforderungsprofil

Die Eingrenzung auf eine möglicherweise sehr kleine Zielgruppe (hier: existenzgründende Allgemeinärzte) verschafft „Sichtkontakt" zu den Menschen, für die bestimmte Leistungen angeboten werden. Durch zunehmend engeren Kontakt erhält man tieferen und genaueren Einblick in die Bedürfnisse dieser Kunden und die Motive, die für die Entscheidung, eine Leistung in Anspruch zu nehmen, ausschlaggebend sind. Veränderungen dieser Bedürfnisse und Motive können schneller registriert und präziser beantwortet werden. Über einen permanenten Dialog mit der Zielgruppe stehen Kunden und Betreuer in einem wechselseitigen Lernprozeß. Dieser ermöglicht es, ohne großen und hypothetischen Aufwand in Form von komplizierten Analysen und Prognosen festzustellen, ob die Zielgruppe auch tatsächlich zu ihm paßt. Im Prozeß ergeben sich notwendige Korrekturen, die erforderliche Präzisierung und die Ausrichtung auf die Lösung des Kundenproblems fast von selbst. Leistungs- und Bedarfsprofil werden in eine immer bessere Paßform gebracht.

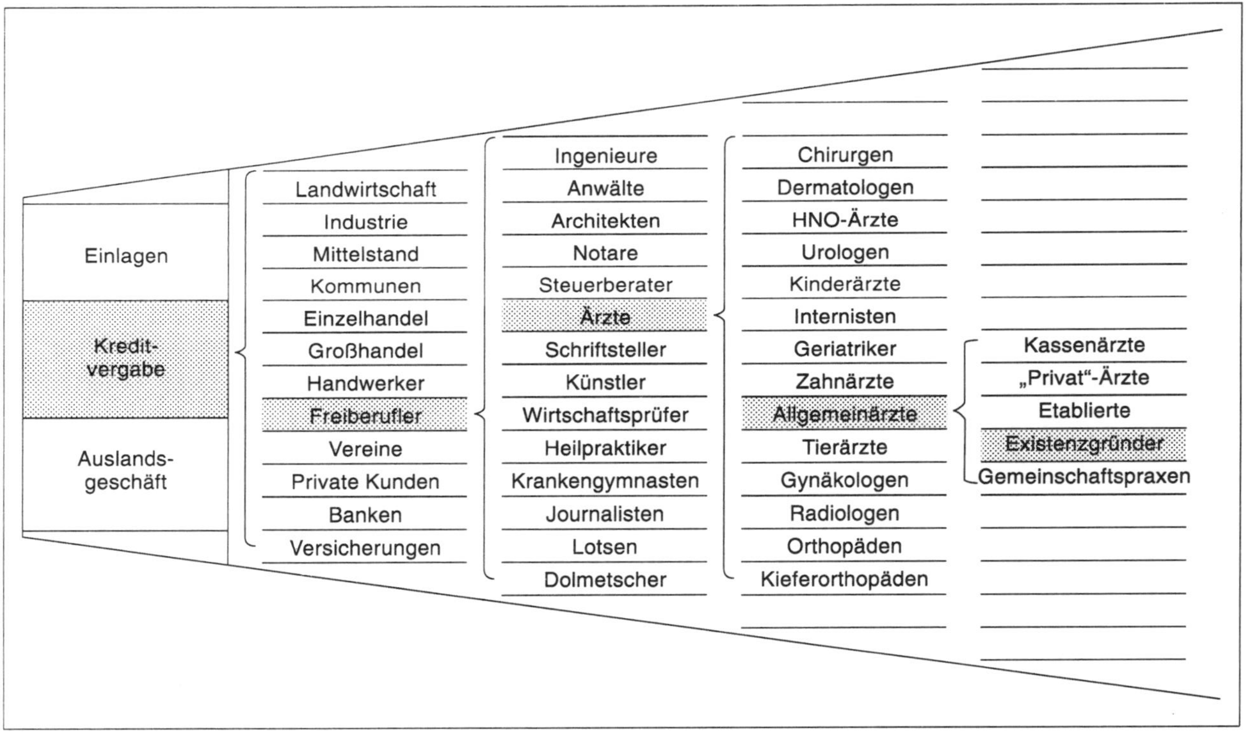

Einlagen	Landwirtschaft		
	Industrie		
	Mittelstand		
	Kommunen		
	Einzelhandel		
	Großhandel		
	Handwerker		
Kreditvergabe	**Freiberufler**	Ingenieure	
		Anwälte	
		Architekten	
		Notare	
		Steuerberater	
		Ärzte	Chirurgen
		Schriftsteller	Dermatologen
		Künstler	HNO-Ärzte
		Wirtschaftsprüfer	Urologen
		Heilpraktiker	Kinderärzte
		Krankengymnasten	Internisten
		Journalisten	Geriatriker
		Lotsen	Zahnärzte
		Dolmetscher	**Allgemeinärzte** — Kassenärzte / „Privat"-Ärzte / **Existenzgründer** / Etablierte / Gemeinschaftspraxen
	Vereine		Tierärzte
	Private Kunden		Gynäkologen
	Banken		Radiologen
	Versicherungen		Orthopäden
Auslandsgeschäft			Kieferorthopäden

Abbildung 23: Zielgruppen-Differenzierung „Kreditvergabe"

Zielgruppenspezialisierung heißt nicht, daß Sie auf Dauer in kleinen Nischen bleiben müssen. Die Einstiegszielgruppe kann den eigenen wachsenden Kräften entsprechend im Laufe der Zeit ausgedehnt werden.

„Das Beste oder nichts", hat Gottfried Daimler gesagt und damit zum Ausdruck gebracht, was Zielgruppenorientierung ausmacht. Das heißt allerdings nicht, daß man jedem alles recht machen muß, denn damit entwickelt sich – und da sind die Kreditinstitute ein gutes Beispiel – eine heillose Verzettelung. Es wäre falsch, sich alles von außen aufdrängen zu lassen; die jeweilige Zielgruppe muß den eigenen Möglichkeiten entsprechend aus der Masse der Kunden herausgefiltert werden. Entscheidend ist auch, daß der Kundenberater, der eine bestimmte Zielgruppe betreuen soll, die Möglichkeit erhält, Kunden abzulehnen, die nicht zu ihm passen.

6. Wie erreicht eine Bank die höchste Anziehungskraft bei ihren Kunden?

6.1 Menschen machen Qualität

Unternehmerischer Erfolg kann sich langfristig nur auf dem Boden eines positiven Images in der Öffentlichkeit entwickeln, das umso stabiler ist, je ernsthafter der Kunde sich anerkannt fühlen kann. Positives Image ist nicht abhängig von Hochglanzbroschüren und Selbstdarstellungskonzepten, sondern letztendlich von der Meinung, die sich die Kunden und die Öffentlichkeit von einem Unternehmen oder einer Branche machen. Diese Meinung bildet sich am ehesten auf der Basis eigenen Erlebens. Wenn in einem Unternehmen Service, Kompetenz, Freundlichkeit, das Empfinden, als Mensch akzeptiert zu werden, besonders ausgeprägt sind, kann sich eine positive Meinung leicht bilden. Wenn sich der Kunde bei einer Kreditaufnahme aber wie ein Bittsteller vorkommt oder eine Bank oder Sparkasse um sein Vertrauen wirbt, selbst aber damit sehr sparsam umgeht, können sich keine ,,freundschaftlichen" zwischenmenschlichen Beziehungen bilden, und der Kunde wird die erste Gelegenheit nutzen, das für ihn bedrückende Verhältnis aufzugeben.

Die folgende Abbildung macht eindrucksvoll deutlich, wie ein Unternehmen seine Verhaltensgrundsätze gegenüber Kunden zum Ausdruck bringen kann. Als Plakat sollten diese Aussagen die Büroräume jedes Unternehmens zieren; die Vorstandszimmer eingeschlossen.

Die herkömmliche Betriebswirtschaftslehre prägt noch immer weitgehend das Denken und Verhalten in den meisten Unternehmen und impliziert materielle Ziele, die nach Umsatz, Kosten, Marktanteilen und Gewinn definiert sind. Diese Unternehmen wirtschaften an ihrer sozialen Grundaufgabe vorbei. Sie mißachten den Mitarbeiter als lebendigen Produktionsfaktor und den Kunden als lästige Beute, die dem Unternehmen lediglich als Mittel zum Zweck dienen. Dabei liegen allein im Menschen die Ursachen für den Erfolg bzw. den Mißerfolg.

Ein Kunde

ist die wichtigste Person in unserem Unternehmen, gleich, ob er persönlich da ist oder schreibt oder telefoniert.

Ein Kunde

hängt nicht von uns ab, sondern wir von ihm.

Ein Kunde

ist keine Unterbrechung unserer Arbeit, sondern ihr Sinn und Zweck.

Ein Kunde

ist jemand, der uns seine Wünsche bringt. Unsere Aufgabe ist es, diese Wünsche gewinnbringend für ihn und uns zu erfüllen.

Ein Kunde

ist keine kalte Statistik, sondern ein Mensch aus Fleisch und Blut, mit Vorurteilen und Irrtümern behaftet.

Ein Kunde

ist nicht jemand, mit dem man ein Streitgespräch führt oder seinen Intellekt mißt. Es gibt niemand, der je einen Streit mit einem Kunden gewonnen hat.

Ein Kunde

ist kein Außenstehender, sondern ein lebendiger Teil unseres Geschäftes. Wir tun ihm keinen Gefallen, indem wir ihn bedienen, sondern er tut uns einen Gefallen, wenn er uns Gelegenheit gibt, es zu tun.

Quelle: Nagel, Kurt, Die 6 Erfolgsfaktoren des Unternehmens, Landsberg/Lech, 1986

Abbildung 24: Verhaltensgrundsätze gegenüber dem Kunden

Wo Erträge nicht als Qualitätsbeweis von Menschen verstanden werden, sind die Menschen vernachlässigt. Wer seine Mitarbeiter ständig mit materiellen Zielvorgaben unter Druck setzt, erzeugt damit eine ablehnende, manchmal sogar aggressive Haltung gegenüber den Kunden. Wer sich darauf konzentriert, seine Konkurrenten niederzuringen, hat wenig Energie und Zeit, sich mit herausragenden Leistungen um die Gunst seiner Kunden zu bemühen.

Andererseits werden Sie selbst unter dem Druck der Konkurrenz feststellen, daß anständiges, vertrauengeprägtes Verhalten gegenüber Ihren Kunden nicht nur das einzig richtige ist, sondern daß es sich auch noch auszahlen wird. Viele Menschen sind sogar bereit, mehr zu zahlen, etwa für die Übernachtung in einem Hotel, das sie schon kennen, ihren angestammten Friseur oder einen Handwerker ihres Vertrauens, statt ein Risiko mit einem preisgünstigen Mitbewerber einzugehen. Das gilt gleichermaßen für das Verhältnis zwischen Bank- oder Sparkassenkunden und ihrem Kundenberater; dies ist die Kernbeziehung, nicht das anonyme Verhältnis Bank – Kunde.

Wie wichtig die persönliche Beziehung ist und wie entscheidend für das langfristige Überleben des Unternehmens das Vertrauen ist, hat sich bei den vielen Sanierungsfällen in der Kreditwirtschaft – insbesondere bei Genossenschaftsbanken und Sparkassen – immer wieder gezeigt; die Kunden, die den Instituten „treu" geblieben sind, haben das wegen der Menschen getan, mit denen sie jahrelang zusammengearbeitet haben, nicht wegen des anonymen Kreditinstituts. Menschen haben Beziehungen zu Menschen, nicht zu Rechtsformen. Der „Konsument" hat sich zwar gewandelt, aber sein Bedürfnis nach menschlicher Wärme, Zuneigung und Vertrauen hat sich in dieser technisierten Welt eher verstärkt. Diese Zuneigung muß echt sein und darf sich nicht in Werbephrasen erschöpfen. Auch hier gilt: Übertrieben laute Botschaften, die nicht erfüllt werden können, schaden eher als sie nützen.

6.2 Kundenprobleme sind Marktchancen

Hinter jedem Problem steht der Bedarf nach einer Problemlösung. Und jede Problemlösung ist gleichzeitig eine Marktchance. Das gilt wie für alle Unternehmen auch für Banken und Sparkassen. Allerdings ist gerade in Kreditinstituten sehr oft eine Mentalität verbreitet, die darauf ausgerichtet ist, Kundenprobleme eher zu negieren und ihnen aus dem Weg zu gehen. Wer in der Kreditwirtschaft soll schon die Zeit haben, sich auch noch um Kundenprobleme zu kümmern? Der zeitliche Umfang, in dem sich Banker mit Bankproblemen beschäftigen, überwiegt bei weitem den Zeitanteil, den sie der Lösung von Kundenproblemen widmen.

Hier wird es wieder grotesk: Denn wenn sich die Banken und Sparkassen mehr um die Probleme ihrer Kunden – oder sagen wir eingrenzend – um die Probleme bestimmter Zielgruppen kümmern würden, hätten sie eine ganze Menge der heutigen Bankprobleme, für die sie die meiste Zeit brauchen, gar nicht. Probleme sind auch für Kreditinstitute Chancen in Arbeitskleidung. Bevor sie sich in steigenden Absatzerfolgen niederschlagen, muß allerdings zuerst Arbeit in das Aufspüren von Problemen und in deren Lösung investiert werden. Das größte Hindernis ist schon bei der Suche nach den Problemen zu überwinden: es ist der Egoismus. Wir schauen in erster Linie auf die eigenen Wünsche und Probleme und sind gegenüber den Bedürfnissen und Problemen unserer Kunden ziemlich immun. Wir sind es eher gewöhnt, darauf zu achten, was für uns gut ist, als auf das, was für unsere Kunden gut sein könnte. Die wichtigste Voraussetzung, Probleme zu finden, ist deshalb eine Änderung der Blickrichtung. Nur wenn wir anderen ihre Probleme lösen, werden wir für sie interessant und attraktiv mit der Folge, daß wir mehr absetzen, sich unser Umsatz erhöht, wir weiterempfohlen werden und höheren Gewinn erzielen. Daß es an Problemen bei den Kunden im Finanzdienstleistungsbereich nicht mangelt, zeigt die folgende Abbildung mit wahllos gesammelten Aussagen von Kunden einer mittelgroßen Volksbank.

6.3 Das brennendste Problem

Mit dem Kauf eines Produktes oder einer Dienstleistung möchte der Kunde ein von ihm empfundenes Bedürfnis befriedigen, bzw. ein Problem lösen, z. B. mit dem Kauf von Nahrungsmitteln das konstante Grundbedürfnis Hunger. Unter der Vielzahl von möglichen Problemlösungen für eine Zielgruppe gibt es solche, die einen besonders

Probleme von Bankkunden

- unbequemes Besprechen
- Mißtrauen gegenüber Bank
- Produkt(un)kenntnis
- Papierkrieg, Bürokratie, zu viele Unterschriften
- Vermögensstrategie aufbauen
- Ordnung in Finanzen
- Wünsche mitteilen; Berater hört nicht zu
- Informationsflut
- Ausschöpfen aller steuerlichen Möglichkeiten
- Entwicklungen sind zu schnell (Kapitalmarkt, Technik)
- immer mehr und höhere Gebühren der Bank
- Arbeit mit der Hausverwaltung
- Arbeit mit der Geldanlage
- Sicherheit der Renten, Bezahlung von Altersheim
- Wohnungsnot
- allgemeine Probleme der Existenzgründung
- Geschenke (Bankprodukte als Alternative)
- lohnenswertes Sparen bei kurzen Laufzeiten
- schlechte Erfahrungen mit der Bank in der Vergangenheit
- Kunde hat keinen Ansprechpartner
- Kunde hat durch Krankheit keine Möglichkeit, zur Bank zu kommen
- Sprachprobleme
- kein Überblick über fällige Anlagen
- kein Überblick über das Gesamtvermögen
- Kleingedrucktes in Verträgen und Allgemeinen Geschäftsbedingungen
- Probleme mit der Konkurrenz
- keine Zeit
- Erbauseinandersetzungen
- Erbfolge
- Kursentwicklung der Aktien
- Wohlbefinden des Ehepartners nach Umzug/Arbeitsplatzwechsel
- Gesundheitsprobleme
- konservative Eltern
- Angst vor Inflation, Geldentwertung
- Liquiditätsengpässe wegen Altlasten
- finanzielle Schwierigkeiten
- Anonymität und Diskretion
- Todesfallregelung
- keine passenden Immobilien zu finden
- Handwerksbetriebe suchen Hilfe bei der Vergabe von Großaufträgen
- Unternehmensplanung im Mittelstand
- Vertragsgestaltung (Miet-, Arbeitsverträge)
- Konsequenzen aus falscher Finanzierung
- Ansprechpartner für Reklamationen
- kein Überblick über Bankdienstleistungsangebot
- systematische Vermögensplanung
- Qualitätsvergleich der Anbieter
- Umgang mit Geldautomat
- Probleme mit Verbundpartnern

Abbildung 25: Kundenprobleme

starken Bedarf erfüllen und für die das Interesse und die Akzeptanz besonders groß sind. Je dringender das Problem von der Zielgruppe empfunden wird, für das eine Lösung angeboten werden kann, desto stärker reagiert die Zielgruppe. So ist beispielsweise Wasser für uns zwar lebensnotwendig, aber auch (noch) in ausreichendem Maße vorhanden, bildet also erkennbar keinen Engpaß. Völlig anders ist die Lage in vielen Entwicklungsländern oder beispielsweise nach einer Notlandung in der Wüste. Hier wird sehr bald eine Situation eintreten, in der die verdurstenden Menschen ihr letztes Hab und Gut für Wasser hergeben würden. Oder stellen Sie sich vor, Sie hätten die AIDS-Pille erfunden. Aufgrund des unbeschreiblichen Nutzens für die von der Krankheit betroffenen Menschen wäre die Anziehungskraft so groß, daß die Frage der Vermarktung überhaupt kein Problem wäre. Je zwingender der Nutzen einer Leistung für die Zielgruppe also ist, desto deutlicher wächst die Anziehungskraft des Anbieters. Dabei hängt der Erfolg nicht von der Größe der Kräfte und Mittel ab. Man braucht nur so genau wie möglich auf das brennendste Problem, den größten Engpaß einer Zielgruppe zu zielen, um mit gleichem Einsatz erheblich erfolgreicher zu werden als vorher.

Auf der Suche nach dem brennendsten Problem der Zielgruppe liegt das größte zu überwindende Hindernis in unseren Köpfen: Nicht Gewinnstreben, sondern Nutzenbieten muß die Grundlage des Denkens und Handelns sein. Jedes Problem birgt in sich die Notwendigkeit zur eigenen Veränderung, um noch unbekannte Problemlösungen für andere Menschen überhaupt entwickeln zu können, und Veränderungen machen Angst. Aber sie eröffnen auch neue Herausforderungen und lassen uns wachsen.

In die Suche nach den speziellen Problemen einer Zielgruppe müssen Sie zunächst Zeit investieren. Sich in dieser Form um Kunden zu kümmern, ist ungewohnt und anfangs mühsam, wird aber im Lernprozeß immer leichter. Die Erfahrung zeigt, daß meistens unzureichende Informationen über die eigenen Kunden vorliegen, insbesondere wenn es darum geht, die brennendsten Probleme, die wirklichen Engpässe zu erkennen. Insofern sind Sie zunächst auf Annahmen und Vermutungen angewiesen. Ob die angenommenen Zielgruppenprobleme auch mit den empfundenen übereinstimmen, läßt sich am besten herausfinden, indem die Zielgruppe danach befragt wird. Auch hier ist wieder eine Neuorientierung im Kopf notwendig. Es gilt, die weitverbreitete „Krankenhausmentalität" abzulegen, und nicht zu warten, bis der Patient kommt. Stattdessen muß der Kontakt zur Zielgruppe gesucht werden. Nur im ständigen Dialog mit den Menschen, für die Ihre Leistungen bestimmt sind, können Sie optimale Lösungen erarbeiten. Laden Sie Menschen aus Ihrer Zielgruppe ein und befragen Sie sie:

- Was erwarten Sie von Ihrer Zukunft?
- Welche Ziele haben Sie?
- Welche sind Ihre größten Probleme?
- Was hindert Sie am stärksten daran, erfolgreicher zu werden?
- Was erwarten Sie von uns, um Sie zu unterstützen?
- Was können wir tun, um die Hindernisse zu beseitigen?

Solche Befragungen fördern die wahren Probleme Ihrer Zielgruppe an den Tag, zuverlässiger als Vermutungen und Spekulationen. Entscheidend ist, daß Sie sich in die Situation der Zielgruppe versetzen und aus ihrer Sicht die Dinge betrachten.

„Du kannst einen anderen Menschen erst verstehen, wenn du einige Meilen in seinen Mokassins gelaufen bist.", sagt eine indianische Weisheit.

In ersten Diskussionen mit der Zielgruppe lassen sich oft schon sowohl das brennendste Problem als auch erste Lösungsansätze erarbeiten. Manche Lösungen sind so simpel, daß sich nach der Umsetzung jeder wundert, warum man nicht schon früher darauf gekommen ist.

Maßstab ist dabei nicht die technische Leistungsfähigkeit oder der Erfindungsgeist des Unternehmens, sondern ausschließlich das Empfinden des Kunden. Ein Elektrogerätehersteller scheiterte mit der Vermarktung eines digitalisierten Bügeleisens – offensichtlich hat die aufwendige Technik der Entwicklungsabteilung imponiert, der Hausfrau aber keinen Nutzen verschafft. Ebenso stellt sich die Frage, ob eine Telefonanlage mit 453 Funktionen für den Benutzer noch eine besondere Lösung seines Telekommunikationsproblems darstellt, wenn ein normaler Anwender im Durchschnitt nur zehn Funktionen braucht. Dieses Verhalten ist Beispiel für viele vermeintliche Problemlösungen, die an der Ablehnung von Kunden, Geschäftspartnern und Meinungsführern im Markt scheitern.

Obwohl den meisten Menschen und Unternehmen klar ist, daß sie in vernetzten Systemen leben und arbeiten, denken und handeln sie immer noch so, als ob ihre Wirkung isoliert bliebe. Der Buchhalter kümmert sich um die finanziellen Probleme, der Marketingleiter um die Werbeprobleme, der Personalverwalter um die personellen Probleme usw. Eine Problemlösung, die jedoch gezielt die Weiterentwicklung der Zielgruppe unterstützt, sie erfolgreicher macht, bewirkt eine positive Kettenreaktion von Veränderungen im Gesamtsystem. Auch die betriebsinternen Probleme erhalten unter dieser Betrachtungsweise eine andere Bedeutung. Anstatt einseitig technische oder Kalkulations-Probleme lösen zu wollen, erhält das Unternehmen unter der vorrangigen Orientierung am Problem der Zielgruppe auch den Hinweis auf die eigenen Entwicklungsengpässe.

In diesem Zusammenhang sind gerade die unzufriedenen Kunden so wichtig. Sie sagen uns, wo die Problemlösungen, die Leistungen und der Service Mängel aufweisen. Entgegen der sonst so verbreiteten Haltung sollten wir gerade „Kleinigkeiten", die das Verhältnis zwischen Kunde und Bank oder Sparkasse trüben, wesentlich ernster nehmen. Wir möchten hier noch einmal an die in den Kreditinstituten mit vielen Vorurteilen belasteten Lehrer erinnern – aber auch an die anderen Kunden – deren kritische Aussagen wesentlich mehr Beachtung finden sollten. Wie lange nimmt es wohl jemand hin, daß immer wieder, wenn er anruft, das Telefon blockiert ist, der versprochene Rückruf nicht stattfindet, er wegen Nicht-Zuständigkeit dreimal weiterverbunden wird, wenn er zum wiederholten Male die Änderung seiner Anschrift reklamieren muß? Selbst der Kunde, der – aus welchen Gründen auch immer – verärgert seine Bankverbindung aufkündigt, sollte um ein Feedback gebeten werden, um künftig Mängeln vorbeugen zu können. Informationen über die Motivation von Kunden sind auch bei Investitionen in die Servicequalität von Bedeutung. Eine Bank, die große Summen in die Zuverlässigkeit der monatlichen Kontoauszüge investierte, stellte bei einer späteren Umfrage fest, daß weniger als ein Prozent der Kunden wegen ungenauer Kontoauszüge abtrünnig geworden war.

Fassen wir hier einmal zusammen: Wesentlich ist die Konzentration auf eine spezielle Zielgruppe, die aufgrund der besonderen Stärken eines Mitarbeiters oder Ihres Instituts und aufgrund von persönlicher Neigung an Ihren Leistungen ein besonderes Interesse hat. Diese Zielgruppe gilt es, zu identifizieren. Dann werden die Probleme, Ziele, Wünsche, Träume, Ängste, Hoffnungen dieser Gruppe erforscht; am besten im Dialog mit den Menschen. Was ist das brennendste Problem? Wenn Sie das herausgefunden haben, können Sie an die Entwicklung einer einmaligen Lösung herangehen.

# 7. Wie findet eine Bank neue Geschäftsmöglichkeiten?

7.1 Strategie ist Herausforderung

Mit der richtigen Strategie fordern Sie den Erfolg unweigerlich heraus. Nach Festlegung des Geschäftsfeldes, Ermittlung der speziellen Zielgruppe und der brennendsten Probleme sind die Erarbeitung einer konkurrenzlosen Lösung und ihre Umsetzung die nächsten Schritte. Dabei ist das Suchen nach anderen Wegen als den bisherigen erforderlich; Erfolg resultiert weithin aus ungewöhnlichem Denken und Handeln. Hat z. B. eine Bank oder Sparkasse eine einzigartige Problemlösung, so liegt es in ihrem Ermessen, diese nur gegen Honorar anzubieten. Es ist auch denkbar, die Leistungen nur einem beschränkten Personenkreis zur Verfügung zu stellen (wie in früheren Jahren die Kreditinanspruchnahme bei Genossenschaftsbanken den Mitgliedern vorbehalten war). Vielleicht bauen Sie Kundenclubs auf, bieten Abend- oder Wochenendseminare zu strategischen Fragen oder zum Thema „Lebensqualität" an. Wichtig ist, daß Sie bei Ihren Aktivitäten berücksichtigen, daß die Teilnehmer persönlich davon profitieren. Es gibt genug Möglichkeiten, die alle den gleichen positiven Effekt erzielen: beim Kunden, bei den Menschen Sog zu erzeugen. Weder in der Bank oder Sparkasse noch bei Ihren Kunden läßt sich mit Druck – wie er mit manchen Prospekten, Werbung und Manipulation erzeugt wird – auf lange Sicht etwas erreichen. Auch in der Bankenwelt muß beachtet werden, daß Menschen nur auf Sog positiv reagieren und nicht auf Druck.

Menschen sind der einzige Schlüssel für zukünftigen Erfolg. In vielen Fällen können die Mitarbeiter eine neue Strategie jedoch nicht umsetzen, weil ihnen – neben der Tatsache, daß die Zielsetzung oft unbekannt ist – die dazu benötigten Fähigkeiten nie vermittelt worden sind, wie beispielsweise die konzentrierte Betreuung weniger Top-Kunden. Dies gehört selten zum Tagesgeschäft von Mitarbeitern, die gerade in Banken und Sparkassen eher an passives Arbeiten gewöhnt wurden und oft kaum in der Lage sind, ihre Sachbearbeitung im Griff zu halten. Ein Beispiel mag das verdeutlichen:

Um Freiraum für Beratungszeit in Einmann-Geschäftsstellen zu schaffen, beschloß der Vorstand einer Genossenschaftsbank die Reduzierung der Öffnungszeiten durch ganztägige, zum Teil durch halbtägige Schließung der Stellen. Verschiedene Geschäftsstellenleiter übernahmen nur mit Widerwillen die Aufgabe, Beratungsgespräche mit Kunden zu verabreden. Die Umsetzung dieser Maßnahme war zunächst problematisch, weil die entsprechenden Mitarbeiter nie etwas anderes als das normale reaktive Bankgeschäft gemacht hatten – geschützt durch die entsprechende schußsichere Verglasung. In der Anfangsphase waren deshalb viele dieser Mitarbeiter stark verunsichert und klammerten sich förmlich an Sachbearbeitungstätigkeiten. In zahlreichen Gesprächen, in Seminaren und durch „training-on-the-job" konnten sie im Prozeß an ihre neue Aufgabe herangeführt werden. Heute genießen die Mitarbeiter ihre Freiheit in der Gestaltung der mittlerweile weiter ausgedehnten Beratungszeiten, führen viele Gespräche, haben großen Erfolg – und Spaß. Sie mußten neu lernen und vor allem ihre Veränderungsängste beseitigen. Dabei zu helfen und zu begleiten ist Aufgabe der Führungskräfte, denn Menschen brauchen permanente positive Unterstützung, um neue Wege zu gehen.

Die Umsetzung einer Strategie ist eine Herausforderung bei der Überwindung von sozialen, psychologischen und zeitlichen Widerständen. Sie braucht Ihren Verstand, aber noch mehr braucht sie Ihr Herz.

7.2 Das Primat des Wandels

> *„Viele alte Zöpfe müssen abgeschnitten werden, und es stehen Strukturveränderungen an, die einschneidender sind als alles, was die Bankbranche in der Nachkriegszeit bisher gesehen hat."* (Handelsblatt 31.12.93)

Martin Kölsch, Vorstandsmitglied der Bayerischen Hypotheken- und Wechselbank, bringt hier richtigerweise zum Ausdruck, was eigentlich alle Verantwortlichen in dieser Branche wissen oder spüren – jeden Tag. Alle Anzeichen deuten darauf hin, daß die starren Strukturen und der „unproduktive Papierkram" ausgedient haben; das gilt sowohl für die Politik wie auch für die Wirtschaft und die Bankbranche. Gleichzeitig wird aber auch die Hilflosigkeit deutlich, die immer dann entsteht, wenn das Vergangene nicht mehr funktioniert und eine neue Perspektive noch nicht greifbar ist. Gerade die politischen Veränderungen in der ehemaligen DDR und im übrigen Osteuropa haben gezeigt, daß überzogene Ordnungsprinzipien, inflexible Systeme und vor allem auf Mißtrauen und Kontrolle aufgebaute Organisationen Auslaufmodelle sind. Die Prinzipien Verdacht und Mißtrauen sind auch in der Kreditwirtschaft längst am Ende. Menschen – Kunden, Mitarbeiter, Führungskräfte und auch Vorstände – wünschen sich menschliche Strukturen, nicht Anpassung an traditionelle Organisationsmuster. Das Bedürfnis nach Mündigkeit, nach Bewegungsfreiheit und Spaß sowie die wachsende Freizügigkeit der Information bringen die alten Führungs- und Organisationsleitbilder aus dem Gleichgewicht.

Dieser Prozeß wird durch die heutigen und zukünftigen Informations- und Kommunikationsmöglichkeiten noch erheblich beschleunigt. Der Abteilungsleiter alter Prägung, der sich als Informationsbesitzer gegenüber seinen Mitarbeitern verstand, hat ausgedient, wenn die Mitarbeiter Zugang zu allen nötigen Informationen besitzen. Je nach Institutsgröße werden sich viele Leitende in Kürze „überlebt" haben. Wachsende Komplexität, härterer Wettbewerb (auch um die besten Mitarbeiter) und notwendige schnellere Innovationszyklen lassen sich nicht mit Verboten, Kontrollen und gut bewachten Abteilungsgrenzen im Zaum halten. Die Veränderungen sind nicht aufzuhalten; wer sich gegen sie stemmt, wird von ihnen überrollt. Zu viele versuchen verzweifelt, die vielleicht noch ausreichenden Ergebnisse der Vorjahre dadurch zu retten, daß sie sich mit aller Kraft und vornehmlich gegen den inneren Wandel bei sich selbst wehren, Investitionen zurücknehmen, Weiterbildungsmaßnahmen aus Kostengründen streichen, Mitarbeiter freisetzen, Gebühren erhöhen und Zinsanpassungen nicht, nicht rechtzeitig oder nicht im angemessenen Umfang vornehmen. So werden Ergebnisbelastungen kurzfristig ausgeschaltet, gleichzeitig aber wird die langfristige Überlebenschance des Instituts gefährdet. Fürs Zuwarten werden Vorstand und Führungskräfte nicht bezahlt. Setzen Sie sich mit Entschlossenheit, Mut und Geschick an die Spitze der Entwicklung; das ist Ihre Chance. Werden Sie selbst zum Trendsetter.

7.3 Die zentrale Bedeutung der Lernprozesse

Unsere Kunden brauchen den „Generalisten mit fundiertem Wissen und großer Sozialkompetenz", bzw. den „Spezialisten mit großem Überblick und Weitsicht". Als solche kommen die wenigsten neuen Mitarbeiter in eine Bank oder Sparkasse; sie müssen sich also erst dahin entwickeln (dürfen). Neben der Tatsache, daß die herkömmlichen Karriereplätze alle besetzt sind und Verdrängungswettbewerb und lange Wartezeiten nur Frust verursachen, ist das der Grund, weshalb Kreditinstitute die Karriere zu Querdenkern und nicht zu Aufsteigern fordern und fördern sollten. Es genügt nicht mehr, dadurch „Überblick" zu gewinnen, daß die „Weihen" des Lehrinstitutes der Sparkassen-Akademie oder des Genossenschaftlichen Bank-Führungsseminars auf Schloß Montabaur in notenorientierter Ausbildung errungen werden, anschließend die Karriereleiter hinaufgeklettert und der Blick „von oben" genossen wird. Da geht sehr leicht der Boden unter den Füßen verloren. Und vor allem – wer oben sitzt, muß erst „absteigen", wenn er Neuland betreten will oder wenn er sich in seiner Position nicht wohlfühlt. Vor diesem Abstieg haben die meisten Menschen Angst und verteidigen deshalb ihre „Stellung", ihre „Position", ihren „Status" mit allen Mitteln. Ihre Angst hindert sie daran, etwas zu riskieren, Neues auszuprobieren, etwas zu unternehmen. Solche Vorstände und Führungskräfte schreiben den Status quo fest, sie lernen nichts hinzu, sie behindern sich selbst – sie sind „lern-behindert". Das muß im Interesse aller Beteiligten anders werden.

Die Kompetenz eines Kreditinstitutes ist mehr als die Addition der menschlichen und fachlichen Kompetenz aller ihrer Mitarbeiter – heute schon und in Zukunft erst recht. Keine Bank oder Sparkasse, die langfristig an ihrer Selbständigkeit interessiert ist, wird auf das Wissenspotential, die Kreativität und Innovationskraft ihrer Mitarbeiter als Mitunternehmer und selbstbestimmte Persönlichkeiten verzichten können. Lern-Fähigkeit und die Fähigkeit zum Ent-Lernen, d. h. alte Muster, Bilder, Vorstellungen und Meinungen zu vergessen und Platz für neue Erkenntnisse zu schaffen, brauchen Menschen und Unternehmen in Zeiten großer Turbulenzen. In der Kreditwirtschaft sind diese Eigenschaften erst schemenhaft zu erkennen, denn bisher bestand wenig Veranlassung „umzudenken"; die Ergebnisse waren entweder noch gut, oder es wurde fusioniert – oder es gab Sanierungsmittel, die

die Unterlassungssünden wieder ein paar Jahre kaschierten. Wer die Kräfte der Mitarbeiter nutzbar machen will, muß sich selbst und das Unternehmen transformieren: Nur ein Höchstmaß an Bereitschaft zur Aufgabe alter Gewohnheiten sowie an Liebe zur Instabilität führen zu exzellenter Vitalität und Handlungsleidenschaft. Im Unternehmen muß dies vom Vorstand ausgehen und vorgelebt werden. Eindringlich sei vor Pseudo- oder Alibi-Handlungen gewarnt, die Aktualität und Offenheit nur vorgeben und die eigene Person davon ausnehmen; das geht zwangsläufig schief. Denn es ist nur eine Frage der Zeit, wann die Mitarbeiter den ,,Betrug" ent-decken, und sich z. B. in ihre Schneckenhäuser (sprich ,,Dienst nach Vorschrift") zurückziehen. Wenn jedoch tiefe innere Überzeugung dahintersteht, wenn es ehrlich gemeint ist und von Herzen kommt, wenn Sie als Vorstand, als Führungskraft Ihre Mitarbeiter ,,lieben" und sich an deren Erfolgen freuen können, wenn Sie Menschen ganz einfach mögen, ist die entscheidende Hürde bereits genommen.

Zunächst ist die Bereitschaft – das Wollen – notwendig, sich zu öffnen, sich selbst zu erkennen und anzunehmen. Sie müssen Ihre persönliche und unternehmerische Zielsetzung klären, Ihr Leben selbst in die Hand nehmen, sich von der Fremdbestimmung Ihres Selbst lösen wollen und mit den sogenannten Sachzwängen selbstbewußt umgehen lernen. Vielleicht hilft es, nicht immer von Sachzwängen, sondern von Sachalternativen zu reden; es ist erstaunlich, wieviele Sachalternativen es gibt, wenn man die festen Mauern der Sachzwänge durch flexible Grenzsetzungen ersetzt. Tun Sie nicht blind, was andere wollen! Lassen Sie nicht von Verband, Prüfern, Aufsichtsräten, Verbund-,,Partnern" usw. bestimmen, wie und wohin Sie das Institut entwickeln, für das Sie Verantwortung tragen und für das Sie mit Ihrem gesamten Vermögen haften! Prüfen Sie sich einmal selbst, inwieweit Sie der Selbsttäuschung und den Unwahrheiten erliegen, die Sie sich täglich einreden, wie z. B.:

- der Glaube, daß harte Arbeit und das Betriebsergebnis direkt proportional zueinander stehen,
- die Vorstellung, bei der Arbeit sei die Quantität wichtiger als die Qualität,
- die Überzeugung, nicht delegieren zu dürfen, weil Ihre Mitarbeiter Ihre Arbeit nicht genau so gut erledigen können wie Sie selbst,

- der Glaube, in Ihrer Beziehung zu Ihrem Partner/Ihren Kindern sei alles in Ordnung, obwohl Sie nie vor 20 Uhr nach Hause kommen und am Wochenende Repräsentationspflichten rufen,
- die Vorstellung, daß alle, die Sie als Bank- oder Sparkassendirektor privat oder offiziell einladen, Ihre Freunde sind,
- die Überzeugung, daß Mitarbeiter unangemessen gemaßregelt werden können und anschließend hochmotiviert arbeiten.

Unternehmensführer leben weithin in persönlicher „Armut" und leiden oft unter emotionaler Verkümmerung:

- keine Zeit,
- keine Muße,
- keine Ruhe,
- keine Anerkennung,
- kein Mitgefühl,
- keine soziale Sicherheit.

Entwickeln Sie persönlichen „Reichtum"! Lesen Sie z. B. im ersten Schritt spezielle Literatur zu den Themen Selbsterkenntnis, Persönlichkeitsentwicklung, Führung und Zukunft. Besuchen Sie Seminare auch außerhalb der organisationseigenen Bildungseinrichtungen. Erleben Sie das gute Gefühl, frei von beruflichen Zwängen und mit Ihnen unbekannten Menschen auf Entdeckungsreise zu gehen. Wecken Sie Ihre Neugier, mehr über sich selbst zu erfahren, und werden Sie wirklich offen für Neues. Lassen Sie sich nicht von den Vorurteilen derjenigen abhalten, die das alles vielleicht als esoterische Spielerei, Sektentum oder „eines Bankers nicht angemessen" abtun, und die die Unwissenheit über die eigene Persönlichkeit mit Arroganz vertuschen, oftmals das einzige Mittel, um ihre Unsicherheit zu verbergen.

Wenn Sie sich für die Expedition ins eigene Ich entscheiden, eröffnen sich nicht nur die eigenen Potentiale, sondern entsteht auch der Zugang zu den Potentialen der Mitarbeiter, weil Sie nicht nur sich selbst, sondern auch andere Menschen viel besser verstehen. Freuen Sie sich an dem spannenden Erlebnis, sich selbst und den Mitarbeitern die Gelegenheit zu geben, sich in einen evolutionären Prozeß der Selbstfindung einzulassen mit dem Ergebnis größeren Selbstbewußtseins und höherer Selbstachtung. Erfolgsrezept Nr.1: **Anfangen!**

7.4 Innovation kann schon ein Lächeln sein ...

Die Ideen der 80er Jahre reichen nicht mehr aus, und neue Probleme lassen sich nicht mit alten Lösungen bewältigen. Heute ist kein Marktanteil mehr sicher, keine Produktlebensspanne mehr unendlich. Nicht nur bei Autos, Fernsehen und im Schiffbau, sondern auch im Versicherungs- und Bankgeschäft reißen sich innovative Konkurrenten ganze Nischen unter den Nagel. Das beginnt bei den ortsansässigen Steuerberatern, die für ortsfremde Institute vermitteln, geht über die freien Finanz- und Wirtschaftsberater bis hin zu den Strukturvertrieben. Sie alle bieten Leistungen an, die den Bank- und Sparkassenkunden einen Nutzen schaffen, den ihre Institute offensichtlich nicht erbringen. Was fehlt, sind erfolgreiche Innovationen als Ergebnis eigener Kreativität der Mitarbeiter eines Kreditinstituts, nicht das Abschreiben beim Branchenprimus, das heute schlimmerweise so verbreitet ist. Auch ein Lächeln kann bereits eine Innovation sein, wenn der Kunde sonst nur unfreundlich und wenig zuvorkommend bedient wurde.

Was sind die Merkmale innovativer Banken und Sparkassen?

⇨ **Menschen im Mittelpunkt**
Der Mitarbeiter ist nicht Vollzugsmaschine eines in Arbeitsanweisungen beschriebenen Arbeitsablaufs. Vorstände und Führungskräfte sind sich der Tatsache bewußt, daß Mitarbeiter aus dem gleichen Fleisch und Blut sind wie sie selbst; sie haben auch Wünsche, Hoffnungen, Träume und Ziele. Sie respektieren und achten die Persönlichkeit und Würde der Mitarbeiter so wie sie selbst wünschen, respektiert und geachtet zu werden. Das gleiche gilt gegenüber den Kunden.

⇨ **Offensive, zukunftsorientierte Grundhaltung**
Das Wort „Fusion" ist aus dem Wortschatz des Unternehmens gestrichen – und damit alle negativen Spekulationen und Begleitumstände, die auftreten, sobald eine Fusion als denkbar diskutiert wird; Kooperationen werden als sinnvolle Alternativen praktiziert. Führung und Mitarbeiter kümmern sich intensiv um Trends, sie antizipieren erwünschte künftige Ereignisse und treffen die notwendigen Entscheidungen heute. Die Einrichtung von Strategiegruppen, Zukunfts- oder Lern-Werkstätten sind ebenso äußeres Zeichen der Grundhaltung wie eine „angstfreie" Unternehmenskul-

tur. Die Mitarbeiter wissen, daß die Vorstandsarbeit auch auf die Sicherung ihrer Arbeitsplätze ausgerichtet ist.

⇨ **Auf Kreativität, Kommunikation und Teamarbeit basierende Organisation**
Innovationen kann nur finden, wer sie in den Köpfen der Menschen sucht. Jeder Mensch macht auf Dauer nur das gut, was er aus eigenem Antrieb/Motivation tut, aus seiner Lust und Neigung heraus. Innovative Unternehmen bauen Behinderungen ab und schaffen günstige Rahmenbedingungen. Sie fördern die ,,Spinner", die sich um Wahrheit bemühen, die nie zu sicher sind, die irren und neue Wege suchen. Sie helfen den sogenannten ,,Konformisten", sich in geschützter Umgebung ebenfalls auf den Weg machen zu können. Sie vertrauen ihren Mitarbeitern und trauen ihnen etwas zu.

⇨ **Fehlertoleranz**
Innovative Kreditinstitute bzw. ,,Vorgesetzte" akzeptieren Fehler als Gelegenheit, es künftig besser zu machen, statt die Mitarbeiter zu bestrafen. Fehler werden nicht bewußt inszeniert, sie passieren einfach – übrigens ,,Vorgesetzten" auch. Absichtliche Fehler wären Sabotage, und warum um alles in der Welt sollte ein Mitarbeiter mit Absicht sein Unternehmen sabotieren? (Gibt es ihn, dann muß er raus aus der Firma!) Die Vorstellung der Führungskräfte, daß es ihn geben könnte, darf nicht zur Geißel für die Gesamt-Belegschaft werden. Solange Fehler als karrierefeindlich empfunden werden, gilt das bekannte Null-Fehler-Programm: ,,Wer etwas macht, macht Fehler. Wer nichts macht, macht keine Fehler – und wird befördert." Eigene Fehler und Minderleistungen seitens der Führung einzugestehen, verbunden mit dem Appell zu Risikobereitschaft und mutigem Handeln, schafft Nähe zu den Mitarbeitern und Vertrauen.

⇨ **Kultur der Neugier**
Neue, für das eigene Unternehmen bahnbrechende Ideen können nur gefunden werden, wenn die Bereitschaft da ist, die alten Denkmuster zu verlassen. Innovative Kreditinstitute geben Führungskräften und Mitarbeitern Gelegenheit, in Seminaren mit Mitarbeitern anderer Branchen deren Probleme und Ideen kennenzulernen und deren Übertragbarkeit auf die Bank oder Sparkasse zu prüfen. Sie geben die Möglichkeit, kreativitätsfördernde Veranstaltungen

zu besuchen mit dem Ziel, die eingefahrenen Bahnen im Kopf zu
„sprengen". Sie suchen nach Potentialen fernab eingefahrener Wege.

7.5 Die erfolgreiche Alternative: EKS-Innovationsstrategie

Immer wieder gibt es Unternehmen oder Menschen, die anderen um Längen voraus sind. Und zwar selbst dann, wenn die Konkurrenzsituation immer härter oder aufgrund von konjunkturellen Schwankungen die Absatzmöglichkeiten immer unberechenbarer werden. Diese Frage ließ auch dem Systemforscher Wolfgang Mewes keine Ruhe. Er analysierte die herausragenden Erfolge von mehreren tausend Führungskräften und Unternehmen, und ihm gelang es bereits in den 70er Jahren, die gemeinsame Ursache dieser Erfolge in eine Methodik zu fassen, die er in dem Fernlehrgang „Die kybernetische Managementlehre (EKS)" publizierte. Dabei steht EKS für engpaßkonzentrierte Strategie. Mewes hat bei seinen Forschungen zur EKS-Strategie stets Parallelen zwischen den Naturgesetzen und den Gesetzen des ökonomischen Erfolges festgestellt. So wie in der Natur die verschiedenen Subsysteme zusammenwirken, entwickeln sich auch ökonomische Systeme (also Unternehmen, Nachfrager, Märkte) optimal, wenn sie sich dem Vorbild der Evolution entsprechend verhalten.

7.5.1 Alles ist optimierbar

Innovationen sind für jedes Kreditinstitut eine zwingende Notwendigkeit angesichts der dynamischen Veränderungen im Markt. Grundsätzlich ist jede Leistung verbesserungsfähig, und jeder Mensch ist – unabhängig von seiner Intelligenz, seinem Kapital oder seiner Kreativität – in der Lage, solche Innovationen zu entwickeln. Da wundert es schon, wenn Unternehmen diese Potentiale nicht nutzen. Verbesserungsmöglichkeiten gibt es in Hülle und Fülle, auch in Banken und Sparkassen. Versetzen Sie sich z. B. einmal in die Situation des Kunden, betreten Sie Ihr Institut und sehen Sie mit seinen Augen:

- Papiertaschentücher auf dem Boden,
- überholte Aktien- und Sortenkurse im Aushang,

- mit Handabdrücken überfrachtetes Türglas im Sonnenlicht,
- überfüllte Aschenbecher,
- ungeordnete Prospektständer,
- alte Veranstaltungsplakate,
- schief aufgehängte Bilder,
- staubige Grünpflanzen,
- indiskrete Bedienungszonen,
- unfreundliche Mitarbeiter,
- falsche Datums- und Zeitangabe auf dem elektronischen Kalender,
- streikende Geldausgabeautomaten, Kontoauszugdrucker oder Automatische Kassentresore,
- versteckte Preisaushänge und vieles andere mehr.

Diese Liste ließe sich fortsetzen. Machen Sie zu diesem Thema einmal ein Brainstorming mit einigen Mitarbeitern. Vor allem, nehmen Sie neue Mitarbeiter und die jüngsten Auszubildenden dazu. Fragen Sie einige Ihrer Kunden. Bereits einfachste Fragebögen geben erste Hinweise. Sie können allerdings das persönliche Gespräch nicht ersetzen.

Mit großer Wahrscheinlichkeit verfügen Sie anschließend über eine Flut von Innovationsmöglichkeiten, haben aber auch das Problem, womit Sie nun anfangen sollen. Nehmen Sie als Kriterium die offenkundig „größten" Probleme, oder solche, die am häufigsten genannt wurden. Das können z. B. Öffnungszeiten, Parkplätze, unfreundliche Mitarbeiter oder fehlende Diskretion im Beratungsgespräch sein. Die Beseitigung dieser „Kauf"-Hindernisse wird von Ihren Kunden mit Zufriedenheit, Treue zur Bank und steigender Nachfrage belohnt. Beachten Sie aber auch, daß sich die von Ihren Kunden empfundenen Probleme ständig ändern und Sie sich laufend anpassen müssen.

7.5.2 Schiefe Schlachtordnung

Das hohe Maß an Verzettelung und absolute Heterogenität in der Kundenstruktur – vom Neugeborenen bis zum Konzern, vom Arbeiter bis zum Professor – macht es unmöglich, Spitzenleistungen auch nur für eine Kundengruppe zu bringen. Unzählige Produkte sind die für die Mitarbeiter nicht mehr beherrschbare Folge des Ansinnens, für jeden Kunden alles anzubieten und des Glaubens, daß mit alledem auch noch Gewinn zu erzielen ist. Banken und Sparkassen, die sich

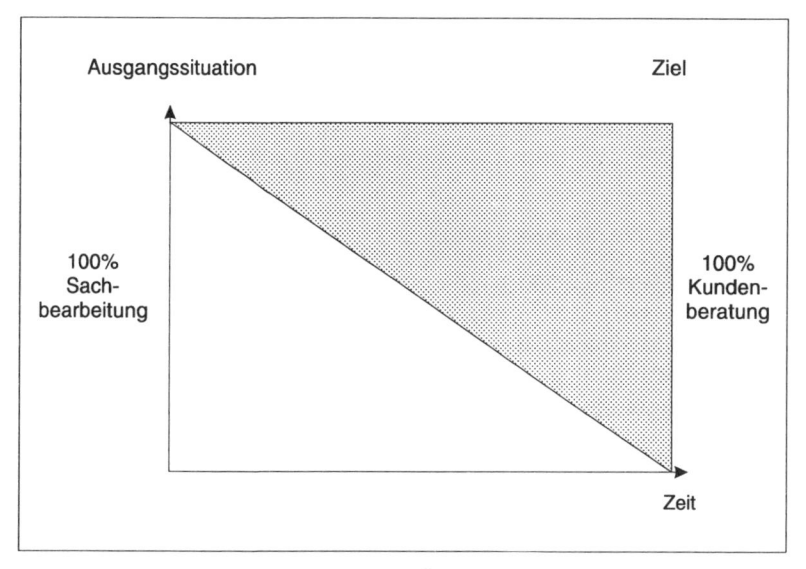

```
Ausgangssituation                    Ziel

100%                                 100%
Sach-                                Kunden-
bearbeitung                          beratung

                                     Zeit
```

Abbildung 26: „Schiefe Schlachtordnung"

aus dieser Situation herausarbeiten wollen, brauchen Mut, Konsequenz und Geduld. Es gibt keine Möglichkeit, die strukturellen Fehlentwicklungen vieler Jahrzehnte kurzfristig zu korrigieren. Deshalb bietet sich für diejenigen, die den Veränderungsprozeß wollen, die „schiefe Schlachtordnung" an.

Das Rechteck bildet den Entwicklungsprozeß ab. Am Beispiel eines Sachbearbeiters, der zu einem Zeitpunkt X in der Zukunft ausschließlich Kunden beraten soll, läßt sich der Prozeß verdeutlichen. Sukzessive wird die Sachbearbeitung abgebaut – durch Rationalisierung, Verlagerung usw. –, während gleichzeitig die freiwerdenden zeitlichen Kapazitäten in die Beratung von Kunden investiert werden. Die Geschwindigkeit des Prozesses hängt in hohem Maße ab von der inneren Überzeugung des Mitarbeiters und seiner Begeisterung für die Tätigkeit als Kundenberater, von der konsequenten und stetigen Unterstützung seiner Führungskraft und/oder des Vorstandes und der Geduld, diesen Prozeß in seiner zeitlichen Dimension zuzulassen. Solche Entwicklungsprozesse müssen von der Zeit getrennt werden, sonst haben sie keine Erfolgschance, denn (Zeit-)Druck führt zum Mißerfolg. Eine herausfordernde Aufgabe und die dementsprechenden Rahmenbedingungen dagegen lösen Sog aus und führen zum Erfolg. Das Modell der „schiefen Schlachtordnung" ist auf alle Veränderungsprozesse übertragbar.

7.5.3 Innovationsmethodik

Ziel der EKS-Strategie ist es, eine überzeugend bessere Lösung zu entwickeln und generell anders zu werden als alle anderen. Die folgende Darstellung wird auf den Entwicklungsprozeß eines Unternehmens ausgerichtet, ist aber ohne weiteres auf einen einzelnen Mitarbeiter übertragbar. Voraussetzung ist, in den folgenden Schritten vorzugehen:

- genaue Analyse der speziellen Stärken;
- Suche des erfolgversprechendsten Geschäftsfeldes;
- Eingrenzen der erfolgversprechendsten Zielgruppe;
- wahlloses Sammeln ihrer Probleme und wesentlicher Verbesserungen;
- Vergleichen, Sortieren, Diskutieren und Gewichten der gesammelten Probleme und Ideen;
- Herausschälen des von der Zielgruppe am brennendsten empfundenen Problems;
- karteimäßiges Ordnen;
- Entwickeln eines groben, schriftlichen Problemlösungskonzeptes;
- frühen Kontakt zur Zielgruppe suchen;
- schneller und gezielter lernen als die anderen;
- das theoretische Konzept erproben, verbliebene Engpässe ermitteln und vom engsten her verbessern; Referenzfälle und Kundenkontakte gewinnen;
- Öffentlichkeitsarbeit und Werbung;
- Hinzuziehen von Kooperationspartnern;
- Endziel: Zielgruppenspezialisierte Denk- und Innovationszentrale.

(Wolfgang Mewes)

7.5.3.1 Genaue Analyse der speziellen Stärken

Worin unterscheidet sich die Bank oder Sparkasse von ihren Mitbewerbern und worin ist sie schon jetzt besser? Worin liegen die besonderen Erfahrungen, Fähigkeiten und Interessen ihrer Mitarbeiter, und wo hat das Institut schon einen gewissen Vorsprung?

Jeder, selbst der Schwächste oder Kleinste, hat irgendeine Fähigkeit, in der er seinen Mitbewerbern überlegen ist: als Kleinerer beispielsweise, flexibler zu sein. Kleiner und flexibler zu sein, kann gerade in der Krise zu einer wichtigen Stärke erwachsen. Kleine Banken und Sparkassen lassen sich schneller erfolgreicher machen als sich viele große sanieren lassen.

Viele Institute glauben, daß sie ihre Schwächen gegenüber Mitbewerbern bekämpfen müssen, um erfolgreich zu werden. Sie konzentrieren sich nur darauf, alles mögliche hinzuzulernen und zu verbessern. Das ist aber aus zwei Gründen wenig sinnvoll; erstens bleiben sie ewig der Nachzügler und werden lediglich durchschnittlich, wenn sie ihre Stärken zugunsten ihrer Schwächen vernachlässigen; zweitens wächst unweigerlich die Frustration aller Beteiligten, wenn sie sich mit ihren Schwächen beschäftigen. Ziel ist es, spezielle Stärken gezielt auszuprägen.

7.5.3.2 Suche des erfolgversprechendsten Geschäftsfeldes

Für welches Geschäftsfeld ist das Institut durch seine speziellen Stärken und die speziellen Stärken seiner Mitarbeiter besser geeignet als die Mitbewerber?

In dieser Phase wird das Geschäftsfeld gesucht, dessen Anforderungen dem Stärken- oder Eignungsprofil entsprechen, also das Geschäftsfeld, für das die Bank oder Sparkasse nach ihren Eigenschaften am besten geeignet ist.

Geschäftsfelder in Kreditinstituten können z. B. sein:

- Kundenbetreuung,
- steuersparende Geldanlagen,
- sichere Geldanlagen,
- Immobilienvermittlung,
- Finanzierungen,

- Auslandszahlungsverkehr,
- Altersvorsorge.

In dem Bereich, der den eigenen Stärken und Neigungen am besten entspricht, arbeitet das Institut bzw. der Mitarbeiter von Anfang an am sichersten und am erfolgreichsten. Entscheidend ist, sich mit seinem Geschäftsfeld voll identifizieren zu können. Es ist sinnlos und führt nur zu Problemen, wenn mit aller Gewalt ein Mitarbeiter Finanzierungen machen soll, ihm aber die Einstellung zum Kreditgeschäft fehlt. Wem nützt der daraus resultierende, ständige Ärger?

7.5.3.3 Eingrenzen der erfolgversprechendsten Zielgruppe

Das ist ein ganz entscheidender Schritt. Während die meisten Unternehmen heute schon einen Fortschritt darin sehen, wenn sie sich auf ein bestimmtes Geschäftsfeld konzentrieren, ist die EKS-Strategie längst weiter. Sie präferiert die Konzentration auf eine ganz konkrete Zielgruppe, also auf eine ganz bestimmte Gruppe von Menschen oder Unternehmen.

Hier noch einmal die Definition von Zielgruppe: Menschen mit *gleichen* Problemen, Wünschen, Bedürfnissen und Zielen.

Erst durch die Konzentration auf eine bestimmte Zielgruppe wird es möglich, seine eigenen Überlegungen und Aktivitäten an deren positivem oder negativem Echo zu orientieren und zu optimieren. Diese kleine gedankliche Wende ist für die weitere Entwicklung der Banken und Sparkassen ganz entscheidend. Erstens macht sie geradezu verblüffend erfolgreicher, weil aus dem Feed-back der Zielgruppe am zuverlässigsten zu erfahren ist, durch welche Verbesserungen der Leistung die eigene Anziehungskraft und damit der Erfolg am wirkungsvollsten gesteigert werden kann. Zweitens, weil es zu einer Humanisierung in den Kreditinstituten führt. Statt an der Perfektionierung von Sachen, wie Produkte und EDV-Ausstattung, orientiert sich das Institut bzw. der Mitarbeiter an den tatsächlichen Bedürfnissen der Menschen und wird damit dem eigentlichen Unternehmenszweck gerecht. Dieser kleine Schritt führt von dem anerzogenen linearen Denken, in dem die eigentliche Ursache der erkennbaren Bankenkrise begründet liegt, zu einem „spiralenförmigen Denken".

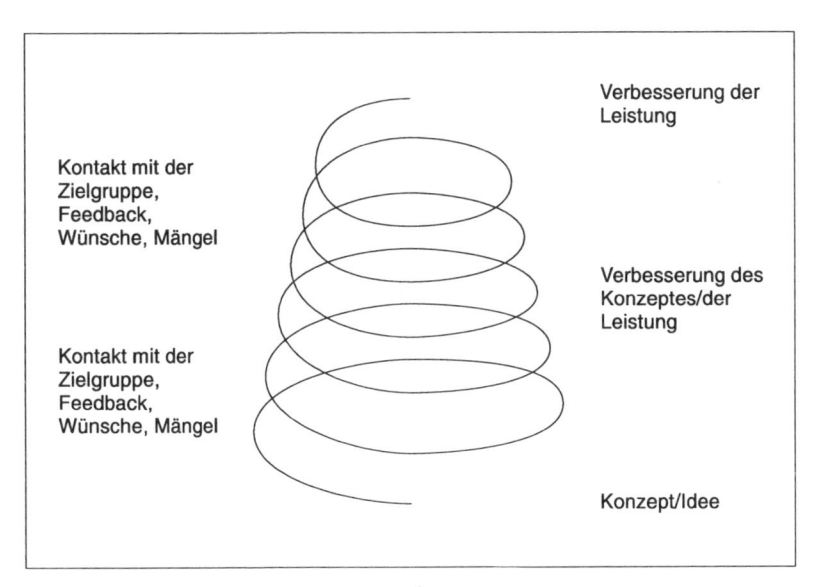

Abbildung 27: Spiralenförmiges Denken und Handeln

Die Zielgruppe ist sozusagen das „Gegenlager" und Korrektiv der eigenen Überlegungen und Aktivitäten. Solange keine oder nur unklare Vorstellungen von der Zielgruppe herrschen, entwickeln sich automatisch auch unklare Überlegungen und Aktivitäten, eher sachbezogen. Es ist immer wieder erstaunlich, wie einfach und schnell die Zufriedenheit der Zielgruppe, und damit ihre Nachfrage und der eigene Umsatz und Ertrag gesteigert werden kann, wenn das Institut bzw. der Mitarbeiter statt geschäftsfeldbezogen *zielgruppenbezogen* am Menschen orientiert denkt und handelt.

Die Verengung des Blickfeldes auf eine kleine und konkrete Zielgruppe ist unbedingt erforderlich, weil erst so die Transparenz (Durchsichtigkeit bzw. Übersichtlichkeit) entsteht, die für das weitere Vorgehen gebraucht wird. Solange das nicht geschieht, denkt und handelt jeder in einem nebelartigen Gemisch von Lehrmeinungen, Vermutungen und gestrigen, überholten Erfahrungen. Erst durch die Transparenz wächst die Fähigkeit, das aktuell Wichtige vom Unwichtigen, und das Erfolgreiche vom weniger Erfolgreichen zu unterscheiden.

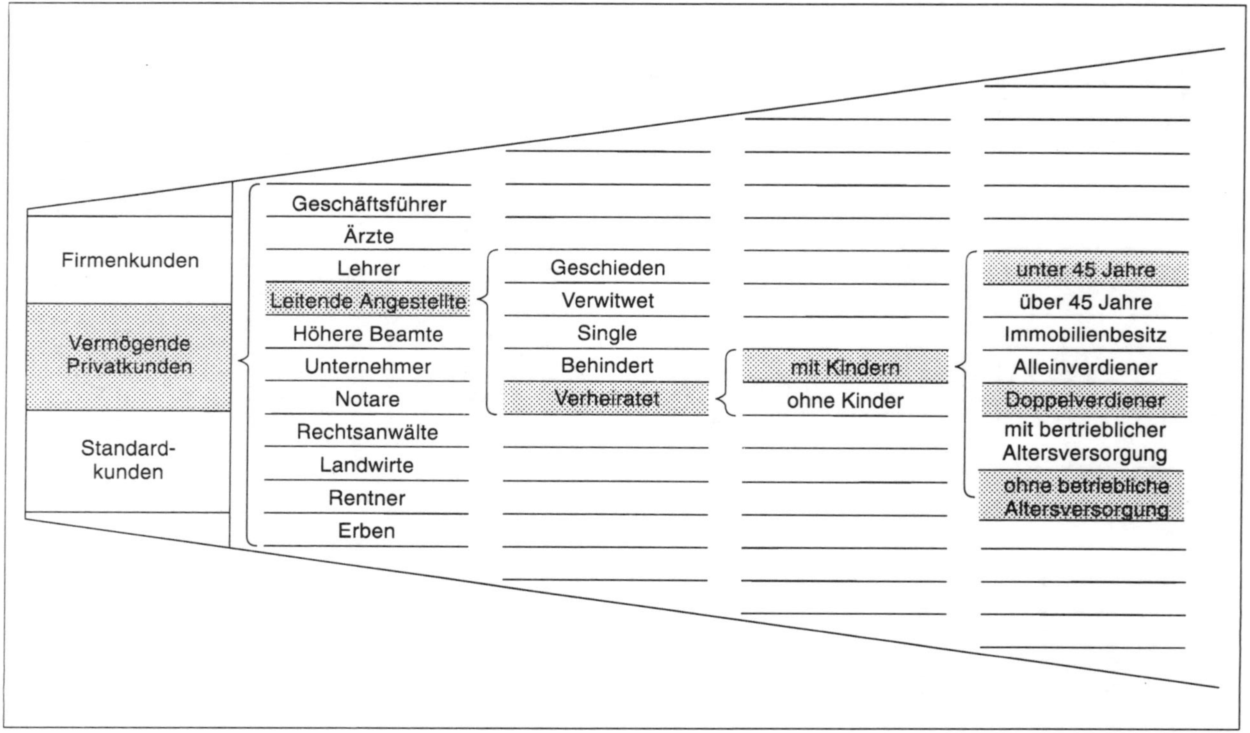

Abbildung 28: Zielgruppendifferenzierung „Altersvorsorge"

Die herkömmliche Klassifizierung von Kunden in Kreditinstituten unterteilt sehr oft in:

- Individualkunden (diese in Firmenkunden und vermögende Privatkunden) und
- Mengen- oder Standardkunden,

ergänzt um ABC-Analysen.

Dabei wird der unterschiedlichen Bedürfnissituation kaum Rechnung getragen und schlichtweg ignoriert, daß sich auch hinter juristischen Firmenbezeichnungen Menschen verbergen.

Die Abbildung zeigt ein Beispiel für eine mögliche Zielgruppendifferenzierung im Geschäftsfeld „Altersvorsorge", ausgehend von der heute gebräuchlichen Aufteilung. Diese Differenzierung läßt sich natürlich immer weiter verfeinern. Dabei sollte die erfolgversprechendste Zielgruppe

- den speziellen Stärken des Instituts/des Mitarbeiters weitgehend entsprechen,
- ein möglichst dringendes Bedürfnis nach der Leistung haben,
- ausreichend klein und eng definiert sein, damit die Kräfte des Instituts/des Mitarbeiters genügen, um möglichst schnell die Marktführung in einem engen Segment zu erreichen und
- aus mindestens fünf voneinander unabhängigen Nachfragern bestehen.

Bei Betrachtung der Übersicht wird sicher leicht deutlich, daß es für die Entwicklung einer wie auch immer gearteten individuellen Problemlösung schon einen Unterschied macht, ob der Kunde verheiratet oder geschieden ist, ob er alleine verdient, ob er Freiberufler, Angestellter, Beamter oder Rentner ist.

7.5.3.4 Wahlloses Sammeln der Zielgruppen-Probleme und wesentlicher Verbesserungen

Das menschliche Gehirn ist eine Art „Informations-Fusions-Reaktor". Es genügt, ihm ein Problem vorzugeben, um es schon ganz von selbst nach möglichen Lösungen suchen und sie mit dem Problem verschmelzen zu lassen. Wenn sich beispielsweise für den „Personal-Disponenten" einer Bank ein Besetzungsproblem wegen Krankheit stellt, mobilisiert das Gehirn, das vorher an ganz anderes dachte, ohne weiteres Zutun alles, was es über die Lösung dieses Problems weiß. Ein Merkmal unserer Zeit ist, daß es bei jedem Problem sehr viel mehr Lösungsmöglichkeiten gibt als man kennt und braucht. Der heutige Mensch ist oft durch ihre Vielzahl verwirrt und wird ständig zwischen ihnen hin- und hergerissen. Die Überfülle neuer Möglichkeiten verhindert das Vernünftige, nämlich konsequent nach der jeweils erfolgversprechendsten Möglichkeit zu suchen, auszuprobieren und sie dann tatsächlich zu realisieren.

Der Engpaß liegt daher nicht allein im Mangel an Kreativität und neuen Möglichkeiten, sondern auch in der strategisch konsequenten Realisierung und Verbesserung schon vorhandener Lösungsansätze. Es ist notwendig, die jeweils schon vorhandenen Ideen zu erfassen, die erfolgversprechendste auszulesen, und sie dann konsequent zu testen und zu realisieren.

7.5.3.5 Vergleichen, Sortieren, Diskutieren und Gewichten der gesammelten Probleme und Ideen

Jeder hat schon selbst erlebt, wie sich beim häufigen Diskutieren eines Problems nicht nur ganz von selbst immer neue Lösungen einstellen, sondern sich auch die erfolgversprechenderen herausschälen und der Weg, wie man sie realisieren könnte, immer klarer wird.

7.5.3.6 Herausschälen des von der Zielgruppe am brennendsten empfundenen Problems

Das von der Zielgruppe am brennendsten empfundene Problem hat eine beachtenswerte Schlüsselstellung. Bei diesem Problem wird ihre Zustimmung am schnellsten und stärksten erlangt. Jede Zielgruppe hat im Grunde Hunderte von Problemen, aber sie empfindet sie unterschiedlich stark. Die meisten als nebensächlich, einige als wichtig, und einzelne als brennend wichtig. Entsprechend ist die Reaktion schon auf Verbesserungsvorschläge. Die gleichen Menschen oder Unternehmen, die auf vorausgegangene Ideen oder Vorschläge nur schwach oder gar nicht reagiert haben, reagieren plötzlich „wie von der Tarantel gestochen", wenn ein Vorschlag auf das Problem gerichtet wird, das sie aktuell am brennendsten empfinden. Je schwerer eine Krise, desto schneller und stärker wird diese Reaktion. Ein häufiger Fehler ist, auf das Problem zu zielen, das man selbst objektiv für das brennendste hält, statt auf das, das die Zielgruppe aus ihrer Sicht tatsächlich am brennendsten empfindet.

Die folgende auszugsweise dargestellte Problemsammlung stammt aus einer Befragung von Zahnärzten:

- neues Gesundheitsstrukturgesetz,
- Praxisneugründungen sehr teuer (speziell Praxiseinrichtung),
- Diskussion um Amalgamfüllungen,
- Verwaltungsarbeiten,
- Quartalsabrechnungen (Zahlungen oft verspätet),
- Arbeiten mit EDV,
- Mahnverfahren mit Patienten,
- Ausbildung der Zahnarzthelferinnen,
- Terminplanung (lange Wartezeiten verärgern Patienten),
- zu viele Patienten,
- Schmerzpatienten,
- Praxisorganisation,
- Umgang mit Kindern in der Praxis,
- wenig Zeit für die Erledigung von Finanzgeschäften usw.

Nach der Dringlichkeit befragt, bleiben wenige brennende Probleme übrig, z. B.:

- neues Gesundheitsstrukturgesetz,
- Quartalsabrechnungen mit den Krankenkassen nur alle drei Monate (Zahlungen dann oft verspätet),
- Abrechnung generell usw.

Ähnlich stellt sich die Situation dar bei einer Zielgruppe ,,Besser verdienende leitende Angestellte mit Kindern". Brennende Probleme können hier sein:

- hohe Steuerbelastung,
- keine Zeit,
- fehlende Vertrauensperson in Geldangelegenheiten,
- Altersvorsorge,
- Vererbung

und vielleicht als brennendstes Problem

- Erhaltung und Ausbau des individuellen Lebensstandards.

Wie Sie leicht feststellen können, war von Produkten wie Wertpapieren, Sparverträgen, Krediten und Lebensversicherungen noch nicht die Rede. Wir bewegen uns fast ausschließlich auf der Ebene der Kundenprobleme, bzw. ihrer individuellen Bedürfnisse.

7.5.3.7 Karteimäßiges Ordnen

Kreative Köpfe sind oft nicht besonders ordnungsliebend. Und deshalb sind sie oft auch nicht besonders erfolgreich. Zuviel Ordnung behindert die Kreativität, zuwenig läßt sie über die Realität schäumen. Es kommt deshalb auf den goldenen Mittelweg an. Den zunächst nur flüchtigen, für die Zielgruppe, Problem und Lösung relevanten Informationen und Ideen muß schnell und ganz bewußt eine feste Form gegeben werden, um sie speichern, bearbeiten, karteimäßig sortieren, kumulieren zu können und um darauf aufbauend zu einem Konzept gelangen zu können. In der einfachsten Weise anzufangen, ist besser als in komplizierter gar nicht erst zu beginnen oder bald wieder aufzugeben. Einmal angefangen, entwickeln sich Kartei, Ideen und Innovationen ganz von selbst.

7.5.3.8 Entwicklung eines groben, schriftlichen Problemlösungskonzeptes

Möglichst bald sollte ein erstes grobes Konzept gemacht werden. Dabei ist nicht die Perfektion, sondern die Schriftform wichtig. Zweck dieser ersten Skizze ist zunächst nur, die vielen und sich zunächst oft widersprechenden Informationen und Ideen auf einen Nenner zu bringen und für die weitere Entwicklung einen Kristallisationskern und eine Diskussionsbasis zu erhalten. Wie bedeutend dieser Übergang von der bis heute unter Managern üblichen Entwicklung neuer Projekte im Kopf zu dieser schriftlichen Vorgehensweise ist, zeigt der Vergleich mit der Mathematik: Auch hier war man lange Zeit gewohnt, die Probleme bzw. Rechenaufgaben im Kopf zu lösen. Vor schwierigen Problemen versagte man damit. Der Übergang vom Kopfrechnen zum schriftlichen Rechnen machte es möglich, vorher völlig unlösbare Probleme schnell und zuverlässig zu lösen; inzwischen ist das für uns selbstverständlich. Aber die gleiche Bedeutung, die der Übergang vom Kopf- zum schriftlichen Rechnen für die Lösung mathematischer Probleme hatte, hat er auch bei allen anderen Problemen – nicht zuletzt den wirtschaftlichen.

7.5.3.9 Frühen Kontakt zur Zielgruppe suchen

Wichtig ist, seine Ideen, Konzepte oder Innovationen nicht ins Blaue, sondern in möglichst engem Gedankenaustausch mit der Zielgruppe zu entwickeln, sie ihr möglichst genau auf den Leib zu schneidern. Das verhindert das Abgleiten ins Irreale. Schon die Diskussion mit anderen ist besser als selbst zu grübeln. Die Erfahrung zeigt, daß auch Bank- und Sparkassenkunden sehr positiv auf die Bitte um Mithilfe reagieren, vor allem dann, wenn es um Lösungsansätze für ihre eigenen Probleme geht. Informationsveranstaltungen, Zielgruppen-Beiräte, insbesondere aber das persönliche Gespräch helfen entscheidend nach vorne. In der arbeitsteiligen Gesellschaft kann jeder seine Ziele nur in Zusammenhang mit anderen realisieren. Was nutzt das intelligenteste Konzept oder Produkt, wenn es nicht die Akzeptanz derer findet, für die es bestimmt ist? Nur mit ausreichender Zustimmung läßt sich selbst die „erfolgversprechendste" Idee auch umsetzen. Ein kleines Problem ist nur: Je außergewöhnlicher eine Innovation ist, desto schwerer sind ähnlich unorthodox denkende Interessenten zu finden. Schon mit zwei oder drei Leuten über seine Idee zu diskutieren, führt aber weiter als sich im stillen Kämmerlein ins irreale Abseits zu entwickeln.

7.5.3.10 Schneller und gezielter lernen als die anderen

Die erste Innovation kann gering sein. Aber sie verbessert mit Sicherheit bereits bei einigen aus der Zielgruppe Interesse und Akzeptanz. Unerläßlich ist hier eine hohe Sensibilität für Veränderungen, Erklärungen und Äußerungen. Auf der Welle eines ersten, wenn auch kleinen Erfolges ist dann die Weiterentwicklung leichter und sicherer. Wichtig ist nicht die Genialität der ersten Innovation, sondern aus dem ersten Erfolg schneller und gezielter zu lernen.

7.5.3.11 Das theoretische Konzept erproben

Das Konzept ist möglichst früh praktisch zu erproben, und die Einwände sind zu protokollieren; sie sind Hindernisse. Statt sich – wie häufig – gegen Kritik zu verschließen, sollte man sie aufschreiben, denn sie läßt erkennen, wie die Akzeptanz beim nächsten Versuch am wirkungsvollsten erhöht werden kann. Bei jeder Erprobung stellen sich neue Ideen, Verbesserungsvorschläge und Kontakte ein. Auch sie sind zu notieren, aufgeschlossen zu prüfen und gegebenenfalls in das Konzept einzubeziehen. Entscheidend ist, die Theorie in die Praxis zu übertragen. Meistens ist die Bereitschaft der vorherigen Diskussionspartner gegeben, die entwickelte Lösung umzusetzen und zu testen. Erstens ist also das zunächst nur theoretische Konzept zu erproben, zweitens sind die verbliebenen Engpässe zu ermitteln und drittens sind erste Referenzfälle zu gewinnen.

7.5.3.12 Öffentlichkeitsarbeit und Werbung

Das bewährte Prinzip ist: Tue Gutes und rede darüber. Der bisherige Fehler ist allerdings, daß viele Banken und Sparkassen zu wenig Gutes tun und zu viel darüber reden. Anders gesagt: Es wird mehr Gewicht auf Werbung und Öffentlichkeitsarbeit gelegt und zu wenig darauf, eine wirklich überzeugende Lösung zu entwickeln. Je notwendiger und zwingender eine Innovation jedoch ist, desto stärker spricht sie sich schon von selbst im Kreise der Zielgruppe herum, und umso erfolgreicher und leichter werden Werbung und Öffentlichkeitsarbeit für sie. Bei der beschriebenen Vorgehensweise besteht zwischen dem Institut bzw. dem Mitarbeiter selbst, der Fachpresse, der Zielgruppe und der Öffentlichkeit eine Übereinstimmung der Interessen: Sie sind alle an der Lösung des brennendsten Problems interessiert. Das erklärt die geschilderte Konzentration der Aufmerksamkeit und die wachsende Unterstützung der Umwelt, die für die eigene Entwicklung wie der Aufwind auf einen Segelflieger wirkt.

7.5.3.13 Hinzuziehen von Kooperationspartnern

Oft reichen die eigenen Kräfte nicht aus, um eine Problemlösung „marktreif" zu machen. Das Institut bzw. der Mitarbeiter braucht Kooperationspartner. Durch Bündelung der Kräfte erreicht jeder der Beteiligten mehr Erfolg, aber auch mehr Sicherheit als er einzeln erreichen könnte. Aus einem Ein-Zylinder- wird praktisch ein Zwei- und Mehr-Zylinder-Motor, der automatisch zunehmend stärker durchzieht. Je weiter ein Konzept auf dem bisher beschriebenen Weg ausgereift ist, desto leichter wird es, Kooperationspartner zu finden. Solche Partner können für Kreditinstitute Verbundunternehmen, Tochtergesellschaften, Steuerberater, Notare, hauseigene Spezialisten, aber auch Agraringenieure bei der Lösung von Problemen für Landwirte oder Krankenkassen und kassenärztliche Verrechnungsstellen im Rahmen von Problemlösungskonzepten für Zahnärzte sein. Die Möglichkeiten, Kooperationspartner für eine Beteiligung an Problemlösungen zu gewinnen, die allen Beteiligten Nutzen bieten, ist fast unerschöpflich. Das Fantastische hierbei ist, daß – wenn sich alle auf den Nutzen für eine bestimmte Zielgruppe konzentrieren – jeder zum „Gewinner" wird.

7.5.3.14 Endziel: Zielgruppenspezialisierte Denk- und Innovationszentrale

Oberstes Ziel der kurz vorgestellten Strategie ist die Entwicklung zu einer Denkzentrale, die z. B. ihre Leistungen auch im Franchise-Verfahren vermarktet. Die Funktion eines solchen Unternehmens oder einer Abteilung liegt im Idealfall darin, permanent die Probleme der Zielgruppe oder auch verschiedener Zielgruppen zu erforschen und immer bessere Lösungen dafür zu entwickeln. Mitarbeiter oder die Franchise-Partner fungieren durch ihren direkten Kontakt mit dem Kunden für die Zentrale als eine Art Echolot. Sie melden quasi jegliche Veränderungen der Kundenbedürfnisse.

Das vorgestellte Problem-Lösungs-Konzept kann so zu einer Arbeitsteilung zwischen dem Denken und Innovieren der Zentrale und der Ausführung im Kontakt mit der Zielgruppe führen.

Zusammenfassung:

In diesen Schritten ist es jedem möglich, für „irgendeine" Zielgruppe eine „zwingende", nämlich existentiell wichtige Problemlösung bzw. Leistung zu entwickeln; je nach Konsequenz bei den einen langsamer, bei den anderen schneller. Nicht durch größere Anstrengung, größere Intelligenz oder größeren Kapitaleinsatz, sondern ganz einfach durch eine konsequentere Konzentration seiner Kräfte auf ein brennendes Problem einer konkreten Zielgruppe. Mit der existentiellen Wichtigkeit seiner Leistung für seine Zielgruppe wächst ganz automatisch der eigene Erfolg.

7.6 Praxisbeispiele

7.6.1 „Fachgeschäfte" für Spezialleistungen

Die Beispiele beruhen auf der realen Umsetzung in einer mittleren Genossenschaftsbank. Grundlage für die Einrichtung der „Fachgeschäfte" war zunächst das Ansinnen, die Bank durch Alleinstellungsmerkmale aus der Austauschbarkeit des Wettbewerbs herauszuführen, um auf der Basis eines qualifizierten Leistungsprofils vorhandene Imagenachteile zu beseitigen. Hinzu kam die Tatsache, daß es durch eine mit einem externen Personal- und Karriereberater durchgeführte Stärkenanalyse für die leitenden Mitarbeiter und qualifizierten Kundenbetreuer möglich wurde, die Tätigkeit verschiedener Mitarbeiter ihrem Stärkenprofil zunehmend anzupassen. Denn in den Bereichen, in denen sie starke Präferenzen besitzen, entwickeln Mitarbeiter und Unternehmen starke Kompetenzen. Also sollten Mitarbeiter nicht mit Tätigkeiten „gequält" werden, die ihnen wesensfremd oder gar zuwider sind.

Weitere Basis-Überlegungen zur Einrichtung der „Fachgeschäfte":

Banken und Sparkassen verstoßen durch Produktverkauf jeden Tag gegen die wahren Bedürfnisse von Menschen. Menschen wollen ihre Bedürfnisse befriedigt und Probleme gelöst haben. Kein Mensch will „mit Gewalt" Kredit aufnehmen, um sich ein Haus zu bauen. Der Kredit ist nur ein Vehikel. Die Motive für den Wunsch ein Haus zu haben sind allerdings wiederum so vielfältig wie es Menschen gibt:

- Eigene vier Wände,
- Ruhe vor den bisherigen Nachbarn,
- Prestige (Familie, Verwandtschaft, Nachbarn, Arbeitskollegen) usw.

Genauso will kein Mensch eine Lebensversicherung abschließen; viele Kunden werden aggressiv, wenn sie darauf angesprochen werden. Der gleiche Mensch will aber das beruhigende Gefühl der finanziellen Sicherheit für die Familie, das Alter usw. Dies ist vergleichbar mit dem Umstand, daß nur wenige Menschen in eine Kneipe gehen, um Bier zu trinken; Menschen suchen Geselligkeit und Unterhaltung.

So wünschen sich insbesondere Geldanleger in ihrem Kreditinstitut einen Menschen, mit dem sie über so etwas Wichtiges wie ihr Geld reden können. Finden sie ihre Vertrauensperson dort nicht, wenden sie sich an Dritte.

Entscheidend für den dauerhaften Erfolg aller Beteiligten ist die Beziehung, das geistige Verständnis zwischen dem Kunden und seiner Vertrauensperson – also zwischen Menschen. Das Verhältnis ist langfristig nur stabil, wenn neben der sozialen Kompetenz der Vertrauensperson alle beteiligten Kooperationspartner und „Produktlieferanten" den Nutzen der Zielgruppe als gemeinsame Zielsetzung akzeptieren.

Um es noch einmal zu unterstreichen; der Kunde hat Bedürfnisse, Wünsche, Ziele und Probleme, die er mit Hilfe einer Vertrauensperson bei seiner Bank oder Sparkasse in seinem Sinne und zu seinem Nutzen gelöst wissen möchte. Aufgabe der Vertrauensperson ist es, z. B. mit Hilfe einer Finanzanalyse die offenkundigen, vielleicht auch latent vorhandenen Bedürfnisse des Kunden zu ermitteln, bzw. diesem bewußt zu machen. Erst dann stellt sich die Frage der optimalen Problemlösung, die nun weitere Aufgabe der Vertrauensperson ist. Dazu muß er sich der Kooperationspartner und „Produktlieferanten", gegebenenfalls unterstützt durch deren Problemlösungs-Spezialisten bedienen können, um erst jetzt durch vorhandene Produkte oder Produktkombinationen oder neue Angebote die Probleme des Kunden für diesen optimal zu lösen. Wenn der Kunde den Sinn, den Nutzen eines Angebotes für sich im Zusammenhang mit seinem Problem klar erkennen kann, *verkauft* nicht die Bank oder Sparkasse, sondern der Kunde *kauft*.

Die Frage, ob die Vertrauensperson Spezialist oder Generalist ist mit Zugriff auf Spezialisten, ist vor dem Hintergrund der Nutzenoptimierung für den Kunden eher von untergeordneter Bedeutung. Aus Sicht der jeweiligen Bank oder Sparkasse ist dieser Punkt unter Berücksichtigung ihrer strategischen Ziele zu klären, verbunden mit der Frage „Für welche Zielgruppen wollen wir auf Dauer bester Problemlöser sein?" Möglich wäre z. B. die dargestellte Konstellation in Abbildung 29.

```
┌─────────────────────────────────────────────────────────────┐
│                    ┌──────────────────┐                     │
│                    │  Fachgeschäfte   │                     │
│                    │ mit Spezialisten für │                 │
│                    └──────────────────┘                     │
│   ┌──────┐  ┌──────┐  ┌──────┐  ┌──────┐  ┌──────┐          │
│   │Eigen-│  │finan-│  │Erb-  │  │opti- │  │opti- │          │
│   │heim- │  │zielle│  │angel.│  │male  │  │male  │          │
│   └──────┘  └──────┘  └──────┘  └──────┘  └──────┘          │
│                                                             │
│         Generalisten/Spezialisten für Finanzanalysen        │
│         „Wir bringen Ordnung in Ihre Finanzen"              │
│                            ↓                                │
│                      „Supermarkt"                           │
└─────────────────────────────────────────────────────────────┘
```

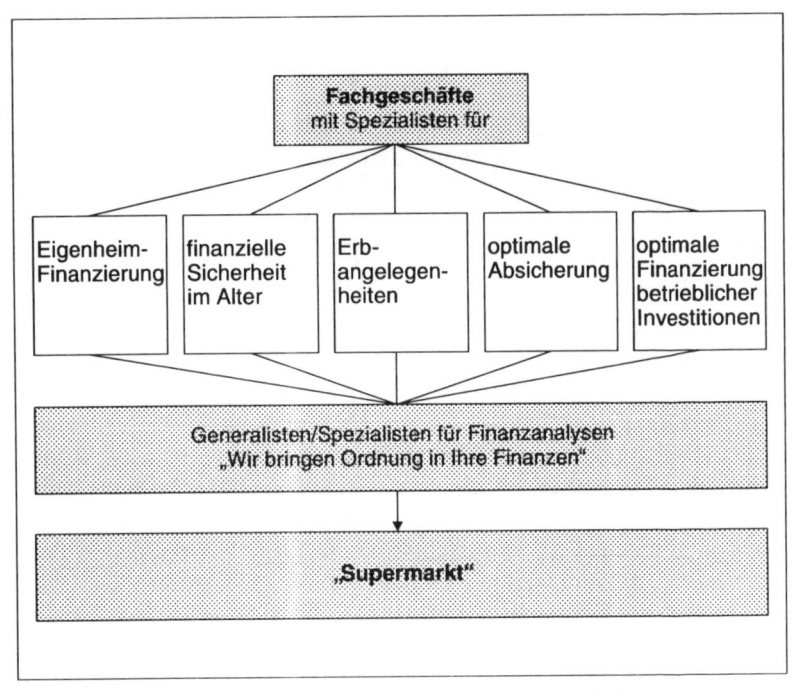

Abbildung 29: Bank-Fachgeschäfte und „Supermarkt"

7.6.1.1 Spezialist für Problemlösungen rund ums Eigenheim

Die Entscheidung, Spezialisten einzusetzen, bedingt, diese Mitarbeiter sich ausschließlich auf ihr Geschäftsfeld, ihre Zielgruppe, deren Probleme und Problemlösung konzentrieren zu lassen, damit sie sich überhaupt erst intensiv und ausschließlich ihrem Thema widmen und so sehr schnell entsprechende Lerngewinne erzielen können. Das Geschäftsfeld ist die Wohnungsbaufinanzierung; die Zielgruppe sind Bauherren und Käufer von selbstgenutztem Wohneigentum mit einem Finanzierungsbedarf ab z. B. 150000 DM. Die Feststellung der Zielgruppenprobleme kann sich z. B. in den folgenden Fragen – aus Sicht der Zielgruppe – ausdrücken:

- Welche Finanzierungsform ist für mich die günstigste?
- Wie hoch sind die Gesamtkosten der Finanzierung?
- Wie hoch sind die staatlichen „Zuschüsse"?

- Welche Abschreibungsmöglichkeiten gibt es?
- Wieviel Geld bleibt zum Leben übrig?
- Wie ist die Situation, wenn die Steuervorteile auslaufen?
- Was passiert, wenn mir während der Kreditlaufzeit etwas zustößt?
- Wie können möglichst viele Steuern gespart werden?
- Wie hoch sind die Restschulden nach der Zinsfestschreibungszeit?
- Wie lassen sich die Angebote verschiedener Kreditinstitute miteinander vergleichen?
- Wie steht es um die Vergleichbarkeit des Effektivzinssatzes?

Allein die letzte Frage entscheidet erheblich die Gesamtkosten einer Finanzierung, wenn man weiß, in welchem Maße der Effektivzinssatz – trotz oder gerade wegen der Preisangabenverordnung – „gestaltbar" ist. Die Abbildung auf der nächsten Seite macht deutlich, was der Kunde alles vergleichen müßte; ein Unterfangen, mit dem selbst viele Bank- und Sparkassenmitarbeiter überfordert sind. Ein Kernproblem für die meisten „Häuslebauer" ist die Ermittlung der optimalen Finanzierung aus einer unüberschaubaren und kaum miteinander vergleichbaren Anzahl von Angeboten.

Kernpunkte der neuen Konzeption sind:

⇨ Konzentration des Mitarbeiters auf Problemlösungen rund ums Eigenheim.

⇨ Kundennutzenorientierte Beratung und Betreuung, wobei sich Nutzen nicht in der Kondition erschöpft.

Auszug aus einer ausschließlich für den Spezialisten konzipierten Broschüre: „Ich garantiere Ihnen eine unabhängige, objektive Beratung rund um Ihre Eigenheim-Finanzierung. Ich vertrete zuerst Ihre Interessen, ohne Rücksicht auf die Interessen von Banken, Versicherungen, Bausparkassen oder anderen Kooperationspartnern zu nehmen. Nach bestem Wissen und Gewissen biete ich Ihnen meine Fähigkeiten an, so als würde ich mein eigenes Haus finanzieren. Versprochen ist versprochen."

Kostenfaktor	PAngV-Faktor		Manipulationen		
	Ja	Nein	Stark	Mittel	Kaum
1. Abschlußgebühr (Bausparverträge)	x	x		x	
2. Agio (Gebühr)	x				x
3. Agio (Verrechnungszeitraum)	x		x		
4. Bearbeitungsgebühr (Gebühr)	x				x
5. Bearbeitungsgebühr (Verrechnungszeitraum)			x		
6. Bereitstellungszinsen		x		x	
7. Darlehen mit Tilgung über Bausparvertrag		x	x		
8. Darlehen mit Tilgung über Lebensversicherung		x	x		
9. Disagio (Gebühr)	x				x
10. Disagio (Verrechnungszeitraum)	x		x		
11. Fälligkeitstermine (Kreditraten)	x				x
12. Grundbuchkosten		x			x
13. Guthaben (Bausparverträge)		x	x		
14. Kapital-Lebensversicherung (Prämien)		x	x		
15. Kontoführungsgebühren		x		x	
16. Nominalzins	x				x
17. Notargebühren		x			x
18. Risiko-Lebensversicherung (Prämien)	x				x
19. Schätzgebühren		x		x	
20. Teilauszahlungs-Aufschläge		x	x		
21. Tilgungshöhe	x			x	
22. Tilgungsfreie Perioden	x				x
23. Tilgungsverrechnungstermine	x				x
24. Vermittlungsprovisionen	x			x	
25. Verwaltungskostenpauschalen	x			x	
26. Verzugszinsen		x			x
27. Zahlungsweise (Kreditraten)	x				x
28. Zinsbelastungstermine	x				x
29. Zinsbindungstermine	x			x	
30. Zusatzdarlehen (Aufstockung)	x	x	x		

Quelle: Looman, Volker, Eigenheimfinanzierung, Frankfurt/M. 1993

Abbildung 30: Liste der wichtigsten Kreditkosten

⇨ Absolut flexible Beratungszeiten.
Der Mitarbeiter hat sein Büro nicht in der Bank, sondern zuhause. Er steht seinen Kunden dann zur Verfügung, wenn es ihnen und ihm paßt.

⇨ Berechnung von Beratungshonoraren.
Der Kunde hat die Wahl: Kondition oder Konzeption. Zinssätze, Rate und Laufzeit im Standardangebot sind in der Regel nicht das Arbeitsfeld des Spezialisten, diese Daten sind in den Geschäftsstellen erhältlich. Er liefert maßgeschneiderte, individuelle Finanzierungskonzepte gegen Honorar. Sein Spezial-Service für Eigenheim-Finanzierung umfaßt unter anderem folgende Leistungen:

- Berücksichtigung individueller Wünsche,
- Zusammenstellung der Baukosten und Baunebenkosten mit Plausibilitätsprüfung,
- realistische Einschätzung der Eigenleistung des Bauherrn,
- Gegenüberstellung/Vergleich verschiedener für den Kunden möglicher Finanzierungsvarianten, auch unter Berücksichtigung der Angebote von Mitbewerbern,
- Zusammenfassung der Kapitaldienste aller Finanzierungsmittel,
- Aufzeigen möglicher Zahlungsengpässe während der Finanzierungsdauer,
- höchstmögliche Steuervorteile,
- Effektivverzinsung jeder einzelnen Kreditvariante,
- Darlehenshöhe nach Zinsfestschreibung,
- übersichtlicher Gesamtfinanzierungsplan,
- Gesamtkostenüberblick,
- Gesamtkosten-Optimierung,
- Beantragung öffentlicher Fördermittel,
- Versicherungsschutz-Optimierung.

Voraussetzung für die Umsetzung solcher Veränderungen ist zunächst ein Wandel der geistigen Einstellung: die positive, ehrliche und offene Überzeugung, dem jeweiligen Kunden bei der Lösung seiner Probleme helfen zu wollen – also die Abkehr vom Abschluß im Interesse der Bank und um jeden Preis. Hinzukommen muß eine Fachkompetenz, die sich deutlich von den Beratungsinhalten anderer Kreditinstitute bzw. sonstiger Anbieter unterscheidet. Möglich wird dies durch die vorbereitende, schulungsintensive Zusammenarbeit z. B. mit einem freien Wirtschaftsberater, der strategisches kundenorientiertes Denken, technisches Know-how und verkäuferische Top-Qualitäten im Sinne fairer Kundenproblemlösungen mitbringt. Die mitentscheidenden weiteren Voraussetzungen – insbesondere die immateriellen Rahmenbedingungen – wurden an anderer Stelle bereits ausführlich beschrieben.

7.6.1.2 Spezialist für finanzielle Sicherheit im Alter

Die Ausgangsüberlegungen entsprechen denen aller „Fachgeschäfte". Heraus aus der Austauschbarkeit, heraus aus den ruinösen Preiskämpfen, hin zur aktiven und attraktiven Lösung von Kundenproblemen. Daß Altersversorgung, Rente, Pflege usw. heute ein brennendes Problem sind, läßt sich leicht den Tageszeitungen oder Nachrichten entnehmen. Aber auch hier stehen hinter den vordergründig finanziellen Gesichtspunkten „schlichte" menschliche Probleme wie Angst, Unsicherheit, Statusverlust, den Kindern auf der Tasche liegen usw. Diese Probleme lösen sich nicht dadurch, daß dem Kunden die fünfte Lebensversicherung oder der dritte Sparvertrag „verkauft" wird, um die mit dem Vorstand der Bank oder Sparkasse verabredeten Ziele zu erreichen. Grundlage ist auch hier der unbedingte Wille zur Problemlösung für den Kunden.

Ausgehend von den Stärken des Mitarbeiters wurde als Geschäftsfeld die „Beratung zur Altersvorsorge" definiert; als Zielgruppe wurden selektiert „besserverdienende, jüngere, verheiratete, leitende Angestellte mit Immobilienbesitz, aber ohne ihrem Einkommen angemessene Altersvorsorge". Gerade bei der Altersvorsorge ist die Differenzierungsmöglichkeit der Zielgruppen besonders groß und interessant, weil sich noch immer viele Menschen nicht um diese noch weit vor ihnen liegende Problematik kümmern. Hier liegt auch eines der zentralen Probleme für den Spezialisten bei der Umsetzung; das Bewußtsein zu schaffen für die stärker werdende Notwendigkeit der privaten Vorsorge. Seitens der Zielgruppe steht als wichtigstes Bedürfnis der Wunsch nach langfristiger Erhaltung des Lebensstandards im Vordergrund.

Das Angebot des Spezialisten beinhaltet folgende Leistungen:
- **Konzeption der Altersversorgung**
  – Wunschrente im Alter,
  – Beginn der Rentenzahlungen,
  – Berücksichtigung der Inflation,
  – Versorgungsdauer,
  – Berechnung des notwendigen Versorgungskapitals.
- **Aufstellung der Vermögensbilanz**
  – Analyse der staatlichen Rentenansprüche,
  – Berechnung der betrieblichen Rentenansprüche,
  – Aufstellung der privaten Vermögenswerte,
  – Berechnung der Versorgungslücke oder eines Versorgungsüberschusses bei Rentenbeginn.
- **Vorstellung verschiedener Geldanlagen** zur Schließung einer möglichen Versorgungslücke
  – Banksparplan,
  – Lebensversicherung,
  – Rentenversicherung,
  – Investmentfonds,
  – Vermietete Immobilie.
- **Vergleich der Geldanlagen**
  – Renditen vor Steuern/nach Steuern,
  – Zahlungspläne nach Steuern,
  – Barwert der Geldanlagen nach Steuern,
  – Darstellung der Chancen und Risiken.

Der Kunde steht mit seinen Wünschen und Interessen im Vordergrund. Selbstverständlich wird er bei der Ermittlung verschiedener Werte unterstützt. Dabei stellen insbesondere die Fragen zum Rentenbeginn, zum mutmaßlichen Versorgungsende, zur Wunschrente usw. ein Stück Lebensplanung dar – Fragen, die sich viele Kunden noch nie gestellt haben, und die sich dementsprechend auch nie mit einem geordneten Finanzmanagement für ihren Lebensabend beschäftigt haben. Richtig verstanden brauchen sie das auch nicht, denn dafür haben sie ja eigentlich ihre Bank oder Sparkasse, die sich den eigenen Ansprüchen in der Werbung entsprechend darum kümmern müßte.

Die Dienstleistung läßt sich auch auf der Basis vereinbarter Beratungshonorare durchführen, weil der Weg zur Erstellung des Gutachtens umfangreiche Recherchen bis zur Bundesversicherungsanstalt für Angestellte und z. B. die Bewertung von Immobilienvermögen umfassen kann.

Nutzen für den Kunden:

- Transparenz über die vorhandenen Einkommens- und Vermögensverhältnisse,
- Vermögensstatus,
- Versorgungslücke oder -überschuß,
- qualifizierte, fachliche Betreuung,
- konzeptionelle Beratung,
- strategische Überlegungen und Lebensplanung,
- kein Produktverkauf – faire Problemlösungen,
- Alternative zum Dienstleistungsangebot anderer Banken,
- Zeitersparnis,
- Erledigung des Schriftverkehrs durch die Bank.

Eine wichtige Erfahrung bei der Einführung dieser Dienstleistung war die Tatsache, daß viele Kunden eine solche Leistung einer Genossenschaftsbank nicht zutrauen, und daß der Abschied vom unmittelbaren Produktverkauf auf positive Überraschung aber auch Skepsis stieß, weil die Vorgehensweise nicht erwartet wurde. In diesem Fall ist Pionierarbeit mittels Informationsveranstaltungen und Gesprächen erforderlich, verbunden mit Geduld, bis zufriedene Kunden die Leistung multiplizieren.

Ausschnitt aus einem Strategievergleich

„... Vergleich verschiedener Anlagemöglichkeiten, um eine bestehende Versorgungslücke zu schließen. Die Analyse hat zum Ziel, die für Sie kostengünstigste Anlagemöglichkeit zu finden.

1. Kapitallebensversicherung
    Ablaufleistung 312 656,00 DM
    Laufzeit 16 Jahre
    Mtl. Beitrag/mit Dynamik 5 Prozent 719,20 DM
    Gesamtaufwand 204 193,20 DM

2. Investmentsparen
   Rückzahlungsbetrag 312 656,00 DM
   Laufzeit 16 Jahre
   Monatlicher Beitrag 900,30 DM
   Gesamtaufwand 172 857,18 DM

3. Vermietete Immobilie
   angenommener Verkaufspreis 312 656,00 DM
   Laufzeit 16 Jahre
   Monatlicher Beitrag siehe Anlage
   Gesamtaufwand 150 431,00 DM

Zwischen der kostengünstigsten und der teuersten Lösung ergibt sich eine Differenz von 53 762,20 DM. Das bedeutet für Sie, daß es sinnvoller ist, sich zunächst um den Vergleich der Wege (Strategie) zur weiteren Vorsorge und erst dann um den Vergleich der Angebote (Konditionen) zu kümmern. Die Differenzen aus dem Strategievergleich können auch mit noch so guten Konditionen kaum aufgeholt werden."

7.6.1.3 Spezialist für Erbangelegenheiten

Welche geschäftspolitischen Entscheidungen sind bank- oder sparkassenseits erforderlich, um dem allseits geprägten Anspruch gerecht zu werden, den Kunden ,,von der Wiege bis zur Bahre" zu begleiten? Oft ist es heute so, daß beim Bekanntwerden des Todes eines Kunden gerade noch schriftlich kondoliert wird; ansonsten wird auf die Erben gewartet. Vordergründig wird aus Pietätsgründen darauf verzichtet, im Rahmen einer persönlichen Kontaktaufnahme der Witwe/dem Witwer oder sonstigen Hinterbliebenen Unterstützung anzubieten. Denn insbesondere dann, wenn derjenige Lebenspartner verstirbt, der sich über viele Jahre um die finanziellen Dinge gekümmert hat, steht der Überlebende unter Umständen vor großen Problemen. Hilfestellung von seiner Bank oder Sparkasse erwartet in dieser Situation kaum ein Kunde. Umso mehr ist es für initiative Kreditinstitute eine Möglichkeit, positiv zu wirken.

Wie schon beschrieben, ist auch für den Einsatz dieses Spezialisten der strategische, geistige Wandel vom gewinnmaximierenden Verhalten zur Optimierung des Kundennutzens unabdingbar. Fehlende Aufrichtigkeit und Unehrlichkeit würden jeden Versuch, sich bei der Zielgruppe positiv zu etablieren, von vorneherein zunichte machen. Sind die Voraussetzungen nicht gegeben, sollten Überlegungen gar nicht erst angestellt werden. Das Konzept für ein Angebot zur Hilfe im Erbfall ist auf den ersten Blick sehr einfach, bei näherem Hinsehen wird jedoch deutlich, welche hohen Anforderungen an die Persönlichkeit des Mitarbeiters zu stellen sind. Die Erfahrung zeigt, daß die zunächst größte Hürde darin besteht, überhaupt jemanden zu finden, der bereit ist, sich dieser Aufgabe zu widmen. Auch in diesem Falle ist es sinnvoll, nur dann auf dieses Geschäftsfeld zu setzen, wenn aufgrund einer persönlichen Stärkenanalyse für den Mitarbeiter seine Fähigkeit, diese Tätigkeit aufzunehmen, erkennbar wird. Uneingeschränkte Identifikation gerade mit dieser Aufgabe ist ein unbedingtes Muß. Dann sind vor allem interne – eher spöttische und ironische – Hürden zu nehmen, wie eine vermeintliche ,,Visitenkarte mit Trauerrand" oder ein unentwegt zu tragender schwarzer Anzug. Hier wird das Durchstehvermögen des Mitarbeiters eine Zeit lang auf harte Proben gestellt. Es gehört zu den Aufgaben der Führungskräfte und des Vorstandes, den Mitarbeiter in der Richtigkeit seiner Entscheidung zu unterstützen und jede Gelegenheit zu nutzen, auf die Bedeutung der Aufgabe für die Entwicklung des Institutes hinzuweisen. Diese internen Schwierigkeiten lösen sich jedoch nach und nach auf, wenn die Kollegen mit den Aktivitäten, der Anerkennung von Kundenseite und den Erfolgen des Spezialisten konfrontiert werden.

Das Aufgabenfeld als solches ist abschließend kaum zu beschreiben, weil es im Lernprozeß zunächst von hoher Individualität geprägt ist, wenngleich wiederum die konkrete Problemsituation bei den Betroffenen viele Ähnlichkeiten aufweist. Schwerpunkte sind:

- Persönliche Kondolenz noch vor der Beerdigung,

- Hilfe bei den direkt auftretenden Problemen, wie z. B. Kopien der Sterbeurkunde oder auch nur die Information, daß alle mit der Beerdigung in Verbindung stehenden Kosten unbürokratisch aus dem Nachlaß bezahlt werden,

- Terminvereinbarung wenige Tage nach der Beerdigung,

- Informationsbeschaffung über Familienverhältnisse, Geldvermögen, Grundvermögen, Erbregelung,

- Tips für die Abwicklung geben (z. B. Erbnachweise),
- Wahrnehmung von Terminen mit den Hinterbliebenen, z. B. bei der Hauptfürsorgestelle,
- Zusammenführung des Erbanteils mit der eigenen Vermögenssituation des Erben und vieles andere mehr.

Interessant ist bei dieser wie bei den anderen Dienstleistungen die Tatsache, daß sich der Lernprozeß mit jedem begleiteten Erbfall beschleunigt und hier ein Wissens- und Informationspool aufgebaut wird, der zu einer immer besseren Problemlösung beiträgt. Erwähnenswert ist in diesem Zusammenhang auch, daß über den konkreten Nutzen für die Erben und Hinterbliebenen deren Bereitschaft wächst, das Geldvermögen bei der Bank zu lassen oder Immobilienverkäufe über sie vorzunehmen. Gute Geschäftsabschlüsse sind auch hier Folge des geschäftspolitischen Ziels, Kundenprobleme zu lösen.

Für den Fall, daß aufgrund der Größe einer Bank oder Sparkasse bzw. des Kundenpotentials ein Spezialist nicht ausgelastet werden kann, besteht die Möglichkeit, seine Aufgabe auf die Betreuung von Senioren auszudehnen. Es soll aber auch Mitarbeiter geben, die vielleicht halbtags eine solche interessante und verantwortungsvolle Aufgabe übernehmen würden.

7.6.1.4 Spezialist für die optimale Absicherung

Das gleiche Bild zeigt sich auch bei diesem ,,Fachgeschäft". Ziel ist, Kundenprobleme zu lösen, Nutzen zu schaffen, Alleinstellungsmerkmale zu entwickeln, die eine attraktive Profilierung bei einer bestimmten Zielgruppe ermöglichen. Bei genauer Betrachtung wird schnell offenkundig, daß diese Zielsetzung im geschlossenen System festgefahrener Verbundstrukturen oft unmöglich ist, weil die meisten Beteiligten zwar etwas anderes sagen, aber letztlich doch auf Gewinnmaximierung ausgerichtet sind. Um die gesteckten Ziele verwirklichen zu können, ist eine andere Haltung notwendig.

Der Kunde steht heute einer unüberschaubaren Anzahl von Versicherungsgesellschaften und noch mehr Versicherungsprodukten gegenüber, die er hinsichtlich ihrer Qualität nicht vergleichen kann. Schon unter diesem Gesichtspunkt wird deutlich, daß es für den Kunden eine wesentliche Leistungsverbesserung seitens seiner Bank ist, wenn sie ihm dieses Problem löst.

Unabhängig von allen organisatorischen, personellen, technischen und verbundpolitischen Fragen ist die Geschäftsleitung eines Kreditinstitutes an diesem Punkt zu einer Grundsatzentscheidung aufgerufen. Hier muß unter Umständen geklärt werden, wer im Vordergrund der Aktivitäten vor Ort steht, wem sich die Bank oder Sparkasse mehr verpflichtet fühlt, dem Kunden und seinem Problem oder dem Verbund-,,Partner". Hier geht es um das Selbstverständnis, um die Grundaufgabe eines Unternehmens; wobei der Verbund, der seine Leistungskraft auf die Problemlösung für bestimmte Zielgruppen, auf den Nutzen für die Kunden der Primärinstitute konzentrieren würde, die besten Chancen für die langfristige Existenzsicherung aller Beteiligten hätte. Eines zeigt die Erfahrung, daß nämlich der Kunde – wie immer, wenn er Nutzen erhält – eine herausragende Problemlösung durch Mehrgeschäft honoriert. Fairneß zahlt sich auf Dauer immer aus.

Ob die Absicherungsalternative als eigenes Tochterunternehmen oder Abteilung der Bank oder Sparkasse fungiert, ist für den Erfolg beim Kunden unerheblich. Die Ausgliederung hat vielleicht den Vorteil, als Profit-Center betrachtet zu werden und Mitbestimmungsfragen aus dem Wege gehen zu können. Für die Aufgabe eignen sich erfahrene Versicherungskaufleute mit starker Integrationskraft in die Bank hinein am besten, insbesondere dann, wenn sie Festgehalt beziehen. Nicht zu vernachlässigen sind jedoch Neid und Mißgunst bei den Bankführungskräften, wenn der Versicherungskollege beispielsweise als einziger mit Dienstwagen ausgestattet wird.

7.6.1.5 Weitere Geschäftsmöglichkeiten

An dieser Stelle noch einige Alternativen, die auf der Basis nutzenorientierter Kundenstrategien in die Praxis umgesetzt werden könnten:

Spezialist für die optimale Finanzierung betrieblicher Investitionen

Gerade Unternehmen, die Kunden von Genossenschaftsbanken und kleinen oder mittleren Sparkassen sind, quälen besondere Probleme. Die kleineren Mittelständler und Gewerbetreibenden arbeiten in der Regel intensiv im eigenen Betrieb mit, überlassen das Kaufmännische der Ehefrau oder dem Steuerberater und haben erhebliche Probleme bei der Finanzierung ihrer Investitionen. Hinzu kommt, daß diese Kunden sich kaum oder gar nicht um die strategische Ausrichtung ihrer Unternehmen kümmern und das Geld für teure Beratungsgesellschaften entweder nicht haben oder nicht ausgeben wollen. Ihr Kernproblem aber ist chronischer Zeitmangel und oft fehlende Lebensqualität, derer sie sich meist vordergründig nicht einmal bewußt sind. Hier ist der Raum für einen weiteren Spezialisten. Seine Aufgabe könnte darin bestehen, Selbständigen, die beruflich stark eingespannt sind und keine Zeit haben, sich um ihre betrieblichen Finanzen zu kümmern, bei der Gestaltung und Abwicklung kostengünstiger Unternehmensfinanzierungen zu helfen. Ein Problemlösungskonzept sollte mindestens folgende Leistungen enthalten:

- Vergleich verschiedener Kredite unter Berücksichtigung öffentlicher Mittel, Leasing und Versicherung;
- Verknüpfung zu verschiedenen Finanzierungsmodellen mit dem Ziel, die Kombination mit dem geringsten Gesamtaufwand zu finden;
- Unterstützung bis zum Vertragsabschluß bei Verhandlungen mit Kreditgebern, Leasing- und/oder Versicherungsgesellschaften;
- Übernahme und Abwicklung aller Formalitäten, um dem Kunden Zeit und Mühe zu ersparen.

Unterstützt durch Produktneutralität könnte diese oder eine erweiterte Leistungspalette honorarpflichtig angeboten werden.

Die Vorgehensweise für die Selektion einer weiteren Zielgruppe zeigt das folgende Beispiel:

Spezialist für die Erhaltung und den Ausbau des finanziellen Lebensstandards

Basierend unter anderem auf den speziellen Stärken eines Mitarbeiters

- ehrliche, offene Kundenberatung und -betreuung,
- menschliche Wärme

wurde als erfolgversprechendstes Geschäftsfeld *sichere* Geldanlagen selektiert.

Die Zielgruppen-Differenzierung mündete in die erfolgversprechendste Teil-Zielgruppe: verheiratete leitende Angestellte mit Kindern, Doppelverdiener, älter als 45 Jahre.

Aus den Gesprächen mit Menschen, die der Zielgruppenformulierung entsprechen, kristallisierten sich unter anderem folgende brennenden Probleme heraus:

- Hohe Steuerbelastung,
- keine Zeit,
- fehlende Vertrauensperson in Geldangelegenheiten,
- Sorgen um die finanzielle Alterssicherung.

Das Kernproblem aber ist

⇨ Angst, den erreichten Lebensstandard zu verlieren.

Die Innovationsüberlegungen reichen nun von den eher bankorientierten Ansätzen wie

- Finanzanalyse und
- Risikobilanz/Sicherheitsbilanz

bis hin zu vordergründig bankfremden Angeboten, die über Kooperationspartner angeboten werden könnten, welche selbstverständlich auf ihrem Gebiet ebenfalls Experten sein müßten:

- Zeitmanagement-Seminare, um ein höheres Bewußtsein für die Unwiderbringlichkeit der Zeit zu bekommen und die Fähigkeit zu erlernen, besser mit seiner Zeit umzugehen;

- Lebensplanung, die dazu beitragen könnte, dem Kunden mehr Sensibilität dafür zu vermitteln, wie er sich persönliche und geschäftliche Ziele setzen und ihre Erreichung anstreben kann und wie er sich aktiv um ein höheres Maß an Lebensqualität bemühen kann;

- Strategieberatung, die dem Kunden verdeutlichen helfen könnte, daß z. B. die Frage der richtigen Strategie, also der Einsatz der Kräfte und Mittel, weitaus wichtiger ist als der Glaube an die eigene Unentbehrlichkeit im Unternehmen.

Wenn ein Mensch Sorge um seinen Lebensstandard hat, reicht es nicht aus, ihm Festgeld, Wertpapiere oder Lebensversicherungen zu verkaufen. Sie können helfen, Probleme zu lösen, sie sind aber nicht die Problemlösung selbst.

Es gibt auch für Kreditinstitute so viele Chancen wie es Probleme gibt. Wenn sie – ausgehend von den individuellen Stärken ihrer Mitarbeiter

– die Probleme bestimmter Zielgruppen als bester Anbieter lösen, muß niemandem die Frage der langfristigen Unternehmenssicherung Sorge bereiten.

7.6.2 Finanzanalyse – „Wir bringen Ordnung in Ihre Finanzen!"

Lange Zeit unbeachtet und als Mitbewerber eher aus dem Bewußtsein verdrängt, bauten die Strukturvertriebe in der Bundesrepublik kontinuierlich ihre Position im Finanzdienstleistungsgeschäft aus. Die anhaltend schlechten Image-Ergebnisse der Strukturvertriebe waren für Banken und Sparkassen und ihre Verbände Grund genug, sich mit diesem Thema nur am Rande zu beschäftigen. Eine aus heutiger Sicht falsche Betrachtungsweise, wie die Aktivitäten von großen Banken und Sparkassen sowie z. B. auch der Bausparkasse Schwäbisch Hall AG zeigen, die ihre Angebote in den neuen Bundesländern über einen eigenen Strukturvertrieb absetzt. Es mutet schon kurios an, daß das Image der Strukturvertriebe – auch aus Sicht der Kreditwirtschaft – so schlecht ist, ihre Ergebnisse aber immer besser wurden. Die Banker glauben immer noch an ihr eigenes gutes und seriöses Image, während ihnen die Strukturvertriebe und jeder Spezialanbieter das Geschäft abnehmen. Über den provisionsgesteuerten Absatz läßt sich lange streiten – er ist unseres Erachtens unseriös und implizit gegen die Interessen des Kunden gerichtet; er hat daher keine solide Zukunft. Aber eine Erfolgsgrundlage lernen die „Strukis" bereits in der Grundausbildung: die Finanzanalyse.

Im Rahmen einer am Kundennutzen orientierten Unternehmenspolitik ist dieses „Instrument" auch für Banken und Sparkassen unabdingbar. Die folgende Abbildung zeigt die zu berücksichtigenden Aspekte einer Finanzanalyse. Ein Analysebogen kann leicht entwickelt und kurzfristig von jeder Bank oder Sparkasse eingesetzt werden.

Warum Finanzanalysen? Diese Frage läßt sich leicht über ein Beispiel beantworten. Wenn Sie als Patient zum Arzt kommen, ist es in der Regel so, daß Sie über Schmerzen oder irgendwelche sonstigen Gesundheitsprobleme klagen, die Sie beseitigt haben wollen; oft bemerken Sie Krankheiten aber auch gar nicht, bevor sie nicht zum Ausbruch kommen. Um hier vorzubeugen, gibt es die sogenannten Vorsorgeuntersuchungen. Damit der Arzt Ihnen helfen kann, bedarf es also einer Untersuchung und eines Gespräches (= Analyse). Erst dann schließen sich Diagnose und gegebenenfalls eine Therapie und Medikamente an.

Finanzanalyse	
• persönliche Daten • Ziele und Wünsche • vorhandenes Guthaben • Verbindlichkeiten • Absicherung im Krankheitsfall • Zusatzfragen zur Wohnsituation (Miete oder Eigentum)	• private Zukunftssicherung • Absicherung gegen Unfall/Invalidität • Vermögensabsicherung • Einkommensverhältnisse • betriebliche Altersvorsorge

Abbildung 31: Aspekte einer Finanzanalyse

Nicht anders sollte es im Finanzdienstleistungsgeschäft zugehen. Wie soll es möglich sein, Kundenprobleme optimal zu lösen, Bedürfnisse zu befriedigen, wenn sie selbst dem Kunden oft bewußt überhaupt nicht bekannt sind. 100000 DM als Festgeld anzulegen ist keine Problemlösung. Dem wäre vergleichbar der Patient, der über Schmerzen klagt, und dem der Arzt ohne weitere Fragen Aspirin zur Verfügung stellen würde. Wer als Kundenberater oder -betreuer seine Aufgabe ernst nimmt und im Interesse seiner Kunden arbeitet, muß die Finanzsituation des Kunden zunächst einmal analysieren. Erst danach ist ein Gespräch über Problemlösungen überhaupt möglich. Ohne die Analyse wird es viele Kunden geben, die von welchen Beratern auch immer „über den Tisch gezogen werden" und z. B. über vier verschiedene Unfallversicherungen verfügen. Hier anders zu sein, dem von den Banken und Sparkassen so gerne bemühten seriösen Anspruch gerecht zu werden, schafft Profilierungsmöglichkeiten und Alleinstellungsmerkmale. Die Erfahrung mit Finanzanalysen zeigt, daß Kunden positiv überrascht sind, wenn sich der Mitarbeiter einer Bank oder Sparkasse wirklich Zeit für sie nimmt, sie meist zum ersten Mal Transparenz in ihre Einkommens- und Vermögensverhältnisse bekommen, und auf der Grundlage ihrer offenkundigen Ziele und Wünsche in der Lage sind, strategische Finanzentscheidungen zu treffen. Und erst dann – frühestens in einem zweiten Gespräch – kauft der Kunde Problemlösungen; wohlgemerkt, er kauft sie, weil seine individuelle

Analyse Handlungsnotwendigkeiten zur Erreichung seiner Ziele und Wünsche verdeutlicht. Das, was der Kunde dann kauft, das paßt für ihn und ist gut für ihn.

Die Verhältnisse können sich aber ändern, so wie sich dauernd neue Probleme ergeben und erfüllte Wünsche neue hervorrufen. Auch Veränderungen in den persönlichen Verhältnissen – Heirat, Scheidung, Kinder, Tod, Erbschaft usw. – schaffen neue Bedürfnisse und Probleme und damit die Notwendigkeit neuer Analysen. Aus diesem Grunde ist eine mindestens jährliche Aktualisierung der Finanzanalyse nicht nur sinnvoll, sondern zwingend im Interesse des Kunden.

Interessanterweise führt der Einsatz der Finanzanalyse zu durchschnittlich vier Abschlüssen des Kunden. Überlegen Sie, wieviele Anläufe dazu nach bisherigem Verkaufsmuster mit zielvorgabeträchtigen Einproduktansprachen erforderlich sind. Und das Motiv des Beraters, seine Gefühlslage ist eine andere als beim reinen Produkt- (= Druck-) Verkauf. Die Finanzanalyse bietet dem Kunden Nutzen. Im übrigen ist der Einsatz unabhängig von der finanziellen Potenz des Kunden möglich. Es ist auch fast kein Problem, vom Kunden für diese Leistung 80 DM oder 100 DM Gebühr zu erhalten, so daß der vordergründig hohe Aufwand mindestens zum Teil gedeckt wird, von dem Höchstmaß an Zufriedenheit beim Kunden und von den Abschlüssen einmal ganz abgesehen.

Und noch ein Aspekt, der bei der Einsatzentscheidung wichtig ist: Zunächst sollte wieder auf die Stärken der Mitarbeiter abgestellt werden. Denn es hat sich in der Praxis gezeigt, daß es wesentlich leichter ist, jungen, vielleicht gerade ausgelernten Auszubildenden die Verantwortung für diese Pionieraufgabe zu übertragen, als auf die „Alteingesessenen" und/oder „Hochqualifizierten" zu setzen. Diese Mitarbeiter sind sehr oft so tief davon überzeugt, daß sie ihre Kunden bestens kennen, daß schon die Frage nach der schriftlichen Analyse als „Beleidigung" empfunden wird. Das hat Ursachen – meist ist es Angst oder das Gefühl, daß über die Finanzanalyse Informationen über den Kunden offenkundig werden, die dem Betreuer schon längst hätten bekannt sein müssen. Noch ein Hinweis: Nicht die noch so ausgeklügelte, technische Unterstützung garantiert den Erfolg, es sind die Menschen, die einen Bezug zu diesem für alle Beteiligten nutzenorientierten Instrument haben müssen.

7.6.3 „Supermarkt"

An anderer Stelle wurde ein Grundproblem fast aller Banken und Sparkassen schon beschrieben; sie haben zu viele Kunden, bzw. für eine den Kunden zufriedenstellende Bedienung, Beratung und Betreuung zu wenige Mitarbeiter bzw. zu viele Mitarbeiter, die sich mit zuviel Bürokratie beschäftigen müssen. Diese Situation führt zu absolut durchschnittlichen, vielfach unterdurchschnittlichen Leistungen, die nicht ausreichen, Kunden qualifiziert zufriedenzustellen, geschweige denn dauerhaft an ein Institut zu binden. Zwei Fragen, die sich jeder Bank- oder Sparkassenvorstand stellen sollte, sind, um welche Kunden sich sein Institut aufgrund der gegebenen Stärken kümmern will und wie viele Kunden den entsprechenden Mitarbeitern in deren Verantwortung zugeordnet werden sollen. Alle anderen Kunden sollten auf der Basis einer Grundphilosophie „Supermarkt" bedient werden. Im heute üblichen Jargon sind das die Mengen- oder Standardkunden oder eben auch Firmenkunden, die mangels Kapazität nicht umfassend problem- und nutzenorientiert bedient werden können. Hier ist „gnadenlose" Kundenselektion erforderlich. Dies sind aus traditioneller Sicht äußerst schwierige Entscheidungen. Aber es hilft nicht: Mit der Zuordnung zu vieler Kunden und der dazu gehörenden Sachbearbeitung leidet zwangsläufig die Leistungsqualität und die Kundenzufriedenheit. Und unzufriedene Kunden werden früher oder später diese Bank oder Sparkasse wieder verlassen.

Das Angebot im „Supermarkt" wird auf Standardleistungen begrenzt und mit einem Höchstmaß an Selbstbedienung abgewickelt. Einheitliche Zinsen und Konditionen mit dem langfristigen Ziel der Kostendeckung sollten die Preispolitik kennzeichnen.

7.6.4 Konzept oder Kondition – wie Beratungshonorare in Banken eingeführt werden

Preise, Zinsen, Konditionen bestimmen mittlerweile in höchstem Maße das Tagesgespräch und Tagesgeschäft in Kreditinstituten. Banken und Sparkassen unterscheiden sich aus Sicht des Kunden oft genug nur noch über diese Kriterien. Bank- und sparkasseninterne Diskussionen entzünden sich immer wieder von neuem an diesem Thema. Gebührenerhöhungen werden vom Vorstand – unter Berücksichtigung der

„Konkurrenzsituation" – beschlossen, weil sonst der Ertrag nicht stimmt oder die Provisionsüberschußquote unter dem Verbandsdurchschnitt liegt. Die Mitarbeiter erhalten normalerweise keine einleuchtenden Begründungen und empfinden die Gebühren als sowieso schon zu hoch, insbesondere auch deshalb, weil ihnen plausible Argumente gegenüber ihren Kunden fehlen. Einige Kunden beschweren sich, andere verlagern ohne Vorankündigung ihre Geschäfte. Ähnlich verhält es sich bei den Zinsanpassungen. So sind Preise, Zinsen und Konditionen eine Quelle ständigen Ärgers und dauerhafter Irritation. Hinzu kommt das Unverständnis der Banker darüber, daß Kunden andere Dienstleistungen wie die der Steuerberater, Anwälte usw. ohne Murren honorieren und bei den Buchungspostengebühren „den Aufstand proben".

An dieser Stelle ist es wichtig zu differenzieren. Einmal haben viele Kunden nicht vergessen, daß sie von den Kreditinstituten mit dem Hinweis auf kostenfreie Kontoführung angeworben wurden. Und auf der anderen Seite ist es so, daß die übrigen Dienstleister in der Regel von ihren Honoraren leben. Das heißt, daß z. B. ein Anwalt seine Leistung bringt und dafür, oder für die Bereitstellung seines Knowhow, bezahlt wird. Weitere Einkünfte für seine Leistung hat er in der Regel nicht. Das Bankgeschäft dagegen lebt – grob gesagt und aus Sicht der Kunden – aus der Spanne dessen, was für Einlagen bezahlt und für Kredite eingenommen wird. Soll jetzt der Kunde für ein Gespräch mit einem Kundenberater, innerhalb dessen z. B. eine Festgeldanlage oder eine Finanzierung vereinbart wird, auch noch ein Honorar bezahlen, wäre das im Endeffekt eine Reduzierung des Einlagenzinses bzw. eine Verteuerung seines Kredites, und das für eine Leistung, die wiederum aus Sicht des Kunden bei den meisten Banken und Sparkassen absolut austauschbar ist, und für austauschbare Produkte und Leistungen zahlt niemand mehr als notwendig.

Wie also schaffen Sie es, daß die Preisdiskussion nicht mehr im Mittelpunkt steht?

⇨ Die Preispolitik muß Teil des strategischen Gesamtkonzeptes sein. In diesem Zusammenhang ist wiederum die Frage zu beantworten, welchen Zielgruppen Ihre Bank oder Sparkasse mit welchen Leistungen welchen Nutzen bringen will, der mehr ist als das, was andere Mitbewerber anbieten.

⇨ Wenn Sie Ihrer Zielgruppe einen zwingenden Nutzen bieten, ist der Preis nicht mehr das entscheidende Argument. Wo Engpässe bestehen, werden die höchsten Preise erzielt (Beispiele: Wasser in der Wüste, Benzin auf einer Nebenstraße mitten in der Nacht, Eintrittskarten zu einem herausragenden Endspiel oder Konzert).

Für bereits vorhandene, bisher kostenfreie Leistungen plötzlich ein Honorar oder sonstwie geartete Gebühren zu verlangen, ist fast unmöglich oder nur unter Inkaufnahme von Kundenverlusten und erheblichen Imageeinbußen machbar. Ohne Innovation – also Leistungsverbesserung – eines bereits bestehenden Angebotes hin zur problemlösenden Leistung oder der Lösung eines brennendsten Problems einer bestimmten Zielgruppe wird die Einführung von Honoraren Wunschtraum bleiben. Eine konkurrenzlose überzeugende Leistung, die dem Kunden einen zwingenden Nutzen bringt, ist nur durch Konzentration und Spezialisierung möglich. Die Voraussetzungen dafür wurden schon erläutert. Sind sie erfüllt, braucht der betreffende Mitarbeiter insbesondere vom Vorstand Unterstützung und die Gewißheit, Fehler machen zu dürfen. Das größte Hindernis liegt im psychologischen Bereich, und zwar an dem Punkt, an dem der Mitarbeiter dem Kunden sagen soll, daß er für die Bereitstellung seines Know-how ein Honorar verlangt. Reagiert der Kunde verärgert, kommt ein Geschäftsabschluß nicht zustande und muß sich der Mitarbeiter dafür Vorwürfe anhören, ist die Honorarfrage in der Bank oder Sparkasse für lange Zeit vom Tisch. Hier sind also Konsequenz, Geduld und Durchstehvermögen gefordert. Eine in der Praxis erprobte Gestaltungsmöglichkeit, die die Einführung von Honoraren unterstützt, ist die Trennung von Know-how und Geschäftsabschluß.

Das heißt, der Kunde „kauft" gegen Honorar das Know-how des Spezialisten, der sein Wissen, das Problemlösungskonzept als Gutachten zur Baufinanzierung, Altersvorsorge usw. an den Kunden weitergibt. Damit ist die Aufgabe des Spezialisten zunächst erfüllt und vom Kunden bezahlt. Was der Kunde mit seinem persönlichen Gutachten macht, ob er aufgrund dessen bei seiner oder einer anderen Bank oder Sparkasse das Geschäft abschließt oder sein gekauftes Wissen ungenutzt läßt, ist für den Spezialisten irrelevant. Bei dieser Lösung nimmt der Spezialist eine relativ neutrale Position ein. Dieser Weg ist für alle Beteiligten gewöhnungsbedürftig, weil er neu und eher ungewöhnlich für Banken und Sparkassen ist. Aber erfolgreiche Menschen und

Unternehmen profilieren sich nicht über das, was alle tun, sondern über das, was keiner tut.

Die Höhe des Honorars ist in erster Linie von dem für den Kunden erkennbaren eigenen Nutzen abhängig; intern sollte der entsprechende Spezialist das Honorar individuell bestimmen. Die Bemessung der Honorare liegt in der Kompetenz des Spezialisten; sie gehören nicht in den Gebührenkatalog.

In einer Genossenschaftsbank wurden bereits folgende Honorare erzielt:

- Eigenheim-Finanzierung   bis   1 200 DM
- Altersvorsorge   bis   2 500 DM
- Erbangelegenheiten   bis   500 DM
- Unternehmensfinanzierung
  Tagessätze   bis   2 000 DM
- Finanzanalysen   100 DM

Jede Bank oder Sparkasse, die diesen Weg gehen will, sollte sich auf einen dornigen Weg einstellen. Da gibt es die internen Probleme und Widerstände bis hin zum Aufsichtsrat, da gibt es zu Beginn viele Spötter und – wenn es klappt – viele Neider. Aber: Nichts ist unmöglich, und der Wille versetzt auch in diesem Falle Berge.

7.6.5 Kundenbetreuung von zu Hause

Es kann nicht oft genug wiederholt werden: Eine unabdingbare Voraussetzung dafür, daß ein Unternehmen langfristig eine Existenzberechtigung hat, ist seine Innovationsfähigkeit. Dabei ist es zu wenig, sich auf die mögliche Innovationsfähigkeit einer Gruppe, eines Verbundes oder eines Verbandes zu verlassen. Genauso wenig erfolgversprechend ist die 1 : 1-Übertragung der Konzepte anderer Banken oder Sparkassen, weil jedes Kreditinstitut einzigartig ist und sich eine Unternehmenskultur oder menschliche Stärken nicht duplizieren lassen. Jede einzelne Bank oder Sparkasse als rechtlich selbständiges Unternehmen muß *ihren* Weg formulieren. Wenn die Bereitschaft, der Mut, Vertrauen und ein hohes Maß an Idealismus die Kultur eines Institutes bestimmen, werden auch außergewöhnliche Entwicklungen möglich, und nur dann sind auch außergewöhnliche Erfolge zu erzielen; nicht gegen sondern mit den beteiligten Menschen. Wie dies auch möglich und umsetzbar wird, soll das folgende Beispiel zeigen:

Die Überpüfung der Kundenbetreuungsstrategie von Banken und Sparkassen fördert – von Ausnahmen abgesehen – sehr schnell die fehlende Erreichbarkeit des Kundenbetreuers nach Dienstschluß als gravierenden Nachteil zutage. Dabei sind es meist die „interessanten" Kunden, die sehr wenig Zeit haben und selten in der Lage sind, während der normalen Öffnungszeiten in die Bank oder Sparkasse zu kommen. Gerade im ländlichen Bereich kommt hinzu, daß diese Kunden sehr oft weit außerhalb tätig sind und überhaupt nur am Wochenende oder abends Gelegenheit finden, sich um ihre Geldgeschäfte zu kümmern. Nur gerade dann ist von den Kreditinstituten bzw. ihren Beratern und Betreuern selten jemand zu erreichen, und die hohe Zeit der freien Finanzvermittler und Strukturvertriebe bricht an.

Eine von sicher sehr vielen Möglichkeiten ist die Kundenbetreuung von zu Hause in Verbindung mit einer absoluten Flexibilisierung der Arbeitszeit und der Abkehr von überzogenen Kontrollen der Mitarbeiter. Die Gelegenheit, diese Idee auszuprobieren, ergab sich bei einer Bank, als der bereits vorgestellte „Spezialist für Problemlösungen rund ums Eigenheim" sein eigenes Haus um verschiedene Räume erweiterte. Die zunächst nur eher spaßeshalber ins Auge gefaßte Möglichkeit, einen Raum als Büro bankseitig anzumieten und den Mitarbeiter zu Hause arbeiten zu lassen, faszinierte so stark, daß diese vage Überlegung konkreter gestaltet wurde. Größtes Problem war auch hier zunächst wieder die Überwindung psychologischer Hürden: einmal die Vorstellung für den Mitarbeiter, keinen Schreibtisch mehr in der Bank zu haben und zum anderen die Vorstellung für den Vorstand, den Mitarbeiter völlig aus der Kontrolle zu verlieren (in der – bei Licht betrachtet – sowieso kein Mitarbeiter wirklich drin ist). Hinzu kamen immer wieder und von allen Seiten die vielen Killerphrasen, die es so schwer machen, die alten Denk-Trampelpfade zu verlassen:

- Das ist doch alles zu kompliziert.
- Das funktioniert sowieso nicht.
- Das haben wir noch nie so gemacht.
- Denken Sie mal an die Kosten.
- Ein toller Vorschlag, aber wer will das verantworten ... usw.

Da wird plötzlich der Fax-Anschluß zur unübersehbaren Investition, nachdem vorher für die Neugestaltung einer Geschäftsstelle ein Budget von einer halben Million DM beschlossen wurde.

Diese Vorgehensweise als Experiment einzustufen, schafft in den meisten Fällen die erforderliche Bewegungsfreiheit. Für beide Seiten die Option der Rückkehr in die Bank einzuräumen, gibt die nötige Sicherheit. Daher wurde im konkreten Fall mit dem Mitarbeiter zunächst lediglich ein auf ein Jahr befristeter Mietvertrag abgeschlossen. Vorstände und/oder Führungskräfte, die Vorbehalte gegenüber einer solchen Vertriebsalternative haben, sollten sich fragen, was eigentlich schlimmstenfalls passieren kann und wem sie eigentlich noch trauen wollen, wenn schon nicht denjenigen, die täglich im Namen der Bank Geschäfte abschließen und Erträge erwirtschaften.

Mit Optimismus angelegt wurde die Kundenbetreuung von zu Hause erfolgreich, weil alle Beteiligten Nutzen haben. Die Kunden haben die Möglichkeit, nach Terminabsprache auch am Wochenende oder zu jeder Zeit, die ihnen paßt, einen qualifizierten Spezialisten, der Zeit für sie hat, in Anspruch zu nehmen. Das ist ein nicht zu unterschätzender Wettbewerbsvorteil. Der Mitarbeiter ist hochmotiviert, weil die Aufgabe eine Herausforderung ist, weil er Vertrauen spürt und weil er Herr seiner Zeit ist, d. h., er hat auch die Möglichkeit, mitten in der Woche – ohne Rücksprache und Begründung – mit seiner Familie Großeinkauf zu machen. Die Bank verbessert durch dieses Angebot ihre innovative Kompetenz beim Kunden und ihr Image. Und: Die Abschlußergebnisse haben sich im Vergleich zu früheren Jahren erheblich verbessert. Mittlerweile drei Termine zu Eigenheim-Finanzierungen pro Tag sprechen für sich.

Natürlich gibt es bei der Umsetzung derartiger Maßnahmen weitere Hindernisse, die wie üblich hauptsächlich im internen Bereich liegen. Da spielen Eitelkeiten, Neid und Mißgunst eine große Rolle, hinzu kommt die fehlende oder mangelnde Unterstützung seitens zentraler Abteilungen bei der Bewältigung der Sachbearbeitung, die die akquisitorischen Möglichkeiten wieder einschränkt. Die Anbindung an die EDV und die Integration in den Kommunikationsprozeß sind die Herausforderungen, die lösbar sind.

Bei Gesprächen über diese Form der Kundenbetreuung werden die größten Bedenken zur Kontrollierbarkeit und zur ,,Gefahr'' der zu großen Selbständigkeit und Qualifizierung geäußert, natürlich verbunden mit der Angst, der Mitarbeiter werde sich mit den „erworbenen" Kunden in die freiberufliche Tätigkeit verabschieden. Eine Argumentation, die sehr der Überlegung ähnelt, Mitarbeiter nicht weiterzubilden, weil sonst die Gefahr der Abwanderung bestehe. Wer so denkt, sollte sich der Tatsache bewußt werden, daß er den langfristigen Untergang des Instituts mitzuverantworten hat.

Kundenbetreuung von zu Hause hat eine Chance nur im Rahmen der so oft beschriebenen Vertrauenskultur, dann aber in vielfältiger Form. Beispielsweise könnten Kundenberater auch im Rahmen oder nach ihrem Erziehungsurlaub fest zugeordnete Kunden betreuen, eine Möglichkeit, die wiederum allen Beteiligten Nutzen bringt. Und warum soll nicht ein Mitarbeiter, der die Selbständigkeit anstrebt, darin unterstützt werden und über einen Kooperationsvertrag verbunden mit der Bank oder Sparkasse weiterhin zusammenarbeiten, auf Honorarbasis oder gegen Provision? Dieser Weg erspart der Bank die Arbeitgeberbeiträge zur Sozialversicherung und die Kosten eines Arbeitsplatzes, und der Mitarbeiter kann ergänzende andere Dinge tun und seinen Pkw von der Steuer absetzen. Neudeutsch nennt man so etwas „Outsourcing", und es hat für die Beteiligten viele Vorteile.

Oberstes Ziel des Dienstleistungsmanagements der Banken und Sparkassen muß der Mitarbeiter sein, der den guten Service als „Mission in eigener Sache" begreift, sich also vollständig mit dem Qualitätsanspruch des Instituts identifiziert. Das stellt allerdings hohe Anforderungen an die Führung: Denn Leistung aus Eigenantrieb wird nicht am Gängelband erbracht. Wer Eigenverantwortung stärken will, muß Vertrauensvorschüsse gewähren, was konkret bedeutet, Handlungsspielräume zu erweitern und Fremdkontrolle abzubauen.

8. Wie erzielt eine Bank durch Kooperation optimale Synergiegewinne?

8.1 Fusion oder Kooperation

Der Trend zu Zusammenschlüssen von Unternehmen, besonders im Finanzdienstleistungssektor, hat in den letzten Jahren in einem Ausmaß zugenommen, daß man versucht ist, von einer regelrechten Mode zu sprechen. Die Verwerfungen des Marktes stellen viele Institute vor Probleme, die sie – so scheint es – nicht aus eigener Kraft lösen können. Vor allem anderen sollen hier Fusionen für Abhilfe sorgen. Gerade aufgrund ihres traditionell filigranen und weit verzweigten Netzes von selbständigen Instituten aller Größenordnungen sehen sich immer mehr Sparkassen und Genossenschaftsbanken vom Trend, ja von der Notwendigkeit zu immer größeren Allianzen erfaßt.

Schon 1988 hatte der damalige Sparkassenpräsident Geiger eine Bilanzsumme von einer Milliarde DM als Richtgröße für eine Sparkasse aufgestellt, ein Wert, der zwischenzeitlich deutlich nach oben korrigiert wurde. Viele Sparkassen haben sich bereits zusammengeschlossen und noch mehr werden diesem Leitgedanken folgen und fusionieren.

Im Genossenschaftssektor hat sich die Anzahl der selbständigen Volks- und Raiffeisenbanken von rund 12 000 im Jahre 1950 auf unter 2 800 reduziert. Die Verbände unterstützen, ja forcieren solche Aktivitäten. Fusionen, heißt es, bringen beiden bzw. allen Partnern Kosten- und Wettbewerbsvorteile, die durch eine höhere Produktivität und Synergieeffekte erzielt werden können. Ein größeres Volumen komme außerdem den EU-Richtlinien entgegen. Wenn man den Äußerungen berufener Spitzenfunktionäre Glauben schenken will, wird es im Jahre 2000 gerade noch 1 500 selbständige Genossenschaftsbanken geben. Würde man nun diese Entwicklung „linear" fortschreiben, dann käme es unweigerlich zu der Frage: In welchem Jahr des nächsten Jahrtausends gibt es dann nur noch eine Kreditgenossenschaft, ein Rechenzentrum, eine Zentralbank? Jedenfalls wären Verbände in einer solchen Konstellation überflüssig!

Die Bankenkonzentration mutet wie ein Anachronismus an, wie ein Rückfall in die Größeneuphorie der siebziger Jahre. Damals wurden kleine Gemeinden zu großen zusammengefaßt, kleine Krankenhäuser aus ihrer Existenz gedrängt, kleine Schulen zu Gesamtschulen fusioniert oder geschlossen. Den diversifizierten Großunternehmen wurde eine blühende Zukunft verheißen. Wir wissen heute, daß sich diese Vorgehensweise nicht bewährt hat. Viele große Gemeinden sind faktisch pleite, große Krankenhäuser degenerieren zu Fließbandfabriken, Gesamtschulen werden wieder aufgelöst. Und viele der großen Konzerne sind nicht anpassungsfähig genug, um unter den sich rasend verändernden Umweltbedingungen in ihrer heutigen Form zu überleben. In aufgeblähten Konzernzentralen mit großen Stäben und zahlreichen Hierarchiestufen haben sich die angestellten, erfolgsunabhängig Spitzengehälter kassierenden Manager sehr weit vom eigentlichen Marktgeschehen wegentwickelt.

Das „Vergessen alter Patentlösungen" ist eine wesentliche Voraussetzung für andauernden Erfolg. Aber es ist nicht immer einfach, alte Strategien zu vergessen, wenn sie durch große und verknöcherte Organisationsstrukturen gestützt werden. Hier liegt eines der Kernprobleme. Fusion ist für Banken – insbesondere Genossenschaftsbanken – und Sparkassen, deren Verbände und Verbundpartner so fest im Vokabular verankert, daß sie als legitimes Mittel der Geschäftspolitik so gut wie überhaupt nicht in Frage gestellt wird. Wie in Sachen Fusion gedacht wird, zeigen die folgenden Argumente von Führungskräften einer Genossenschaftsbank:

- Marktführerschaft im Kreis;
- bessere Voraussetzungen, um weitere Fusionen als übernehmende Bank zu realisieren;
- keine Isolation zwischen zwei starken Fronten;
- bessere Perspektiven für Vorstand und leitende Mitarbeiter;
- in guten Zeiten ist eine Fusion problemloser;
- um die Kostenseite aufzufangen, müssen wir auf Dauer wachsen oder Personal abbauen;
- wir sollten uns die bisherigen Fusionserfahrungen zunutze machen, ehe andere darauf zurückgreifen;

- mit einer Fusion ergeben sich neue Rationalisierungseffekte;
- mittel- bis langfristig wird es nur noch eine Genossenschaftsbank im Kreis geben; wer die Vorherrschaft in dieser Genossenschaftsbank hat, wird auch in erheblichem Maß von der Größe abhängen;
- eine Potentialausweitung ist in einem eingeengten Geschäftsgebiet nur beschränkt möglich (A-Kunden);
- ein Wachstum durch Fusion muß kein krankes Wachstum sein.

Bemerkenswert ist, daß das Interesse an Fusion nicht vorhanden ist, wenn die Genossenschaftsbank von einer anderen Bank aufgenommen wird.

Wenn das Thema Fusion in einer Bank oder Sparkasse Platz greift, schalten die Gehirne der Mitarbeiter verständlicherweise um zu der Frage „Wie überlebe ich den mit der Fusion bevorstehenden Veränderungsprozeß möglichst unbeschadet, und ohne daß Position, Image, Einkommen usw. gefährdet werden?". Für Gedanken an Kundennutzen bleibt in dieser Phase nicht viel Raum.

Wo ist die Logik einer fusionsorientierten Organisationsstrategie, wenn zuerst die Primärbanken fusionieren, anschließend – weil zuwenig Primärbanken übriggeblieben sind – sich die Verbände und Rechenzentralen zu jeweils größeren Einheiten zusammenschließen, und dies bei jeder neuen Fusion und schon seit vielen Jahrzehnten mit den gleichen Argumenten, die immer weniger ernst genommen werden. Umdenken, auf den Prüfstand und in Frage stellen ist dringend erforderlich für einen Neuorientierungsprozeß auch in Sachen Fusion – ein Prozeß, der allen Menschen im Institut Perspektiven bietet.

Da Fusionen im weit überwiegenden Maße auf der Vorstandsebene „entschieden" werden, müssen doch insbesondere dort Vorteile deutlich werden, die die Nachteile wie abnehmende Kundennähe und Flexibilität sowie die Vernichtung einer Unternehmensexistenz aufwiegen. Und es sind in der Praxis wirklich zunächst einmal die Vorstände, sofern sie nach einer Fusion Vorstand bleiben, die abhängig von der Bilanzsumme höhere Gehälter, eine bessere Altersversorgung, einen größeren Dienstwagen und ein vermeintlich besseres Prestige erhalten. Das ist systemkonform völlig in Ordnung. Daher darf es vor einem solchen Hintergrund nicht verwundern, wenn viele Vorstände angesichts düsterer Zukunftsaussichten eher zu einer Fusion neigen, als über eine umfassende strategische Neuorientierung die Existenzsicherung des eigenen Instituts zu wagen. Wer die Fusion als „Sicherheitsleine für alle Fälle" und mit Beifall von Verbänden und vielen Vergünstigungen begleitet im Hinterkopf hat, verliert auf Dauer – bewußt oder unbewußt – die Fähigkeit, risikoorientiert unternehmerisch zu denken, zu entscheiden und zu handeln. Es ist ein gravierender Unterschied, ob ein freier Unternehmer sein Scheitern beim Konkursrichter anmelden muß, oder ob der Bank- oder Sparkassenvorstand gerade noch rechtzeitig die Fusion mit einem Nachbarinstitut ansteuern kann. Denn die Zeiten, in denen Fusionen zum akzeptierten Alltag gehörten, neigen sich dem Ende zu. Es gibt ausreichend Beispiele dafür, daß eine Gewähr für die uneingeschränkte Übernahme in den Vorstand nicht mehr erteilt wird und künftig niemand mehr damit rechnen kann, allenfalls mit einer öffentlichkeitsberuhigenden „Schamfrist" von wenigen Jahren. Entscheidend aber ist, daß der Zusammenschluß, die Addition der Bilanzsummen zweier rechtlich selbständiger Unternehmen vorher bestehende Probleme nicht nur nicht beseitigt, sondern neue schafft; insbesondere in der Unternehmensleitung und der Führungsmannschaft, die sehr oft mit der neuen Aufgabe überfordert sind. Ergänzend bleibt anzumerken, daß es betrüblich ist mitanzusehen, wie leicht viele Verantwortliche die Zustimmung zur Aufgabe der Existenz einer Bank oder Sparkasse erteilen, sich aber schwer tun, wenn es darum geht, existenzerhaltende Investitionen in eine Neuorientierung z. B. in Form von Spezialisierung, Gründung von Vertriebsgesellschaften usw. zu beschließen.

Es gibt viele Untersuchungen über den Zusammenhang von Größe und Leistungsfähigkeit der Banken und Sparkassen. Dabei ist nicht erkennbar, daß kleine Institute zwangsläufig Kosten- und/oder Ertragsnachteile aufweisen, im Gegenteil. Die Notwendigkeit der Konzentration wird dann auch gerne damit begründet, daß sich kleine Kreditinstitute für viele Aufgaben keine Spezialisten leisten können, und daß sie nicht in der Lage sind, das gesamte Spektrum der Bankgeschäfte anzubieten. Wobei doch ernsthaft gefragt werden muß, ob das denn überhaupt notwendig ist. „Das haben wir schon immer so gemacht.", oder „Die Deutsche Bank und die Kreissparkasse machen das auch.", kann doch nicht ausreichend Grund dafür sein, daß die kleine, mittlere oder überhaupt eine Genossenschaftsbank sich auch um Swaps, Caps, Devisentermingeschäfte oder Kaffee-Kontrakte kümmern muß. Und das gilt gleichermaßen auch für alle anderen Geschäftsbereiche.

Aber auch im Grundsatz halten derartige Argumente einer Prüfung nicht Stand. Wenn eine kleine Filiale der Commerzbank ein kompliziertes Auslandsgeschäft oder die Vermögensverwaltung für einen ihrer Kunden übernehmen soll, wird sie im Zweifel auf den Experten in der Kopfstelle oder Zentrale zurückgreifen. Das kann aber jede Genossenschaftsbank – so die Werbung – in ihrem Finanzverbund gleichermaßen. Die Vorteile der Größe lassen sich auch durch faire Kooperation erreichen. Es bedingt allerdings ein Höchstmaß an Selbstdisziplin, Größe gegen Kooperation auszutauschen, und es ist mühsam. Kooperation durch Streben nach Größe zu ersetzen oder um der ,,Bequemlichkeit" und der Steuerbarkeit willen eine ,,Konzernierung" anzustreben, wäre für die Struktur, die Zusammenarbeit und die Existenzberechtigung der großen Verbundorganisationen fatal.

8.2 Kooperation statt Konfrontation

Kooperation heißt, daß zwei oder mehrere Personen bzw. Institutionen gleichberechtigt zusammenarbeiten, um Synergieeffekte zu erreichen. Synergieeffekte sind Vorteile, die mehr ausmachen als die Addition von Einzelaktivitäten (2+2=5); der gegenseitige Vernetzungsgrad erhöht sich mit der Folge, daß sich das Gesamtsystem stabilisiert. Dazu bedarf es Partner, die immer vertrauensvoller, engagierter, offener und vorbehaltloser am ,,gleichen Strang ziehen". Im praktischen Umgang miteinander spielen jedoch vielfach Gesichtspunkte wie Macht, Andersartigkeit, oben und unten, groß und klein, erfahren und unerfahren die größere Rolle. Dies führt dann sehr oft dazu, daß der vordergründig Stärkere – bewußt oder unbewußt – seine Stellung ausnutzt. In diesem Falle dient die ,,Kooperation" nur als ,,scheinheiliges" Vorspiel für die eigentliche Übernahme der Herrschaftsmacht und die anschließende Unterdrückung des/der Partner(s).

Die Kooperation ist ein zentrales Thema, z. B. in der Idee der genossenschaftlichen Gründerväter (aber auch im Sparkassenverbund), nach deren Vorstellungen der Verbund eindeutig und ausschließlich im Dienste seiner Mitglieder steht. Diese Mitglieder an der Basis – die eigentlichen Gründer – die diese Gebilde aufgebaut hatten, um ihre Unabhängigkeit zu erhalten und mit Hilfe des Verbundes Wachstumshemmnisse zu beseitigen, geraten heute jedoch zunehmend durch diesen in Druck und Abhängigkeit. Die Kooperation, wie sie in Verbünden der Kreditwirtschaft praktiziert wird, trägt leider allzu oft nur die Maske der Partnerschaft, hinter der sich die aktuelle oder zukünftige Bevormundung und wachsende Unselbständigkeit eines kleineren Partners verborgen hält.

Damit wird nicht gesagt, daß Kooperation im Verbund im Sinne von echter, partnerschaftlicher, gleichberechtigter Zusammenarbeit bewußt und vorsätzlich zerstört werden soll. Es scheint aber, daß menschliches Machtstreben auch hier einer ursprünglich erfolgversprechenden Idee Schaden zufügt. Laut Peter F. Drucker bedeutet für die meisten Leute an der Spitze ihre Position Macht und nicht Verantwortung. Dieses Dominanzstreben erfordert, daß den ,,Schwächeren" der Wille und die Denke des ,,Stärkeren" aufgezwungen und Mittel eingesetzt werden, um lästige Gegner und Kritiker zum Schweigen zu bringen und das gewünschte Verhalten zu ,,erpressen". Wer jedoch seine Macht nur zum eigenen Vorteil ausnutzt, muß sich darüber im klaren sein, daß er kein Vertrauen erntet, sondern auf Dauer Gegenkräfte hervorruft.

8.2.1 Erfolgsrezepte der Natur

Die Kooperation in Gemeinschaften ist ein Grundprinzip der Natur. Nicht zuletzt lassen sich Beispiele für Zusammenarbeit in der Natur ausgesprochen häufig wiederfinden. Die Biologie nennt Kooperationen, die zum gegenseitigen Nutzen für die beteiligten Arten sind, eine Symbiose. Auch wir Menschen als Bestandteil der Natur wären ohne eine solche Symbiose nicht lebensfähig. Täglich verrichten unsere Darmbakterien von uns unbemerkt ihre Arbeit. Sie produzieren einen Großteil der für uns lebenswichtigen Vitamine, während wir ihnen sozusagen Unterschlupf, also ihren Lebensraum und gleichzeitig ihre Nahrungsversorgung gewähren. Von Wettbewerb ist hier keine Spur. Weder die Bakterien noch wir fragen nach Leistung und Gegenleistung. Das ist das Erfolgsrezept. Es ist nur allzu leicht vorstellbar, was passieren würde, wenn Kooperation zum Streben nach einseitigen Vorteilen entarten würde. Unsere Vitaminversorgung wäre vermutlich längst zusammengebrochen.

Kooperationen zum gegenseitigen Nutzen kennt die Natur in großer Zahl auch zwischen verschiedenen Arten: So hat sich das gefräßige Nilkrokodil mit einem kleinen kibitzartigen Vogel, dem sogenannten Krokodilwächter, zusammengeschlossen. Dieser kleine Vogel tut, was für andere den sicheren Tod bedeuten würde. Er begibt sich in das Maul des riesigen Reptils, piekt Fleischreste zwischen den Zähnen heraus und befreit die Krokodilszunge von lästigen Blutegeln. Dabei kann er sicher sein, daß er diesen Schlund immer lebend und unversehrt verlassen wird. Die Panzerechse geht mit ihrem Reinigungspersonal sorgsam um.

8.2.2 Auf den Synergiegewinn kommt es an

Kooperationen führen zu größerer Anziehungskraft, höheren Erträgen und steigendem Ansehen – allerdings nur dann, wenn der Zusammenschluß zu Synergiegewinnen führt. Jedes natürliche System, auch eine Kooperation, hat eine materiell-finanzielle und eine geistig-energetische Seite. Die meisten Kooperationen gehen in aller Regel von der finanziell-materiellen Seite aus: Wieviel Kapital, Marktanteil, Produktionskapazität bringt jeder der Beteiligten ein? Ob man auch geistig-seelisch zusammenpaßt, ob beispielsweise der eine mit dem anderen in Ziel, Wellenlänge und Denkweise übereinstimmt, wird gegenüber der finanziell-materiellen Übereinstimmung verdrängt. Das führt dazu, daß die meisten Kooperationen die in sie gesetzten Erwartungen nicht erfüllen. Der ersten Euphorie folgen Enttäuschungen. Nicht, daß die Kooperationen gleich wieder auseinanderfallen. Aber die inneren Konflikte, Verteilungskämpfe und Reibungsverluste sind größer als der Zuwachs an ,,Stoßkraft" nach außen.

Hinzu kommt, daß Rücksichtnahme, falsch verstandene Kollegialität und besonders die Angst, ,,das eigene Nest zu beschmutzen", neue Ideen und Aktivitäten schon im Keim ersticken. Die inneren Spannungen steigen, und einer bremst den anderen. Gerade die Innovativsten werden in ihrer Entfaltung behindert. Die Verdrossenheit und das innere Gegeneinander wachsen. Das ist zunächst nur gefühlsmäßig zu spüren. Doch plötzlich, oft aus anscheinend nichtigem Anlaß und gerade dann, wenn das Zusammenhalten am wichtigsten wäre, kommt es zum Eklat. Die Kooperation bricht auseinander, weil jeder nur noch um den größeren Anteil am gemeinsamen Gewinn statt um den größeren Nutzen für die Kunden kämpft.

8.2.3 Oberstes Kooperationsziel: Kundennutzen steigern!

Ein entscheidendes Problem jeder Kooperation ist die Gewinnverteilung, d. h. die Gerechtigkeit im Verhältnis zwischen Leistungsbeitrag und Erfolgsanteil. Das Ganze ist mehr als die Summe der Teile, so daß der Erfolg des Einzelnen und des Ganzen durch bessere Kooperation erheblich vergrößert werden kann. Streitfrage aber ist: Wie wird der gemeinsam erreichte Erfolg verteilt, wenn jeder fürchtet, der andere könne stärker profitieren als er selbst? Der Konflikt wird verschärft, wenn der Anteil des Einzelnen am gemeinsamen Gewinn immer weniger vom jeweiligen Beitrag am Erfolg, sondern von der Macht innerhalb der Kooperation bestimmt wird.

Je mehr Kooperationspartner an ihren Gewinn denken, desto mehr stoßen sie ihre Kunden ab, je mehr sie jedoch an deren Nutzen denken, desto stärker ziehen sie sie an. Aus dem konsequenten Dienst am Kunden wächst also auch einem Unternehmensverbund eine Anziehungs-Macht zu – im Gegensatz zur Angebots-Macht im klassischen (egozentrierten) Sinne. Es wird nicht versucht, Herrschaft über den Kunden auszuüben, sondern er wird vorrangig vor den eigenen Interessen des Verbundes in seiner Entwicklung gefördert. Diese (alterozentrierte) Handlungsweise kommt nicht nur dem genossenschaftlichen Förderungsauftrag näher (ebenso wie dem öffentlichen Auftrag der Sparkassen), sondern ist auch dauerhaft erfolgreicher. Denn wer die Menschen seiner Zielgruppe fördert, wird auch von diesen gefördert.

Die wichtigsten Grundsätze für erfolgreiche Kooperationen auf der Basis von Kundennutzenmaximierung sind:

⇨ Ein übergeordnetes, möglichst faszinierendes Ziel, das von den Partnern nur gemeinsam erreicht werden kann. Das gemeinsame Ziel muß sehr viel klarer, konkreter und visionärer herausgearbeitet werden, als das bisher geschieht; nüchterne Pläne nach dem Motto „10 Prozent mehr Produktion" erfüllen diese Qualität nicht.

⇨ Die Kooperation muß die Partner deutlich die Vorteile erkennen lassen.

⇨ Die Synergiegewinne, d. h. der Grad der gegenseitigen Ergänzung der Partner in Richtung auf das gemeinsame Ziel, müssen möglichst groß, die gegenseitigen Interessenüberschneidungen und -konflikte möglichst gering sein.

⇨ Zwischen dem Beitrag der einzelnen Partner und ihrem Anteil am gemeinsamen Erfolg muß eine möglichst große Transparenz, d. h. Klarheit und Übersichtlichkeit, herrschen.

⇨ Die einzelnen Partner brauchen so viel Freiheit wie möglich, nicht mehr Bindung als nötig.

⇨ Kommunikations- und Entscheidungswege sind möglichst kurz.

⇨ Es herrscht möglichst große Gerechtigkeit und dadurch wachsendes Vertrauen; es darf niemand ausgenutzt werden, denn dies schlägt auf Dauer zurück.

8.2.4 Die dienende Rolle des Verbundes am Beispiel der Genossenschaftsorganisation

Wer dem Geheimnis des bisherigen Erfolges der Genossenschaftsorganisation nachspürt, stößt sehr schnell auf eine Besonderheit: den Zusammenschluß im Verbund. Da der Verbund der Subsidiarität verpflichtet ist, soll er die ihm angeschlossenen Primärgenossenschaften bei der Erfüllung ihrer Aufgaben unterstützen. Das heißt, die Verbundorganisationen der „oberen" Verbundstufen haben sich am Bedarf der Primärgenossenschaften im Sinne des Förderungsauftrages zugunsten der Primärgenossenschaften zu orientieren. Hier wird deutlich, daß in einem Genossenschaftsverbund die Grundsätze genossenschaftlicher Unternehmenskultur nicht auf die Primärgenossenschaften beschränkt bleiben dürfen. Glaubwürdigkeit und langfristige Leistungsfähigkeit des Gesamtverbundes können nur dadurch gesichert werden, daß auch die Verbundspitze, die Genossenschaftsverbände, die Genossenschaftszentralen und die übrigen Gemeinschaftseinrichtungen ihre genossenschaftliche Ausrichtung in der täglichen Praxis unter Beweis stellen. Ziel des Verbundes muß es sein, seine Mitglieder bei deren Zielerreichung zu unterstützen. Daher leiten sich die Aufgaben des Verbundes aus den Zielen der einzelnen Mitgliedsgenossenschaft ab.

„Die Zentral-Darlehnskasse ist nur für die Darlehnskassen-Vereine ins Leben gerufen worden. Sie beruht auf denselben Grundsätzen wie auch die letzteren und ist deren Bedürfnissen angepaßt ... Sie ist gleichsam deren Eigenthum und hat gar kein anderes Interesse als dasjenige der Vereine selbst zu verfolgen."

Das betonte F. W. Raiffeisen bei der Generalversammlung 1881 und in einem Brief an den Fürsten zu Wied. Er gibt damit ganz klar das Ziel des Verbundes vor. Und dieses Ziel hat auch heute noch seine Gültigkeit. Ein leistungsfähiger Verbund ist ohne diszipliniertes Zusammenwirken der Verbundorganisationen nicht denkbar. Das bedeutet, daß freiwillige Mitgliedschaft im Verbund einhergehen muß mit der freiwilligen Einschränkung der eigenen Autonomie zum Nutzen aller Verbundorganisationen bzw. deren Mitgliedern. Organisierte Solidarität nach selbstbestimmten Regeln: Die freiwillig übernommenen Pflichten im Verbund müssen eingehalten werden. Aber diesen Verbundpflichten muß ein unverzichtbarer Mindestbestand an Rechten für die einzelnen Partner gegenüberstehen. Je schwieriger aus Gründen der wirtschaftlichen Integration im Verbund das Ausscheiden eines Verbundteilnehmers wird, desto mehr Gewicht gewinnen die demokratischen Mitwirkungsrechte bei der Festlegung der Pflichten der Verbundmitglieder und der Schutz vor Einschränkung der Rechte der z. B. wirtschaftlich schwächeren Primärgenossenschaften durch die wirtschaftlich stärkeren Partner im Verbund. Rechte und Pflichten müssen in einem ausgewogenen Verhältnis zueinander stehen, d. h. z. B., daß der Ausschließlichkeit der Zusammenarbeit mit einem Partner entsprechend lange vertragliche Kündigungsfristen und Abfindungsregelungen gegenüberstehen. Einseitige wirtschaftliche Abhängigkeit von Verbundpartnern darf nicht entstehen. Hierüber haben die Verbände für ihre Mitglieder zu wachen: durch die Vereinbarung von Rahmenverträgen, deren laufende Überwachung und Anpassung sowie die Beobachtung der Modalitäten bei Wettbewerbern der Verbundpartner, um weitestgehend Marktverhältnisse im Verbund zu realisieren.

8.2.5 Im Verbund gibt es keine Befehlsgewalt

Ein Verbund kann sich nur proportional zu den geistigen und moralischen Eigenschaften jener entwickeln, die ihm angehören.

Disziplinierte Zusammenarbeit im Verbund bedeutet nicht kagloses Akzeptieren aller Mehrheitsentscheidungen oder von unbefriedigend empfundenen Verbundregeln bzw. -leistungen. Ein System, das Änderungen nicht zuläßt, ist ein „totes" System. Die Ausübung von Herrschaftsmacht führt zu statischem Denken, zu Kritikunfähigkeit und

Unbeweglichkeit. Und aus der Natur wissen wir, daß das mangelnde Anpassungsvermögen einer Art an ihre Umweltsituation ihr Aussterben zur Folge hat. Auch hier ist neben der Toleranz unterschiedlicher Meinungen der Eindruck emotionaler Akzeptanz in hohem Maße erforderlich. Vor allem auf Seiten der kleineren Partner darf nicht das Gefühl entstehen, nicht ernst genommen zu werden.

Zur Partnerschaft gehört eine große Portion Goodwill. Goodwill darf aber nicht mit Willfährigkeit verwechselt werden. Eine funktionierende Partnerschaft bedarf einer offenen Streitkultur. Die Grenze ist da, wo der Nutzen des einen zum Schaden des anderen wird. Deshalb gehört auch ein klares Nein-Sagen zur Partnerschaft, wenn die Strategie des einen, seine Projekte, seine Verteilungsvorstellungen oder gar er selbst die Würde des anderen mißachten. Partnerschaft ist Achtung, nicht blinder Gehorsam. Fehlt diese Basis oder geht sie verloren – trenne dich.

Es ist an der Zeit, daß sich die großen Verbund-„Partner" mit dieser Thematik beschäftigen und sich von ihren Kritikern in den eigenen Reihen – auch in ihrem eigenen Interesse – den Spiegel ihres oft anmaßenden und arroganten Verhaltens vorhalten lassen. Solange dies nicht geschieht, werden immer mehr Primärinstitute offen oder verdeckt den Verbund-Gesellschaften den Rücken kehren und die Zusammenarbeit mit anderen Anbietern suchen. Druck ist und war nie ein Mittel, um langfristig die eigene Position abzusichern.

So steht beispielsweise der genossenschaftliche Verbund ausdrücklich im Gegensatz zum Zentralismus. Sein Ziel muß die Sicherung der Selbständigkeit der kleinen, autonomen Einheiten sein. Er soll deren Lebens- und Leistungsfähigkeit sowie ihre lokale Flexibilität und Dynamik unterstützen. In der Vielzahl der künftigen Anforderungen ist der Verbund mit seinen Verantwortungsträgern ständig der Gefahr ausgesetzt, Sinn und Ziel aus den Augen zu verlieren. Da Hauptaufgaben leicht zu Nebenaufgaben werden, und umgekehrt Nebenaufgaben zu Hauptaufgaben, ist die Besinnung auf genossenschaftliche Werte – insbesondere sei hier § 1 Genossenschaftsgesetz genannt – immer wieder erforderlich. Im Interesse tragfähiger Beziehungen und einer soliden Vertrauensbasis ist es auch für den Verbund notwendig, sowohl organisatorisch als auch in den Aussagen und Handlungen, durchschaubar und berechenbar zu sein.

Es muß nach wie vor unser Bestreben sein, das alte Spiel „Ich gewinne, du verlierst." umzuwandeln in „Ich gewinne, du gewinnst.", und zwar gegenüber Kunden und Verbundpartnern. Machtmißbrauch gegenüber einzelnen läßt Mißtrauen bei allen entstehen und beeinträchtigt die sensible Zusammenarbeit im Verbund. Alles Handeln – sei es im zwischenmenschlichen Bereich, in der Wirtschaft, in der Politik, in der Gesellschaft oder im Verbund – sollte sich daher an dem einfachen Prinzip orientieren: „Was du nicht willst, das man dir tu', das füg' auch keinem ander'n zu."

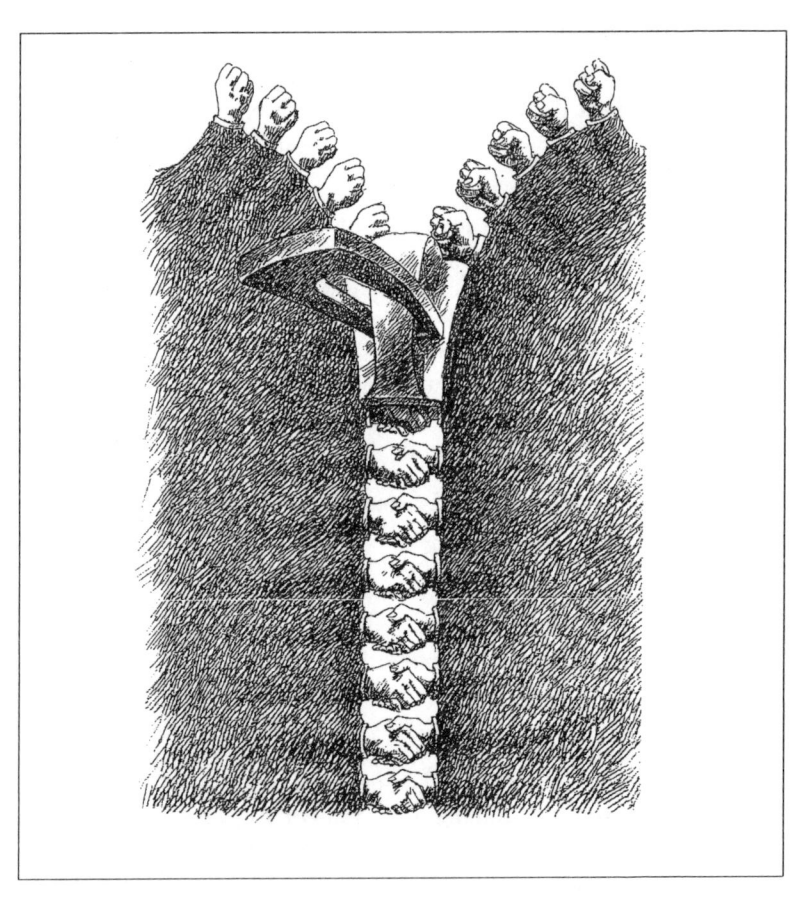

Abbildung 32: Das neue Verbund-System

8.3 Kooperation unter Gleichen

Voraussetzung für Partnerschaft, für Kooperation sind der feste Wille dazu und die Überwindung des extremen Egoismus. Die größten Möglichkeiten hierzu gibt es eigentlich auf der Primärebene zwischen Genossenschaftsbanken oder zwischen Sparkassen, wenn es gelingt, die oft bestehenden Aversionen zwischen den Nachbarn zu überwinden. Dennoch existieren auf dieser Ebene zu viel Mißtrauen und mangelnde Bereitschaft zur Offenheit, die es auch innerhalb der Verbünde den Partnern leicht machen, ihre egoistischen Interessen zu verfolgen. Gerade den großen Partnern wie Bausparkassen und Versicherungsgesellschaften gegenüber haben einzelne Banken oder Sparkassen – von den Größeren einmal abgesehen – so gut wie keine Chance, ihre individuellen Interessen zu vertreten. Gerade diesen Partnern gegenüber sind aber – auch in deren Interesse – Korrektive erforderlich. Möglichkeiten dazu bieten Interessengemeinschaften von Primärbanken, die Grundsatzfragen, wie z. B. die Gestaltung der Kooperationsverträge mit ihren Verbundpartnern, verhandeln. Dabei erscheint es sinnvoll, wenn sich verschiedene Vorstände zunächst einmal – möglichst von neutraler Seite – z. B. in die „Geheimnissse" der Bauspar- und Versicherungswirtschaft einführen lassen, damit qualifizierte Gespräche von beiden Seiten überhaupt möglich sind.

Zwei zentrale Stärken kleiner und mittlerer Banken und Sparkassen sind die Kundennähe und die Flexibilität, die große Institute nicht erbringen können. Fatal ist nur die Tatsache, daß gerade gesunde Genossenschaftsbanken sich mit ihrer Fusionseuphorie dieser Profilierungsmerkmale selbst berauben. Hier bietet es sich geradezu an, über geeignete Kooperationsmöglichkeiten die Kernstärken zu bewahren, ohne gleichzeitig auf bestimmte herausragende Leistungen verzichten zu müssen. So wäre es durchaus denkbar, daß es auf Landkreisebene zwischen mehreren Genossenschaftsbanken eine Verabredung über eine Sub-Spezialisierung gäbe, also daß z. B. eine erfolgversprechende Zielgruppe vom Spezialisten der einen Genossenschaftsbank, eine andere Zielgruppe vom Spezialisten einer anderen Genossenschaftsbank betreut würde. Wenn in solchen Fällen einzigartige, nicht austauschbare Leistungen angeboten würden, wäre die Vergütung durch ein Honorar des Kunden einerseits und die Vermittlung des Geschäftsabschlusses an die den Kunden betreuende Bank andererseits relativ problemlos zu gestalten. Warum soll nicht z. B. der Spezialist für Erbangelegenheiten „kreisweit" tätig sein? Entscheidend ist zu beginnen, in diese Richtung zu denken. Fünf und mehr Jahre Anpassung unterschiedlicher Unternehmenskulturen nach einer Fusion sind unnötig und werden sich künftig viele Institute nicht mehr leisten können.

Das übergeordnete gemeinsame Ziel der Nutzenorientierung für die Kunden der Kooperationspartner ist allerdings unabdingbare Voraussetzung für das Gelingen. Die Betätigungsfelder für derartige Kooperationen sind so vielfältig wie das Bank- oder Sparkassengeschäft selbst. Verschiedene Möglichkeiten, die vielerorts auch schon praktiziert werden, sollen der Vollständigkeit wegen aufgezählt werden:

- Marketing-Arbeitsgemeinschaft,
- Ausbildungsgemeinschaft,
- gemeinsame Zahlungsverkehrsgesellschaft,
- Controlling-Arbeitskreis,
- Revisionsgemeinschaft,
- Einkaufsgemeinschaft,
- Umweltschutz-Arbeitsgruppe,
- Immobiliengesellschaft,
- Vertriebsgesellschaft usw.

Entscheidend für das Gelingen solcher Kooperationen ist auch die Bereitschaft, den Mitgliedern solcher Gemeinschaften seitens der Vorstände weitgehende Autonomie und damit Entscheidungs- und Handlungsfreiheit einzuräumen.

8.4 Kooperation der Konkurrenten

Die Kooperation über die Grenzen der verschiedenen Gruppen der Kreditwirtschaft hinweg – Privatbanken, Genossenschaftsbanken und Sparkassen – ist heute in weiten Bereichen sinnvollerweise schon so weit fortgeschritten, daß Zurückhaltung bei der Erschließung weiterer Kooperationsmöglichkeiten unangebracht ist. Die Abwicklung des mittlerweile höchstdifferenzierten Zahlungsverkehrs, die Gestaltung der Usancen in fast allen Geschäftsbereichen sind beispielhaft für Gemeinsamkeit.

Neben diesen zentral initiierten Kooperationen können aber auch solche auf Ortsebene oder Kreisebene entwickelt werden. So sprechen außer ideologischen Gesichtspunkten wenige Gründe gegen den gemeinsamen Betrieb von Geldautomaten – gerade im ländlichen Bereich, wo diese Geräte durchaus sinnvoll sind, aufgrund der Nutzungszahlen jedoch kaum rentabel unterhalten werden können. Wenn – wie so oft – zwei ortsansässige Institute aus Wettbewerbsgründen Geldausgabeautomaten aufstellen, werden hier häufig unnötigerweise von beiden Verluste produziert. Ein Gerät – gemeinsam betrieben – an neutraler Stelle installiert, könnte hier Abhilfe schaffen.

Das gilt gleichermaßen auch für die Abwicklung des Zahlungsverkehrs. Dieser Bereich ist immer weniger ein wettbewerbsentscheidendes Kriterium. Eine von mehreren Kreditinstituten betriebene Zahlungsverkehrsgesellschaft könnte zum einen die optimale Abwicklung für den Kunden übernehmen und zum anderen den strategischen Ausstieg aus der beleggebundenen Übertragung forcieren.

Im ländlichen Bereich wird es sowohl Sparkassen als auch Genossenschaftsbanken aus Kostengründen immer schwerer fallen, das dichte Geschäftsstellennetz – und das sehr oft in direkter Konkurrenz – dauerhaft zu unterhalten. Dabei sind es in der Regel die „Ein-Mann"-Geschäftsstellen, die lediglich einfachste Aufträge im Zahlungsverkehr erledigen. Neben der Beibehaltung der jetzigen Situation und der Überlegung, diese Stellen zu schließen, könnte z. B. als weitere Alternative der gemeinsame Betrieb dieser Stellen im Sinne der reinen Bargeldversorgung in Erwägung gezogen werden.

9. Wie sichert eine Bank langfristig ihren Vorsprung?

9.1 Kernprobleme lösen

Die Probleme in den Banken und Sparkassen wachsen lawinenartig an. Und jeder reagiert anders darauf: Die einen stecken resigniert den Kopf immer tiefer in den Sand, die anderen arbeiten immer mehr und immer hektischer („Mehr-vom-Gleichen-Strategie"), um ihre Probleme trotzdem zu lösen, und die dritten malen Schreckensvisionen.

Zu zählen sind die Probleme schon lange nicht mehr. Erinnern Sie sich an die große Anzahl wichtigster Probleme aus der Umfrage bei genossenschaftlichen Bankvorständen. Das schlimmste Problem ist offenkundig jedoch die fortschreitende Verwirrung, Hilflosigkeit und Desorientierung der Menschen. Und hieraus wiederum erwachsen Ängste, weil die meisten spüren, daß die bisherigen Denk- und Verhaltensstrategien nicht mehr funktionieren, Alternativen aber innerhalb der Organisationen der Kreditwirtschaft noch nicht zur Verfügung stehen. Die Ängste werden tabuisiert, führen zu immer mehr Unzufriedenheit, zu Fehlverhalten und Mutlosigkeit bis hin zu Gesundheitsproblemen. Die Tabuisierung, die Unfähigkeit der „geschlossenen" kreditwirtschaftlichen Systeme zur Kritik, das fehlende „Sich-in-Fragestellen" behindern die Möglichkeit, sich aus der Sackgasse herauszuarbeiten. Die völlig ausreichenden Kräfte und Mittel müssen auf die tatsächlichen Engpässe gerichtet werden, statt sich auch künftig in immer mehr Nebensächlichkeiten und Überflüssigem zu verzetteln. Es ist nicht höchste Priorität, einen Vertragsvordruck zum fünften Mal in einem Jahr anzupassen, um die Rechtsposition der Bank oder Sparkasse *gegen* ihre Kunden zu verbessern, wenn die Gerichte anschließend den aktuellen Vordruck wegen Unüberschaubarkeit und für Laien nicht mehr nachvollziehbar wieder aus dem Verkehr ziehen.

Höchste Priorität muß sein, alle Kräfte eines Unternehmens, einer Organisation bewußt darauf zu konzentrieren, *mit* dem Kunden die für ihn – und damit in der Folge auch für die Bank oder Sparkasse – beste Problemlösung zu realisieren. Je mehr eine Bank oder Sparkasse *für* ihre Kunden arbeitet und sich um ihre Belange kümmert, umso weniger werden Kunden Anlaß haben, gegen ihr Institut Rechtsmittel einzusetzen. Das heißt aber auch, daß die Menschen in den Banken und Sparkassen die Gelegenheit erhalten, lebensnah und am Wesentlichen orientiert zu lernen, d. h. die tatsächlichen Probleme erkennen und sie wirkungsvoll lösen zu können, statt mit immer noch mehr und verwirrenderem Wissen vollgestopft zu werden. Dies ist ein Gesichtspunkt geistiger Orientierung, unter dem sich zwangsläufig die Frage stellt, wie die Ressourcen der Institute strategisch eingesetzt werden. Es fehlt nicht an technischen Möglichkeiten oder an geistiger Kapazität. Das Haupthindernis ist die Unfähigkeit (fehlende Bereitschaft, fehlendes Vertrauen, fehlender Mut, Sachzwänge), sie effektiver als bisher einzusetzen.

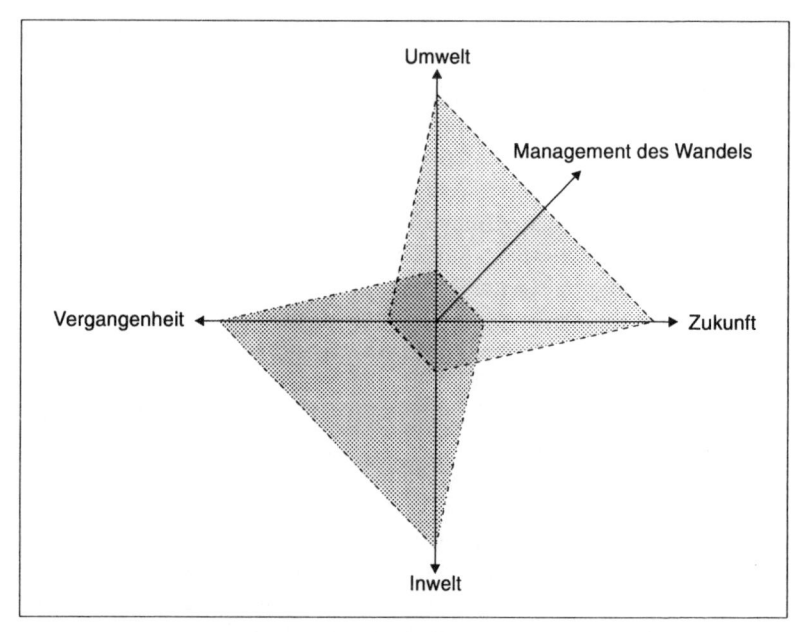

Abbildung 33: Management des Wandels

Die Abbildung macht deutlich, wie die Grundstruktur des Haupthindernisses aussieht und wo sie hinentwickelt werden muß, um die

Existenz vieler Kreditinstitute langfristig zu erhalten. Das Management ist gefordert, sein Institut aus der vergangenheitsorientierten internen Unternehmenspolitik in eine zukunftsbezogene, an der Umwelt (Kunden, Mitarbeiter, Partner, Lieferanten usw.) orientierten neuen Zielsetzung zu führen. Hoffnungsfroh stimmt die Tatsache, daß immer mehr Führungskräfte in den obersten Etagen beginnen, sich dieser Tatsachen bewußt zu werden. Das sind diejenigen, die erkennen, daß die bisherige geistige Ausrichtung ihrer Bank oder Sparkasse, die Abkehr vom eigentlichen Unternehmenszweck, nämlich der Lösung von Kundenproblemen, die eigentliche Ursache der Misere ist. Durch die Lösung dieses zentralen Kernproblems lösen sich auf Dauer viele der heute noch als unüberwindlich erscheinenden anderen Probleme von selbst.

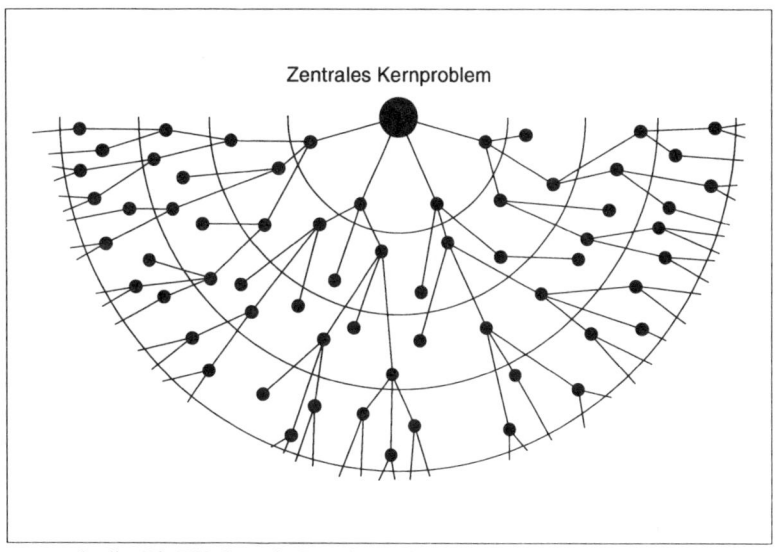

Quelle: Die EKS-Strategie, Frankfurter Allgemeine Zeitung GmbH Informationsdienste

Abbildung 34: Zentrales Kernproblem – wirkungsvollster Punkt in vernetzten Systemen

In der Praxis, in Natur- und Wirtschaftswissenschaft ist mittlerweile die Gewißheit vorhanden, daß alle Probleme unsichtbar miteinander vernetzt sind. Wenn ein Unternehmen beispielsweise die Attraktivität seiner Angebote am Nutzen des Kunden orientiert verbessert, dann lösen sich Nachfrage, Umsatz-, Auslastungs-, Produktivitäts-, Kosten-, Gewinnprobleme zum Teil automatisch, teilweise wird die Lösung erheblich leichter. Übertragen in die Bankpraxis bedeutet das: Löst eine Bank oder Sparkasse z. B. die im Todesfall bei den Hinterbliebenen auftretenden Probleme in exzellenter Art und Weise, dann wird sich folgendes entwickeln:

- Kundenzufriedenheit,
- wachsende Anziehungskraft,
- steigende Nachfrage nach Bankdienstleistungen,
- Weiterempfehlungen,
- Imageverbesserung,
- Mehrumsatz,
- reduzierte Zinssensibilität,
- mehr Aktivitäten am Markt,
- Kooperation mit Notaren und Steuerberatern,
- Kostendegression,
- positive Ergebnisbeiträge,
- Mitarbeiterzufriedenheit,
- wachsende Selbstorganisation usw.

Voraussetzung ist, daß aus der Sicht des Kunden seine Probleme zu seiner Zufriedenheit gelöst werden, daß sein Nutzen strikter Denk- und Handlungsmaßstab ist. Egal, was Sie auch machen: Ihre Aktivitäten (ebenso wie Ihre Passivitäten) haben nie nur eine einzige Folge. Lernen Sie, die Ursachen und die Wirkung Ihres Tuns und Lassens zu erkennen und einzuschätzen. Ebenso wie Sie einen Zugang zu den Gründen, Motiven und Gefühlen Ihrer Mitarbeiter und Ihrer Kunden finden müssen, damit Sie den Wechselwirkungen im täglichen Leben nicht ausgeliefert sind, sondern bewußt Einfluß nehmen können.

9.2 Signale der Zukunft

Die frühe Wahrnehmung und möglichst zuverlässige Einschätzung von Veränderungen ist entscheidend für die Überlebensfähigkeit eines Unternehmens. Für Menschen mit Verantwortung in Wirtschaft und

Gesellschaft ist es selbstverständlich, auf die Zeichen der Zeit zu achten, die vielschichtigen Trends und Strömungen ernst zu nehmen und daraus Konsequenzen für das tägliche Handeln abzuleiten. Hierzu gehört Lernbereitschaft. Lernfähige Menschen und Unternehmen orientieren sich an den neuen Bedürfnissen, Herausforderungen und Möglichkeiten. Sie legen damit einen sicheren Grundstein für eine erfolgreiche Zukunft.

Ein effizientes Früherkennungssystem schützt möglichst zuverlässig vor dem Eintritt eines Risikos bzw. vor dem Verpassen einer Chance. Je früher solche Veränderungen erkannt werden, desto größer ist der Nutzen für Ihre Bank oder Sparkasse – und insbesondere für Ihre Kunden. Denn Probleme machen sich meist erst dann bemerkbar, wenn ihre Lösung schon sehr viel Kraft erfordert, und Chancen haben die Eigenart, erst dann deutlich zu werden, wenn sie schon sehr klein geworden sind. Bei der Einrichtung eines solchen Früherkennungssystems zur „Messung" von Spannungen und Veränderungen sollten Sie darauf achten, daß die Beobachtung entsprechend der vorgenommenen Zielgruppeneinteilung erfolgt. Denn aus klassischen Meinungsumfragen ist bekannt, daß ein heilloser „Salat" an Informationen das Ergebnis ist, wenn Menschen mit unterschiedlichen Wünschen und Bedürfnissen interviewt werden. Desweiteren müssen Sie berücksichtigen, daß es sich nicht um ein statisches System handelt, sondern um einen permanenten Verbesserungsprozeß nach dem Prinzip des kybernetischen Regelkreises, d. h., daß die Interpretation der aufgenommenen und aufbereiteten „Frühwarn-Signale" immer wieder im Dialog mit der Zielgruppe und durch neue Erkenntnisse korrigiert wird.

Neben den üblichen Statistiken, Reklamations- und Kennzahlenerhebungen konzentriert sich dieses Früherkennungssystem auf die Beobachtung aller für die Entwicklung des Instituts erforderlichen Faktoren, erfaßt die Veränderungen der bisher vernachlässigten immateriellen Werte und ermöglicht so die optimale und frühzeitige Anpassung Ihrer Bank oder Sparkasse an das Kräftefeld ihrer Umwelt.

In einem internen Workshop mit den Mitarbeitern werden zunächst die „Faktoren" bestimmt, von denen die Existenz Ihres Kreditinstitutes abhängt, z. B.:

- Mitarbeiter,
- Management,

- Verbundpartner,
- Kunden,
- Know-how,
- Finanzprodukte,
- Ressourcen,
- Umfeld.

Anschließend werden geeignete qualitative Indikatoren für die einzelnen Bereiche ausgewählt, z. B. im Bereich „Kunden":

- Zufriedenheit,
- Anziehungskraft,
- Image,
- Vertrauen,
- Beziehungspflege,
- Sonderkonditionen,
- Kundentreue,
- Zahl der Kundenkontakte,
- Kenntnis der Bedürfnisse,
- Bekanntheitsgrad.

In regelmäßigen Arbeitskreisen werden die Veränderung der Werte beurteilt, mögliche Ursachen gesucht und strategische Maßnahmen vorbereitet, deren Effektivität in einem folgenden Arbeitskreis überprüft wird. Die Informationen und Erfahrungen sollten Sie schriftlich festhalten und ständig aktualisieren, so daß eine „Datenbank" Ihrer unternehmensspezifischen Werte entsteht.

Ihre Mitarbeiter sind in „Kooperation mit den Kunden" die besten Marktforscher. Die wichtigsten Beteiligten zur Gewinnung von Informationen und Werten sind die Mitarbeiter, die sich in ständigem Kontakt mit den Kunden befinden. Kundenzufriedenheit zu messen erfordert Sensibilität, Aufmerksamkeit und Kreativität. Denn es geht darum, die Vorsteuergrößen für den Erfolg zu erfassen: die Wünsche und Gefühle Ihrer Kunden. Sie entscheiden darüber, ob und wie oft Ihre Kunden wiederkommen. Sie sollten darum nicht warten, bis sich eventuelle Mißstimmungen in sinkenden Zahlen niederschlagen. Ein sensibles Früherkennungssystem zeigt die Anzeichen von Ursachen lange bevor die Wirkung veränderten Verhaltens sichtbar wird und kann vor nachhaltigen Problemen schützen, wenn Sie rechtzeitig handeln. Teil dieser Entwicklung sind auch die großen Trends. Ein Unternehmen kann sich nicht ungestraft gegen solche Trends verhalten, die aus dem globalen Gefühl der Menschen und dem kulturellen Wandel entstehen. Zu einem Früherkennungssystem gehört es daher auch zu fragen, welche Bedeutung die derzeitig erkennbaren Trends für Ihr eigenes Kreditinstitut haben und welche Maßnahmen aufgrunddessen jetzt zu ergreifen sind. Herausforderungen und Veränderungen drängen zu klaren Entscheidungen. Deshalb ist es wichtig, daß Sie rechtzeitig erkennen, was an der Weiterentwicklung hindert, und daß Sie herausfinden, nach welchen Werten es sich lohnt zu streben, die Ihre Bank oder Sparkasse bei den Kunden begehrt machen.

Auf die Frage, was in der kommenden Zeit an Bedeutung gewinnen wird, kann sich ein Kreditinstitut mit großer Sicherheit bereits heute auf die folgenden Aussagen stützen:

Die Attraktivität des Instituts gewinnt, wenn es kundennah organisiert ist. Gefragt ist, wer auf individuelle Probleme mit einer Vielfalt individueller Lösungen antworten kann, wem es gelingt, auf breiter Basis Menschen einzubinden, die mitgestalten und mitverantworten; dazu bedarf es Durchschaubarkeit, Vertrauen und Begeisterung für ein gemeinsames Ziel. Kunden (und Mitarbeiter) honorieren, wer dem Menschen Vorrang einräumt vor den Dingen und dem Kapital und materielle Erfolge als Ergebnis vorgelagerter immaterieller Komponenten erkennt. Wer rückbetrachtet vielleicht feststellt, daß er die Entwicklung seines Unternehmens in den letzten zehn Jahren nicht bewußt gestaltet, sondern eher dem Zufall überlassen hat, ist nicht daran gehindert, die nächsten zehn und mehr Jahre bewußt und anders zu gestalten.

9.3 Geist ist wichtiger als Kapital

Im Mittelpunkt der heutigen wirtschaftlichen Überlegungen stehen immer noch überwiegend die Kapitalverhältnisse und die Frage, wie man sie verbessert. Und auch die Banken und Sparkassen machen diesen Fehler. Sie sehen ihre Aufgabe in der Gewinnerzielung, zu oft in der Gewinnmaximierung, statt im optimalen Ausgleich der insgesamt beteiligten Interessen. Sie denken und handeln finanziell-egoistisch und produzieren damit – oft ohne es bewußt zu merken – selbst den Widerstand, dem sie sich heute bei ihren Kunden, den Politikern, der Öffentlichkeit und den Gerichten gegenübersehen. Insbesondere die Genossenschaftsbanken und die Sparkassen haben ihre Identität weitestgehend verloren; genossenschaftlicher Förderauftrag und öffentlicher Auftrag sind der Egalisierung in der Kreditwirtschaft zum Opfer gefallen. Und hohle Phrasen in Festtagsreden sind nicht geeignet, notwendige Veränderungen einzuleiten oder Begeisterung hervorzurufen – weder bei Mitarbeitern noch bei Kunden. Das Verrückte dabei ist: Anders würden die Banken und Sparkassen nicht nur mehr, sondern auch sicherer verdienen und sich in Harmonie mit ihrem Umfeld – sprich ihren Kunden und der Öffentlichkeit – befinden. Es sind die geistigen Verhältnisse, die die Innovationen, die schöpferischen Kräfte, die technischen, die personellen und die Marktverhältnisse einer Bank oder Sparkasse gestalten – und mit ihnen ihre Kapitalverhältnisse und ihren Gewinn.

Die meisten heutigen Probleme in Unternehmen sind mentale Probleme. Irgendetwas stimmt in den Köpfen nicht, wenn die Erfolge ausbleiben. In den Köpfen der Vorstände, der Führungskräfte und der Mitarbeiter und dann zwangsläufig auch in den Köpfen der Kunden; hier mißlingt die Problemlösung, mißlingt die Vertrauensbildung, bricht die Kundenverbindung zusammen. Wo das Tagesgeschäft die Köpfe dominiert, da können keine geistigen Bilder des Unternehmens von morgen entstehen, da ist kein Platz für Herausforderung, Begeisterung und Selbstmotivation. Die Qualität in den Köpfen entscheidet über die Unternehmensexistenz, nicht das ausgefeilte, austauschbare Produkt. Die Wertschätzung des Menschen ist dabei ihr Fundament. Die Menschen sind nicht das Kapital des Instituts, sie sind das Institut.

9.4 Die große Chance

Streß bringt häufig urplötzlich neue Lösungen, Krisen machen auf neue Möglichkeiten aufmerksam, kreative Prozesse brauchen Chaos, um neue Formen hervorzubringen, Menschen gehen aus Konflikten und Leid oft gestärkt hervor, Unternehmen brauchen ein gesundes Maß an Meinungsverschiedenheiten. Der Sinn der Krise ist die Entwicklung.

Die Großwetterlage in der Bankenlandschaft läßt erkennen, daß die Zeit grundsätzlicher Neuorientierungen reif – vielleicht überreif – ist, und daß vor dem Hintergrund düsterer Prognosen zur Beschäftigungsentwicklung die Sehnsucht nach neuen Perspektiven da ist. Wir müssen anerkennen, daß Werte keine bleibenden Errungenschaften sind, sondern Leitlinien für das Leben darstellen, die dem Wandel unterliegen. Wer als Vorstand und Führungskraft dem Interesse der Menschen in den Banken und Sparkassen dienen und seiner sozialen Verpflichtung gerecht werden will, muß seine Unternehmensziele und die geistige Orientierung jetzt überprüfen. Fairneß gegenüber den Mitarbeitern, gegenüber erwachsenen Menschen, heißt ihnen zu sagen: „Laßt uns mutig sein und das Neue jetzt und nicht erst übermorgen willkommen heißen und akzeptieren, weil wir nur dann das frühe Neue mitgestalten können!" Die Mitarbeiter werden dankbar sein, denn auch sie spüren und wissen, daß grundlegende Veränderungen anstehen. Und es ist die Aufgabe des Vorstandes, sie einzuleiten, und zwar rechtzeitig. Wer wider besseres Wissen den Veränderungsprozeß bremst, sollte seine Eignung überprüfen. Wer aber den ohnehin laufenden geistigen Wendeprozeß aktiv gestaltet, sichert die Unternehmensexistenz.

Dabei kommt es nicht darauf an, daß Sie morgen am Ziel sind, es kommt darauf an, daß Sie sich heute auf den Weg machen.

Vorwort für den Beginn eines bewußten Veränderungsprozesses

Möglicherweise werden Sie sich jetzt fragen, was Sie dazu beitragen können, damit sich etwas verändert. Das wäre für Sie aber auch für uns ein toller erster Erfolg. Vielleicht kommen Sie zu dem Ergebnis, daß alles so wie es ist gut ist, oder daß Sie sowieso und leider nichts ändern können. Entweder Sie sitzen nicht weit genug oben und Sie haben niemanden, der Sie unterstützt, oder Ihr Vorstandskollege macht so etwas nicht mit, oder Sie haben zur Zeit andere Prioritäten, oder der Aufsichtsrat, der Verband, die Verbundpartner, oder ...

Egal, was Sie tun und wo Sie sitzen: Für sich selbst finden Sie immer ausreichend Argumente, daß Sie nichts tun können. Es ist sehr viel leichter für die meisten von uns, mit einem schlechten Gewissen zu leben, als sich im täglichen „Kleinkrieg" in schwierige ökonomische Situationen zu begeben und Freunde und Prestige aufs Spiel zu setzen. Das ist nicht schlimm und durchaus menschlich, aber es hat Konsequenzen.

- Das ist theoretisch ganz schön, aber in der Praxis geht das nicht.
- Dafür haben wir keine Zeit.
- In unserer Bank oder Sparkasse ist das alles anders.
- Solche Versuche können wir uns nicht leisten.
- Aus Erfahrung weiß ich, daß das nicht geht.
- Soll das alles, was wir in der Vergangenheit gemacht haben, falsch gewesen sein?
- Dafür haben wir nicht die richtigen Mitarbeiter.

Wenn Sie diese üblichen Killerphrasen für sich selbst nicht mehr gelten lassen, wäre das für Sie und uns bereits der zweite große Erfolg.

Wenn Sie nur wollen, dann schaffen Sie es auch. Es ist eine Frage Ihrer Prioritäten zwischen Wichtigem und Unwichtigem, und es ist ein großes Stück mehr Selbstbestimmung. Denn der Standpunkt, nichts tun zu können, nichts ändern zu können, ist Flucht aus der Verantwortung. Als Vorstand, als Führungskraft und auch als Mitarbeiter, dem an der Entwicklung seines Unternehmens und an seiner eigenen Zukunft etwas liegt, sind Sie gefordert, mit Fairneß und Kooperation dem Leistungswahn und der ethischen Gleichgültigkeit entgegenzuwirken. Jeder in der Bank und Sparkasse – und das gilt auch für Aufsichts- und Verwaltungsräte – ist Teil des Ganzen; keiner steht außerhalb des Spielfeldes. Deshalb gelten keine Klagen und keine Ausreden.

Veränderungen bewirken Sie nicht dadurch, daß Sie auf die Aktionen anderer warten, sondern nur dadurch, daß Sie selbst damit anfangen: Schritt für Schritt für Schritt ...

Was Sie aus unseren Denkanstößen machen, bleibt natürlich ganz alleine Ihnen überlassen.

Es handelt sich ja nur um Ihr Leben.
Und um das Ihrer Familie.
Und um das Ihrer Kolleginnen und Kollegen.
Und um das Ihrer Mitarbeiterinnen und Mitarbeiter.
Sie sind die Firma!

„*Ich wünsche mir Chancen, nicht Sicherheiten. Ich will kein ausgehaltener Bürger sein, gedemütigt und abgestumpft, weil der Staat für mich sorgt. Ich will dem Risiko begegnen, mich nach etwas sehnen und es verwirklichen, Schiffbruch erleiden und Erfolg haben. Ich lehne es ab, mir den eigenen Antrieb mit einem Trinkgeld abkaufen zu lassen.*

Lieber will ich den Schwierigkeiten des Lebens entgegentreten, als ein gesichertes Dasein führen; lieber die gespannte Erregung des eigenen Erfolgs, als die dumpfe Ruhe Utopiens. Ich will weder meine Freiheit gegen Wohltaten hergeben, noch meine Menschenwürde gegen milde Gaben.

Ich habe gelernt, selbst für mich zu denken und zu handeln, der Welt gerade ins Gesicht zu sehen und zu bekennen, dies ist mein Werk.

Das alles ist gemeint, wenn wir sagen:
Ich bin ein freier Mensch."

Albert Schweitzer

10 Anhang

Im folgenden stellen wir Ihnen Seminarveranstalter für persönliche Weiterentwicklung vor, die wir selbst erfahren haben und weiterempfehlen wollen (bitte Prospekte/Kataloge und Termine direkt anfordern):

Königsteiner Akademie
Gesellschaft für persönliche Weiterentwicklung mbH
Friedrich-Ebert-Str. 1
61462 Königstein/Taunus
Telefon (061 74) 52 58
Fax (061 74) 235 13

Neumühle
Ökumenisches Zentrum
für Meditation und Begegnung
66693 Mettlach-Tünsdorf
Telefon (068 68) 12 15

Das Odenwald-Institut
für personale Pädagogik
Trommstr. 25
69483 Wald-Michelbach
Telefon (062 07) 50 71
Fax (062 07) 13 90

Literaturhinweise

Apitz, Klaas und Gege, Maximilian, Was Manager von der Blattlaus lernen können, Wiesbaden 1991
Arbeitskreis „Planung in Banken" der Schmalenbach-Gesellschaft, Finanzwettbewerb in den 90er Jahren, Wiesbaden 1992
Birker, Klaus und Birker, Gabriele, Bewußt leben mit dem Unbewußten, Speyer 1992
Bürkle, Hans, Aktive Karrierestrategie, Frankfurt/Wiesbaden 1986
Cohn, Ruth C., Von der Psychoanalyse zur themenzentrierten Interaktion, Stuttgart 1990
DG Bank, Strukturfragen der deutschen Genossenschaften Teil IV, Frankfurt/Main 1991
Diehl, Rolf, Das Ende der Hierarchien, Paderborn 1993
Frankfurter Allgemeine Zeitung GmbH Informationsdienste, Die EKS-Strategie (Urheber: Wolfgang Mewes), Frankfurt 1990
French, Marilyn, Jenseits der Macht, Hamburg 1985
Friedrich, Kerstin und Seiwert, Lothar J., Das 1 x 1 der Erfolgsstrategie, Speyer 1992
Fröhlich, Peter, Mehr Lust statt Frust, Landsberg/Lech 1993
Fuchs, Jürgen (Hrsg.), Das biokybernetische Modell, Wiesbaden 1992
Geffroy, Edgar K., Das einzige was stört ist der Kunde, Landsberg/Lech 1993
Gerken, Gerd, Geist, Düsseldorf/Wien/New York 1991
Gerken, Gerd, Manager ... die Helden des Chaos, Düsseldorf/Wien/New York/Moskau 1992
Gerken, Gerd, Trendzeit, Düsseldorf/Wien/New York/Moskau 1993
Gross, Günter F., Beruflich Profi, privat Amateur, Landsberg/Lech 1990
Handy, Charles, Im Bauch der Organisation, Frankfurt/New York 1993
Heinold, Ehrhardt, Erfolgreich durch strategisches Denken und Handeln, Düsseldorf 1990
Herrmann, Ned, Kreativität und Kompetenz – Das einmalige Gehirn, Paidia-Verlag, Fulda
Hormann, John und Harman, Willis, Future Work, Stuttgart/München/Landsberg 1990
Kobjoll, Klaus, Motivaction, Zürich 1993
Kohn, Alfie, Mit vereinten Kräften, Weinheim/Basel 1989
Laszlo, Ervin, Evolutionäres Management, Fulda 1992
Looman, Volker, Eigenheimfinanzierung, Frankfurt/Main 1993
Magyar, Kasimir M. und Prange, Peter, Zukunft im Kopf, Freiburg i. Br. 1993
Mann, Rudolf, Die fünfte Dimension in der Führung, Düsseldorf/Wien/New York/Moskau 1993
McKnight, Mel, Management mit Herz, Falk-Verlag 1990

Mewes, Wolfgang, Die kybernetische Managementlehre (EKS), Fernlehrgang, Frankfurt 1971–1977
Micic, Pero, Strategische Früherkennung statt „Management by Rückspiegel", Office Management
Muthers, Helmut, Fusion – Das klingt erst mal gut in Bankkaufmann 11/91
Muthers, Helmut, Vertrauen der Kunden erhalten und gewinnen in BankInformation 02/92
Muthers, Helmut, Zum Teufel mit der Hierarchie in Bankkaufmann 12/92
Muthers, Helmut, Signale der Zukunft – Das offene Ohr am Markt in BankInformation 03/94
Nagel, Kurt, Herausforderung Kunde, Landsberg/Lech 1993
Naisbitt, John und Aburdene, Patricia, Megatrends 2000, Düsseldorf/Wien/New York 1990
Peters, Tom, Jenseits der Hierarchien, Düsseldorf/Wien/New York/Moskau 1993
Popcorn, Faith, Der Popcorn-Report, München 1992
Probst, Gilbert J.B. und Gomez, Peter (Hrsg.), Vernetztes Denken, Wiesbaden 1991
Semler, Ricardo, Das Semco-System, München 1993
Sprenger, Reinhard K., Mythos Motivation, Frankfurt/New York 1991
Stahl, Peter, Das Konzept des strategischen Controlling in Risak/Deyhle (Hrsg.), Controlling, Wiesbaden 1991
Strommer, Hermann und Ammer, Fritz, Erfolgskurs 2001, Wien 1990
Vester, Frederic, Unsere Welt – ein vernetztes System, München 1991
Wagner, Hardy (Hrsg.), Persönlichkeits-Profil-DISG, Bremen 1990
Wilson Schaef, Anne, Weibliche Wirklichkeit, München 1991
Wolff, Georg und Göschel, Gesine, Konsens statt Konflikt, Stuttgart 1992
Zacharias, Thomas, Was es heißt ein Mensch zu sein, Nentershausen 1985

Darüber hinaus wurden Veröffentlichungen aus folgenden Zeitungen, Zeitschriften und Informationsdiensten verwendet:

Absatzwirtschaft
BankInformation
Bank Magazin
Betriebswirtschaftliche Blätter
Capital
Coaching – Erfolgsideen für das Management
Der Management-Berater
Die Bank
DM
Finanztest
Frankfurter Allgemeine Zeitung
Geldinstitute
Handelsblatt
Harvard Manager
Infoblatt der Leistungsgemeinschaft (EKS) e. V.
Manager Seminare
NLP Aktuell
Psychologie heute
Radar für Trends
Rheinisches Genossenschaftsblatt
Sparkasse
Spitze
EKS-Strategiebrief
Wirtschaftswoche

MANAGEMENT-LITERATUR
im Gabler Verlag

Robert Becker
Besser miteinander umgehen
Die Kunst des interaktiven
Managements
1994, 284 Seiten,
gebunden, 78,— DM
ISBN 3-409-19184-4

Heinz Benölken / Heinz Wings
**Lean Banking —
Wege zur Marktführerschaft**
1994, 368 Seiten,
gebunden, 98,— DM
ISBN 3-409-14752-7

Heinz Benölken / Peter Greipel
Dienstleistungsmanagement
Service als strategische
Erfolgsposition
2. Auflage 1994, 248 Seiten,
gebunden, 78,— DM
ISBN 3-409-29130-5

Dennis C. Kinlaw
Spitzenteams
Spitzenleistungen durch
effizientes Teamwork
1993, 220 Seiten,
gebunden, 68,— DM
ISBN 3-409-19616-1

Baldur Kirchner
Rhetorik für Führende
Rede als Ausdruck der
Persönlichkeit
1993, 232 Seiten,
gebunden, 58,— DM
ISBN 3-409-19173-9

Hirzel Leder & Partner (Hrsg.)
Synergiemanagement
Komplexität beherrschen,
Verbundvorteile erzielen
1993, 272 Seiten, 89,— DM
ISBN 3-409-19098-8

Dana Schuppert (Hrsg.)
Kompetenz zur Führung
Was Führungspersönlichkeiten
auszeichnet
1993, 248 Seiten,
gebunden, 68,— DM
ISBN 3-409-18768-5

Michael F. Price
Power Bankers
Vertriebsstrategien
erfolgreicher Banken
1994, 246 Seiten,
gebunden, 78,— DM
ISBN 3-409-14826-4

Zu beziehen
über den Buchhandel
oder den Verlag.

Stand der Angaben und Preise:
1.5.1994
Änderungen vorbehalten.

GABLER

BETRIEBSWIRTSCHAFTLICHER VERLAG DR. TH. GABLER, TAUNUSSTRASSE 52-54, 65183 WIESBADEN

GABLER
Management Institut
Starnberg • Wiesbaden • Berlin

Und jetzt...

... will ich das Gelesene in der Diskussion vertiefen,
... will ich mich mit Menschen austauschen, die gleiche Wünsche, gleiche Ziele und gleiche Erfahrungen haben
... möchte ich persönliches Feedback erhalten, jetzt will ich ein Seminar!

Es gibt nichts Gutes,

außer man tut es!

Fordern Sie unsere Seminar- und Konferenzübersicht an:
Gabler Management Institut, Sonja Buch, Taunusstraße 54,
65005 Wiesbaden, Fax 06 11 / 53 44 01, Tel. 06 11 / 53 42 91

Gabler Management Institut: Seminare • Beratung • Konferenzen